Diogenes Taschenbuch 22823

Laurens van der Post

Vorstoß ins Innere

*Afrika und die Seele des
20. Jahrhunderts
Roman
Aus dem Englischen von
Margret Boveri*

Diogenes

Titel der 1952 bei
The Hogarth Press Ltd., London,
erschienenen Originalausgabe:
›Venture to the Interior‹
Copyright © 1952 by Laurens van der Post
Die deutsche Erstausgabe
erschien 1952 unter demselben Titel im
Karl H. Henssel Verlag, Berlin
Umschlagfoto von David Coulson
Copyright ©
David Coulson/Robert Estall
Photographs

Veröffentlicht als Diogenes Taschenbuch, 1995
Alle deutschen Rechte vorbehalten
Copyright © 1994
Diogenes Verlag AG Zürich
60/95/36/1
ISBN 3 257 22823 6

Für Ingaret Giffard
damit die letzte von vielen Trennungen
überwunden werde

*Ich schulde großen Dank
Frances Cornford, Robert Chapman
und meiner Frau Ingaret Giffard
bei der Zusammenstellung des Manuskriptes*

Inhalt

Vorwort   9

Erster Teil
Die Reise in die Zeit   15

Zweiter Teil
Die Reise durch den Raum   39

Dritter Teil
Begegnung mit dem Berg   103

Vierter Teil
Jenseits der Berge   205

VORWORT

Am Morgen des 10. Mai 1949 saß ich voll Bitterkeit im Air Terminal House in London. Mit mir warteten noch etwa zwanzig Personen auf den Autobus, der uns zum Flugplatz Heath Row[1] bringen sollte. Mir wurde schmerzlich klar, daß mein Leben wieder nicht gemäß meinen bewußten Planen verlief. Meine Bitterkeit war — wenn auch vielleicht nicht entschuldbar — so doch verständlich. Nachdem ich England 1940 als Soldat verlassen hatte, war mein Sehnen und Planen nur auf die Rückkehr eingestellt gewesen; aber bisher hatte das Muster meines Lebens wenig Rücksicht auf meine Pläne oder meine Sehnsucht genommen. Ich sollte England fünf Jahre lang nicht wiedersehen.

Mein eigener Krieg hatte mich nur immer weiter von England fortgeführt, an immer unerwartetere und abgelegenere Plätze, — und die Aussichten auf Heimaturlaub hatten entsprechend abgenommen. Er hatte mich mit pedantischer Pünktlichkeit und einem Schein vorbestimmter Endgültigkeit aus dem Rücken der feindlichen Linien in Abessinien, aus der westlichen[2] und der syrischen Wüste, von der transjordanischen Grenze durch die Dschungel Holländisch-Ostindiens in die Einkerkerung japanischer Kriegsgefangenenlager geführt. Im August 1945, als sich der Krieg für die meisten übrigen Soldaten dem Ende näherte, hatte sich dann mein Krieg erneuert. Aus dem nationalistischen Aufstand in Java und Sumatra bezog er die Berechtigung, meinen privaten

[1] Londons Flugplatz für den Afrikaverkehr. Anm. d. Übers.
[2] Gemeint ist die libysche Wüste. Anm. d. Übers.

und persönlichen Anteil an ihm bis weit ins Jahr 1947 hinein fortzusetzen.

Abgesehen von zwei in ihrer Fülle quälenden Wochen im Oktober 1945, als Lord Mountbatten[3] mich nach London schickte, damit ich dem Premierminister und dem Kriegskabinett berichte, habe ich England von 1940 bis August 1947 nicht wiedergesehen.

Damals war ich tatenlustig zurückgekehrt. Mein Gewissen als Kriegsgefangener war zur Ruhe gekommen. Ich war sicher, daß ich, solange es nützlich und notwendig sein konnte, ja vielleicht von meinem eigenen Standpunkt aus länger als es vernünftig und weise erschien, versucht hatte, die Summe des Ganzen höher zu setzen als meinen individuellen Anteil am Leben.

Ich hatte aus freien Stücken und ohne jeden äußeren Zwang alles getan, was mir möglich war, um diesen schrecklichen, zum Schweigen verdammten Jahren im Gefängnis Erlösung zu schaffen. Seitdem ich vor fast fünf Jahren auf Java im Lebaksembada-Tal — das im Sundanesischen so hübsch „das Wohlgestaltete" heißt — den Japanern in die Falle gegangen war, glaubte ich zum erstenmal das Gefühl einer Art von Demütigung los zu sein. In den langen indonesischen Jahren hatte mich der Gedanke an meine Freunde und Landsleute verfolgt, die täglich in die Schlacht zogen, während ich hinter Gefängnismauern verkümmerte.

Damals hatte ich mir geschworen: Sollte ich, was im Augenblick höchst unwahrscheinlich schien, davonkommen, wollte ich nie mehr in ein Leben zurückkehren, das nur dem privaten Vorteil und persönlichen Gewinn galt. Ich wollte niemals wieder dem Leben in der Fülle, die es meinte, „Nein" sagen, gleichgültig, in was für einer

[3] Damals britischer Oberbefehlshaber in Südostasien. Anm. d. Übers.

bescheidenen oder ratlosen Verkleidung es sich mir bieten mochte.

Aus meinem Kriegserlebnis schien mir der Krieg ein Erzeugnis abgrundtiefer Verneinung zu sein, — ein „Problemkind" von „Nein"-Eltern, ein Abkömmling vieler Generationen einer so gutgeplanten, beweiskräftig erstrittenen, wohldurchdachten und entschlossenen Neinheit, daß das einfache „Nein"-Sagen zum Leben in seinen tiefen, dem Instinkt verhafteten Regionen schon zu einer trüben, unbewußten Routine geworden war. Durch diese gewollte, insistente Neinheit hatten wir die Hälfte des Lebens — die an sich solch ein reicher und mächtiger Verbündeter wäre — in einen aktiven und bitteren Feind der anderen Hälfte verwandelt.

Eines Nachmittags im Jahre 1949 rief mich ein Brief in einen Nebenbau von Whitehall[4]. Mir wurde gesagt, daß in Njassaland — ich nannte es im Geist immer noch „Britisch-Zentralafrika" — zwei Landstriche seien, über die London nicht die Auskünfte erhalten könne, die es zu haben wünsche. Das eine sei ein riesiger rauher Bergtrakt im äußersten Süden des Protektorats; das andere ein großes Plateau, das sich jäh ansteigend in 2500 bis 3000 Meter Höhe über den Seen und Ebenen im äußersten Norden des Territoriums erhebe. Natürlich war keiner von beiden völlig unbekannt. Beide waren in der Vergangenheit zum Teil durchforscht und von allen möglichen Leuten mehr oder weniger zufällig gesehen worden. Begeisterte Botaniker, schrullige Prospektoren und Jäger, unternehmungslustige Distriktskommissare, Forstbeamte und andere Regierungsangehörige hatten gelegentlich die beiden Gebiete besucht. Sie waren sogar in einer Art selbstgewisser und ins einzelne gehender Genauigkeit auf der Landkarte eingezeichnet. Aber das

[4] Sitz der britischen Regierung. Anm. d. Übers.

Überfliegen der Gebiete hatte ergeben, daß die Karten irreführend und, wenn nicht falsch, so doch auf alle Fälle kläglich unvollkommen waren.

Alle diese unzusammenhängenden Kenntnisse waren in London zusammengefügt worden, aber es war nicht gelungen, etwas Vernünftiges aus ihnen zu entnehmen. Etwas Genaueres und Aktuelleres über die beiden Gebiete sei erwünscht. Und so wurde ich gefragt, ob ich mich aufmachen und zu Fuß alles genauer ansehen und nach der Rückkehr berichten wolle, wie diese Gebiete nicht in den Tagen von Livingstone und Tippo Sahib[5], sondern in dem verzweifelten Jahr 1949 aussähen. Falls ich bereit sei: „Würden Sie dann, bitte, sofort aufbrechen?"

Die Sache sei dringend. Die Nahrungsmittelerzeugung in der Welt und vor allem im Empire und in England komme in einer Art von geometrischem Rückschritt dem Bevölkerungszuwachs nicht mehr nach. Außerdem zeigten unsere Schwierigkeiten mit Argentinien aufs klarste, daß alles unternommen werden müsse, was uns von der auswärtigen Nahrungsmitteleinfuhr unabhängig machen könne, und zwar so schnell wie möglich. Es bestehe die Hoffnung, daß mit den genannten Gebieten etwas anzufangen wäre.

Aus dieser Darstellung wird, wie ich hoffe, klar, daß ich — wie immer meine eigenen Wünsche, Bequemlichkeiten und Vorsätze in der Sache sein mochten — nicht hätte ablehnen können, ohne meinen Überzeugungen Gewalt anzutun.

Und doch sind für mich, der ich wieder vor dieselbe Entscheidung gestellt werden kann, die Fragen, die in diesem Widerstreit liegen, nicht so leicht beantwortet.

[5] Einer der größten Sklavenhändler Afrikas, der seinen Sitz in Sansibar hatte und von der Ostküste bis in den Westen auf Sklavenfang ging. Anm. d. Übers.

Einer der auffallendsten Züge unseres verzweifelten Zeitalters ist dessen geniale Fähigkeit, gute Gründe dafür zu finden, böse Dinge zu tun. Wir, die wir seine Kinder sind, können von dieser Eigenheit nie ganz frei sein. Bewußt oder unbewußt leben wir nicht nur unser individuelles Leben, sondern, ob wir wollen oder nicht, auch das Leben unserer Zeit. Wir sind unsere eigenen unbekannten Pferde. Den ganzen Tag über bekennen wir Beweggründe und Ziele, die in merkwürdigem Widerspruch zu den Dingen stehen, die wir tun. Zum Beispiel haben wir mehr über Vernunft geredet, wir haben, von außen betrachtet, in den letzten anderthalb Jahrhunderten die Vernunft stärker geliebt, höher geehrt und ihr unbedingter gehorcht als irgendeine andere Epoche, und doch haben wir insgesamt in der großen Summe aller unserer Einzelleben mehr Unvernunft und größere, bösartigere Kriege hervorgebracht als je ein anderes Zeitalter unserer Geschichte.

Das Thema bedarf keiner weiteren Ausführungen. Ich kann nur sagen, daß es für mich fast zur Regel geworden ist, nach dem leitenden Grund, dem überragenden Ziel, dem tiefsten Plan eines Menschen vor allem in dem, was er hervorgebracht hat, zu suchen und weniger in den beredten Bekenntnissen, die er sich und anderen macht. Die äußeren Züge bestätigen die innere Anlage. Offenbar besitzen wir alle in unserem Innern Motive und Kräfte, über die wir erstaunlich ahnungslos sind. Ich glaube, was Resultate erzielt, ist immer der stärkste Beweggrund, gleichgültig in welchem Ausmaß wir uns seiner bewußt sind.

Ich behaupte nicht, daß äußere Einflüsse, daß die Welt der beweisbaren Tatsachen und Umstände nichts damit zu tun haben. Aber diese Ansicht hat so lange geherrscht und sie wird von so mächtigen und hervorragenden Geistern befürwortet, daß sie sich ruhig selbst überlassen bleiben kann. Was im heutigen Augenblick unseres Verständnisses und unserer Freundschaft bedarf, ist die andere Seite des Lebens, die so brutal aus dem Bewußtsein ausgeschlossen ist, daß sie sich nur mittelbar, demütig und geheim bemerkbar machen kann, indem sie die Freudlosigkeit dessen, was um uns gelebt wird, aufweist. In dieser geistigen Finsternis brauche ich nur über die Schulter zu blicken, um zu erkennen, wie jene andere Seite unseres Lebens über dem Horizont unseres Bewußtseins aufsteigt, gleich einem dunklen homerischen Schiffsrumpf, der unter Winden aus den äußersten Grenzmarken der Zeit dahinsegelt.

Bewußte Überzeugung war ganz offensichtlich nicht das einzige, was bei meinem Entschluß mitsprach. Ich hätte nicht die eine Hälfte meines Lebens daran wenden können, Afrika zugunsten von Europa zu verlassen, und die andere Hälfte daran, von Europa nach Afrika zurückzukehren, wenn es nicht noch um andere Dinge gegangen wäre.

Ich wäre geneigt, den Widerstreit eher einem unaufgelösten Konflikt in meinem Wesen zuzuschreiben: Bewußt und unbewußt, männlich und weiblich; das Fortleben meines Vaters und die Gegenwart meiner Mutter in mir. Auf der einen Seite unter der Überschrift „Afrika" würde ich unbewußt, Weib, Mutter gruppieren; und unter „Europa" auf der anderen: bewußt, Mann, Vater.

I. Teil

DIE REISE IN DIE ZEIT

„Wir tragen mit uns das Wunderbare,
Das wir außer uns suchen: es liegen
Ganz Afrika und alle seine Wunder in uns."

SIR THOMAS BROWNE

ERSTES KAPITEL

Afrika ist das Land meiner Mutter. Ich weiß nicht genau, wie lange die Familie meiner Mutter in Afrika gelebt hat; aber ich weiß, daß Afrika um sie und in ihr war von Anfang an, wie auch in mir. Ihre Mutter, meine Großmutter, ist in einem Ochsengespann, das in den dreißiger Jahren des letzten Jahrhunderts stetig tiefer und tiefer in das unbekannte Innere Südafrikas hineinfuhr, wenn auch nicht gerade geboren, so doch in den Schlaf gewiegt worden. Das Ochsengespann war ein Teil des kleinen, unglückseligen Liebenberg-Trecks. Meiner Mutter Großvater war dessen Anführer. Diese kleine Karawane, die aus nicht mehr als sieben oder acht Wagen bestand, diese kleine Gruppe von weniger als vierzig oder fünfzig Seelen, hatte sich in der Vorhut eines großen Trecks bewegt. Sie war ein Teil des großen Auszugs holländischer Farmer aus der britischen Herrschaft am Kap.

Sie hatten die Karru[1] gut durchquert, hatten ihre Wagen mühselig durch die felsdurchsetzten Triften des Oranjeflusses geschleppt, hatten die weiten, melancholischen Ebenen des Freistaats durchkreuzt und waren durch den tiefen gelben Vaalfluß gedrungen. Sie waren sicher über das Hochveld[2] vor Transvaal gelangt, das nach den Zügen der Zulu und Matabele leergeplündert und immer noch voller Rauch war, und sie bewegten sich im Buschveld etwa in der Gegend, wo heute die Stadt Louis-Trichard liegt. Da wurden sie ihrerseits angegriffen. Wir werden nie genau wissen, was passierte.

[1] Großes Dornbusch=Steppengebiet. Anm. d. Übers.
[2] Bergiges Grasland. Anm. d. Übers.

Meine Großmutter war nur wenig älter als ein Baby, sie konnte gerade umherlaufen und reden. Das einzige, was über den Angriff bekannt ist, wurde nachträglich aus der verwirrten Erzählung in gebrochenem Afrikaans zusammengestückt, welche das Halbblut-Kindermädchen meiner Großmutter und ihrer noch kleineren Schwester von dem Ereignis zurückbrachte.

Demnach hatten die Wagen nach einem langen erschöpfenden Treck am Vorabend an den Ufern eines ziemlich großen Wasserlaufs Halt gemacht. Während der Nacht waren die beiden kleinen Kinder sehr unruhig gewesen und hatten die Eltern durch ihr Weinen am Schlaf gehindert. Infolgedessen wurde dem Mädchen kurz vor Morgengrauen befohlen, die Kinder anzuziehen und außer Hörweite der Wagen zu bringen. Diese Anordnung zeigt, wie wenig das schlafende Lager von dem ahnte, was das Schicksal mit ihm plante. Das Mädchen nahm die Kinder ans Wasser, wo sie zu waschen hatte.

Sie war noch nicht lange dort, als die Stille — die schöne musikalisch-rhythmische Stille des Buschvelds vor Sonnenaufgang — durch das Kriegsgeschrei und Gebrüll angreifender Kaffern durchbrochen wurde. Sie muß durch eine Lücke des umzingelnden Impi[3] gekommen sein, unmittelbar bevor er seinen Bogen eng um die schlafenden Wagen zog. Sie ergriff die beiden kleinen Mädchen und rannte, mit einem unter jedem Arm, gebückt den Strom entlang, bis sie an einen breiten, flachen Wasserfall kam. Das Wasser fiel, wie ich es so oft in Afrika gesehen habe, über eine breite, überhängende

---

[3] *Impi* ist auf Zulu oder Sindabile das Wort für eine Armee oder ein Regiment. Diese Streitkraft greift meistens in der Form eines sichelförmigen Mondes an, locker und leicht an den beiden Enden des Bogens, tief und fest in der Mitte. Die Aufgabe der Enden ist es, auszuschweifen und den Feind zu umzingeln, — die Aufgabe der Mitte, dauernd die äußersten Flügel zu verstärken. Anm. d. Autors.

Steinplatte. Hinter dem Wasser war eine trockene schützende Höhle. Das Kindermädchen versteckte sich hinter diesem Vorhang aus Wasser und saß da voller Ängste den ganzen Tag mit ihren entsetzten und nichts verstehenden Schutzbefohlenen. Spät in der Nacht kroch sie heraus. Sie fand die Wagen ausgebrannt und die zerschlagenen und verstümmelten Leichen all derer, die in ihnen gefahren waren, in weitem Umkreis verstreut.

Indem sie tagsüber im Schutz des Wasserfalls blieb und in der Dunkelheit auf Beute auszog, hielt sie sich und die Kinder auf irgendeine Weise am Leben.

Fast eine Woche später wurden sie von einer Gruppe von Reitern aufgelesen, die in weiser Voraussicht das unruhige Land patrouillierten, bevor ein viel größerer Treck den Spuren der Liebenberger folgte.

Ich habe nicht die Absicht, eine Familiengeschichte zu schreiben, aber soviel schien doch nötig, weil es besser als irgend etwas anderes zeigt, wie sehr Afrika das Land meiner Mutter ist. Es gehört zu ihren frühesten Erinnerungen, daß ihre Mutter ihr die Geschichte wiederholt erzählt hat. Ich habe sie ebenso von ihr gehört. Ich hörte sie auch wieder und wieder von meinen Tanten, und jede erzählte sie mit ihren eigenen geringen, farbenfreudigen Abwandlungen. Aber leider habe ich sie nie von meiner Großmutter gehört, denn sie starb, bevor ich geboren wurde. Ich hörte sie aber von meinem Großvater, der nahe an hundert Jahre alt wurde.

Und auch er, was immer seine Ahnen gewesen sein mögen, war im Wesen ein Teil dieses selben Afrikas. Auch er war als junger Knabe an einem großen Treck gen Norden beteiligt gewesen. Mit vierzehneinhalb Jahren trug er das Gewehr eines Mannes auf der Schulter. Er wurde 1848 vom gefürchteten Sir Harry Smith in der Schlacht von Boomplaas gefangengenommen. Er hat in den Kaffer- und Basuto-Kriegen gekämpft und war dabei, als die Hügel des Freistaats von den letzten räuberischen Buschmännern gesäubert wurden.

Seine eigene Farm hieß Boesmansfontein — der Brunnen des Buschmanns. Und was war das für eine Farm! Ich erinnere mich, wie ich als Kind eines Sonntagsmorgens mit ihm auf einem Hügel saß und daß er mir zeigte, wie sich sein Land nach allen Richtungen ausdehnte, so weit wir blicken konnten. Ihm gehörte der Flußlauf, der es zwölf Meilen weit durchzog, — ein Fluß, der im Namen seine eigene Geschichte anzeigt: der Rucksackfluß. In der Mitte seines Landes waren lange Hügelketten, weite blumenbedeckte Vleis[4] und Ebenen voller Schafe, wilder Pferde, Viehherden und quicklebendiger Springböcke.

Uns wurde mit einer Miene köstlicher und schmeichelhafter Geheimtuerei von unserer Mutter erzählt, daß er das alles von den Griquas[5] für ein paar Fässer Kapstadter Branntwein gekauft habe — und als Dreingabe zwei Dutzend Fräcke und Zylinderhüte.

Das Haus meines Großvaters war angefüllt mit der fremdartigsten und farbigsten Sammlung von warmherzigen menschlichen Wracks und harmlosen Bösewichtern aus der großen, dahinschwindenden Vergangenheit des Freistaats. Wenn sie seinem freigebigen, aber umsichtigen Gemüt zuviel wurden, flüchteten sie zu meiner Mutter, die sie seit ihrer Geburt kannten. In Auflehnung gegen die kalte Konvention, die selbstbewußte Patrioten vom Kap, welche nie Leib und Leben im Krieg oder im Treck riskiert hatten, dem Lande aufoktroyierten, verwendeten sie nie das formelle „Mistress" oder das etwas wärmere „Nonna" der Kapmalayen, sondern bestanden darauf, sie so zu nennen, wie die Familie es immer tat: „Das kleine Lamm".

[4] Seichte Sumpfseen. Anm. d. Übers.
[5] Ein Mischlingsstamm in der Nähe von Kimberly. Anm. d. Übers.

Da waren zum Beispiel zwei kleine Buschmänner, die mein Großvater von dem Kommando mitbrachte, mit dem er die Banden des Jacob Jaer und Pieter Windvoel, der letzten räuberischen Buschmänner im Freistaat, ausgehoben hatte. Es waren winzig kleine Männer, ungeheuer erregbar und im Alter von sechzig immer noch, ohne sich zu schämen, voller Schrecken vor der Dunkelheit. Aber sie hatten einen faszinierenden Schatz an Geschichten, die für sie Religion bedeuteten, über Tiere, Insekten und Würmer, über Spinnen, Gottesanbeterinnen und den Mond.

Es gab auch die letzten Überbleibsel der Hottentotten, mit Häuten wie frischgespannte Telefondrähte und behexten, vom Nil geprägten Gesichtern. Auch sie erzählten uns endlose Geschichten über Tiere, über Wölfe, Schakale, Hasen und Schildkröten, über Elefanten, Vögel und Paviane, aber auch Geschichten über Wesen, die halb Mensch, halb Tier waren, Märchen von Zauberei und Magie unter dem Mond.

Und dann waren da ernsthafte, aber geschäftstüchtige Basutos, die unter der festen Hand meines Großvaters die eigentliche Verantwortung für die Bearbeitung seiner riesigen Ländereien trugen. Und es gab alte Griquas von schlechtem Ruf, die instinktiv wußten, daß sie, so oft sie auch betrunken sein, so oft sie wegen kleiner Diebstähle ins Gefängnis wandern mochten, doch immer Verzeihung und ihr Auskommen finden würden, weil mein Großvater sein Gewissen hatte. Und sie wußten, daß meine Mutter und ihre ganze Familie sie liebten.

Im besonderen war da ein alter Griqua, Jan Kok, der sowohl für Tugend wie für Sünde schon zu alt war. Er war so alt, daß sein Alter allgemein zwischen hundert und hundertzwanzig Jahre geschätzt wurde. Aber niemand wußte es genau, er selbst am allerwenigsten. Er war ein Neffe von Adam Kok, dem größten der Griquakönige, der zu seiner Zeit Verträge mit der britischen Regierung abgeschlossen hatte. Er sonnte sich den ganzen Tag im Küchenhof, und mit einer verschwommenen Stimme erzählte er mir die merkwürdigsten Dinge über Afrika. Er sagte mir zum Beispiel, daß ein Teil des Griquavolks — der andere Teil war natürlich europäisch — aus dem fernen nördlichen Inneren Afrikas stamme, jenseits von Bergen, welche wackelten und rumpelten und Feuer und Rauch in den Himmel sandten.

Wenn seine trüben alten Augen nicht in Ordnung waren, sang er oft eine Hymne vor sich hin, die er fast hundert Jahre früher von dem großen Missionar Dr. Philip gelernt hatte, den noch heutigentags viele meiner Landsleute hassen, als sei er am Leben. Ihr Anfang lautete: „Herr, wie fällt Dein Licht gegen das Meer", und während er sang, dachte ich oft: „Armer alter Jan, er hat nie das Meer gesehen und wird es nie sehen."

Nach dem Abendessen sammelte sich alles, was in und um das Haus meines Großvaters Mensch war, im Speisezimmer und hörte an, wie er aus der Bibel las. In diesem Augenblick waren zum Lampenlicht alte, faltendurchzogene Gesichter von fast jeder Rasse und Farbe, die zur Geschichte des Landes beigetragen hatten, erhoben, um aufmerksam einige der schrecklichen Worte des Alten Testaments aufzufangen. Ich habe nie die Augen dieser Buschmänner und Hottentotten an jenen Abenden vor vierzig Jahren vergessen. Diese dunklen Augen, die im ersten Licht der Weltgeschichte ernst und leuchtend waren, warm und zuversichtlich im Geheimnis der frühen Tage des Menschen. Einige dieser Rassen sind inzwischen vollends ausgestorben, und jene Stätten, die sie einst so gut gekannt hatten, sind wie von Gespenstern durch Menschen unserer Hautfarbe besetzt.

So könnte ich noch lange fortfahren, aber diese

Bruchstücke müssen genügen, um zu zeigen, wie es am Anfang war.

Noch ein letztes Wort über meine Mutter. Im Alter von siebzig Jahren machte sie plötzlich ihre Kinder, Enkel und ihren riesigen Kreis von Freunden und Bekannten unglücklich, indem sie es aufs resoluteste ablehnte, friedlich, ruhig und bequem in einer zivilisierten Umgebung zu leben. Statt dessen installierte sie sich mit einem europäischen Mädchen auf einer ihrer größten Farmen, die unter einem Inspektor heruntergekommen war. Für das Mädchen, das bald fortzog, erwies sich das Leben als zu einsam und rauh. Meine Mutter aber blieb einige Jahre allein mit ihrem Basutogesinde, bis der Besitz wieder ganz instand und ihrem verwöhnten Auge ein Wohlgefallen war. Nun hofften ihre Kinder, daß sie genug haben würde, und versuchten sie zu überreden, mit Behagen in einer Gegend zu leben, wo sie sie hätten regelmäßig sehen und besuchen können. Aber sie lehnte ab; denn sie hatte gerade den ersten Abschnitt eines neuen Lebens beendet.

Sie zog auf eine noch abgelegenere und rückständigere Farm. Im Lauf der Zeit bekam auch diese das Ansehen eines gut verwalteten Unternehmens, und meine Mutter übergab sie prompt einem Sohne, der aus dem Krieg in Italien zurückgekehrt war. Bevor die Kinder die alte Auseinandersetzung wieder aufnehmen konnten, war sie nochmals weiter fortgezogen.

Vor vielen Jahren hatte mein Vater einen weiten Trakt Land am Rande der Kalahariwüste gekauft. Fünfzig Jahre lang hatte niemand den Versuch gemacht, es zu erschließen, und diese breiten Tagwerke waren vernachlässigt und ausgetrocknet in der Wüstensonne liegengeblieben. Dorthin begab sich meine Mutter mit achtzig Jahren. Die einzigen Leute, die bereit schienen, sie zu begleiten, waren *displaced persons*; da war ein deutscher Geologe, der im Krieg interniert gewesen war; ein zarter bayrischer Missionar, den sie zu ihrem Sekretär machte; ein italienischer Schreiner und Maurer, ein einstiger Kriegsgefangener, der ihr Vorarbeiter wurde.

Hundert Meilen vom nächsten Dorf entfernt schlugen sie ihre Zelte auf und suchten nach Wasser, ohne das eine dauerhafte Siedlung unmöglich blieb. Zuerst pachteten sie von privaten Kontraktoren die Bohrmaschinen. Des deutschen Geologen Wissenschaft und meiner Mutter intuitive Schätzung waren beiden dafür maßgebend, wo die Bohrung stattfinden sollte. Der erste Unternehmer bohrte bis in eine Tiefe von 150 Fuß, traf auf Eisenstein — so behauptete er wenigstens — und weigerte sich, weiterzubohren.

Es gab eine fürchterliche Szene dort draußen in der Wüste: auf der einen Seite die entschlossene alte Dame, die sich weigerte, den Ort für den Auftrag des Kontraktors zu verlegen, weil sie davon überzeugt war, daß gerade hier Wasser sei, auf der anderen der zynische Techniker, dessen etwaiger Profit sich verringerte, je tiefer er bohrte. Zum Schluß zog der Mann ab.

Ein zweiter Unternehmer, der ein paar Fuß vom ersten Loch entfernt bohrte, verlor, nachdem er 143 Fuß tief gelangt war, seinen Flaschenzug im Schacht und verließ wütend den Platz. Ein Dritter, der auch wieder in dem engen Bezirk bohrte, fand nach 153 Fuß, daß er seinen Schacht schräg vorgetrieben habe und nicht fortführen könne. Auch er ging, voll Bitterkeit und mit starkem Geldverlust. Nun ließ sich kein weiterer Kontraktor mehr verlocken, sein Glück an diesem berüchtigten Platz zu versuchen. Es gab nur einen Ausweg: meine Mutter mußte sich eine eigene Bohrmaschine kaufen. Der betagte Geologe ging einige Monate lang bei einem der wenigen noch nicht verärgerten Bohrunternehmer der Gegend in die Lehre, um sein neues Handwerk zu erlernen. Dann wurde das Bohren ernsthaft wieder aufgenommen.

Fast drei Jahre waren da draußen in der Kalahariwüste mit den brennenden Sonnen ihrer Sommer und den schneidend kalten Winden ihrer Winter verstrichen. Eine der schlimmsten Dürren, an die es eine Erinnerung gab, brach mit großen Staub- und Sandstürmen über die Gesellschaft herein. Aber sie machte zuversichtlich weiter.

Jeden Morgen um sechs läutete meine Mutter eine Handglocke und reichte ihren Leuten Näpfe dampfenden Kaffees, den sie selbst gekocht hatte. „Männer sind so", sagte sie, „sie sind wie Kinder, die für Essen, wenn auch für nichts anderes aus dem Bett steigen."

Nachdem sie die Leute auf diese Weise aus den Betten gelockt hatte, ließ sie sie bohren. Bei 157 Fuß, nur vier Fuß tiefer als der tiefste Schacht des einen Kontraktors, kamen sie auf Wasser.

„Es war höchst dramatisch", sagte meine Mutter. „Ich sah gerade zufällig der Maschine zu", — natürlich hatten sich ihre Augen in Wahrheit nie einen Augenblick abgewendet — „als ich plötzlich erblickte, wie sie leicht kippte. Der lockere Teil des Seils verschwand. Der Bohrer war durch den Stein durch und in einer tiefen Wasserader. Das Wasser sprudelte den Schacht herauf."

So überzeugt war sie die ganze Zeit gewesen, Wasser zu finden, daß die Pumpen schon warteten. Sie hatten drei Jahre lang darauf gewartet, im selben Augenblick aufgestellt zu werden, in dem das Wasser kam.

Dort ist meine Mutter noch heute, eine schlanke, schöne, aufrechte, huldvolle alte Dame, deren Haut aussieht, als hätte sie nie eine andere als die europäische Sonne kennengelernt. Sie ist noch aktiv, kraftvoll, jung an Geist und überzeugt, daß sie leben wird, bis sie hundertzwanzig ist. Sie baut, pflanzt Bäume und Obstgärten und sät Mais in einer Wüste, wo früher weder Mais noch Gras gewachsen ist.

Wir, ihre Kinder, sind alle mit bitteren Vorwürfen von nahen Freunden und wohlmeinenden Verwandten überhäuft worden, weil wir sie auf diese Weise leben lassen. Offen gestanden habe ich nicht einmal die Entschuldigung meiner anderen Geschwister, die getan haben, was sie konnten, um meine Mutter davon abzubringen, wogegen ich sie aktiv und von ganzem Herzen ermutigt habe. Sie kommt mir jetzt glücklicher vor als sie je gewesen ist, trotz den Schwierigkeiten, Sorgen und außerordentlichen Unbequemlichkeiten dieser neuen Art zu leben.

Oft ist mir der Gedanke gekommen, daß die schwere Last, Kinder zu gebären und aufzuziehen — und meine Mutter hat dreizehn großgezogen —, in gewissem Sinn mit dem tiefsten und lebendigsten Sinn ihres Lebens nichts zu tun hatte. Ich habe nie glauben können, daß die Lebensaufgabe einer Frau auf ihre Kinder beschränkt sei. Ich kann mir gut vorstellen, daß in meiner Mutter, wie in immer zahlreicheren Frauen unserer Tage, ein Drang zum Schöpferischen ist, der unterhalb und tiefer wie auch oberhalb und weitreichender ist als das Kinder-Hervorbringen. Diese Frauen haben einen Vertrag mit dem Leben selbst, der durch die bloße Erhaltung ihrer Art nicht erfüllt wird. Männer erkennen denselben Vertrag bei sich ganz selbstverständlich an und versuchen ihn zu erfüllen. Sie erzittern in leidenschaftlicher Auflehnung gegen die eng gefaßte Idee, daß ihre Rolle auf das Beschützen und Ernähren von Frauen und Kindern beschränkt sei. Sie erkennen und respektieren aber dieselbe Notwendigkeit nicht so schnell bei den Frauen. Vielleicht wird, solange sie es nicht tun, die Welt auch nicht die volle schöpferische Beziehung kennenlernen, die nach dem Willen des Lebens zwischen Mann und Frau sein soll.

Was meine Mutter angeht, hat mich diese so späte Entwicklung in ihrem Leben bewegt und beruhigt. Für mich ist ihre Geschichte eine Quelle nicht versiegenden Vertrauens in die Zukunft. Nach vielen Jahren, in denen schöpferischer Zwang aus Notwendigkeit bewußt vergessen gewesen sein muß, überlagert von tausend Sorgen um Geburt und Tod, Krieg und Frieden, als er nach allen Regeln der Vernunft vollständig hätte verschwunden sein müssen, war meine Mutter plötzlich als alte Dame fähig, sich umzuwenden und in sich ein Drängen zu spüren, das in die zunehmende Dunkelheit zu ihren Füßen das klar bekannte Licht warf, welches ihr als Kind vertraut war. Denn das ist es, was meine Mutter getan hat, und ich möchte, daß es zu ihrem Gedächtnis erzählt sei: nach sechzig ununterbrochenen Jahren als Frau und Mutter wandte sie sich zuversichtlich der echten und ursprünglichen Vision ihres Lebens zu und war sofort imstande, den Traum ihrer afrikanischen Mädchenzeit zu verwirklichen.

ZWEITES KAPITEL

Wie anders waren Hintergrund und Anfänge bei meinem Vater. Wieder verspreche ich, mich nicht in eine ausführliche Familiengeschichte zu begeben; ich will mich nur an ein paar ausgewählte Tatsachen halten, die möglicherweise dazu beitragen werden, diese schwierigste und unfaßbarste Dimension meiner afrikanischen Reise zu umreißen.

Mein Vater wurde in Holland geboren. In ihm war Europa so stark, wie Afrika trotz allem nie in meiner Mutter sein konnte. Denn in ganz früher Zeit muß etwas Europäisches in das Blut meiner mütterlichen Familie gekommen sein, aber auch unter den entferntesten Vorfahren meines Vaters sind keine nichteuropäischen bekannt. Er war das älteste Glied einer Familie, die ihre Wurzeln tief im Leben und zu einem nicht unbedeutenden Teil in der Geschichte des Landes hatte. Ein Vorfahre zum Beispiel hatte einst im Jahre 1572 eine noble Rolle in Leyden gespielt, als die verzweifelte Stadt von den Truppen des bösen Herzogs von Alba belagert wurde. Seitdem sind Vertreter der Familie in den verschiedensten dramatischen Augenblicken der niederländischen Geschichte aufgetaucht; einmal in einer Schlacht; dann folgten sie dem Hause Oranien ins Exil nach England; dann bei Quatre Bras[1] einem königlichen Befehl, sich wegen eines halb abgeschossenen Arms zurückzuziehen, mit den Worten begegnend: „Bei Gott, Sire, verdammt sei der Gedanke, solange ich noch einen

---

[1] Schlacht am 16. Juni 1815, in der sich Wellington und Marschall Ney unentschieden gegenüberstanden. Anm. d. Übers.

zweiten habe"; dann als Anführer einer Expedition nach Indien, und vieles mehr. Keine der Aktionen war vielleicht wichtig genug, um in die Schulbücher einzugehen, aber mehr als genug, um einen warmen Glanz in die kalten Archive und Legenden der Familie zu bringen.

Unglücklicherweise kannte ich die Eltern meines Vaters nur von ihren Bildern. Ein dreizehntes Kind zu sein, hat den großen Nachteil, daß man auf der Familienbühne erst erscheint, wenn so viel von dem, was an deren Kulissen alt, interessant und traditionsgebunden ist, sich entweder unrettbar zum Schlechteren verändert hat oder ganz verschwunden ist. So viele der wichtigen Schauspieler haben ihr Stück gesprochen und sind nach Hause gegangen. Meine beiden Großeltern waren um die Zeit meiner Geburt gestorben, aber meine Großmutter ist auf ihren Bildern eine wunderschöne, schlanke, elegante Frau mit furchtlosen, warmen, unerschöpflichen Augen.

Sie war keine Holländerin, sondern stammte aus einer französischen Familie, die sich durch Hingabe an Musik und Künste auszeichnete. Wie meine Mutter erzählte, hat auch meine Großmutter wunderschön gesungen, und ihre Stimme war am holländischen Hof sehr beliebt, wo sie — nach den Bemerkungen in ihren Noten zu schließen — bei vielen intimen Gelegenheiten sang. Ich selbst habe in ihren Noten, die sorgfältig und liebevoll aufbewahrt wurden, geblättert und habe als Kind versucht, nach den vergilbenden Notenblättern zu spielen, die sie in ihrer klaren und preziösen Schrift beschrieben hatte.

Meinem Großvater, ihrem Mann gegenüber, hat es — wie mir schien — in der Familie immer eine Verschwörung des Schweigens gegeben. Über meine Großmutter sprachen die Leute mit einer warmen, ansteckenden Begeisterung, als ob diese Erinnerung sie mit Freude erfülle; bei der Erwähnung meines Großvaters wurden sie entweder vollkommen stumm oder sehr ausweichend. Bis zum heutigen Tag habe ich die wahre Geschichte nicht gehört.

Offenbar war irgendeine Schande, ein niederschmetterndes finanzielles Unglück mit ihm verbunden. Ich weiß nicht, worin es bestanden hat, aber ganz weit in der Ferne, in der Gegend des ersten Bewußtwerdens glaube ich mich zu erinnern, daß mein Vater jemandem sagte: „Es war in Wirklichkeit nicht seine Schuld; es wäre nicht passiert, wenn er nicht für die Schulden seines besten Freundes Bürgschaft geleistet hätte."

Ich weiß nur, daß unmittelbar nach der Mitte des letzten Jahrhunderts die Familie meines Vaters plötzlich ihre Wurzeln löste und endgültig aus Holland verschwand. Vor etwa hundert Jahren war mein Großvater, aufs tiefste verbittert, unterwegs seinen Titel und die Hälfte seines Familiennamens ablegend, plötzlich mit seiner Frau und drei Kindern in Südafrika angekommen. So fremd war ihnen Afrika, so außerhalb ihrer Erfahrung und Vorstellungskraft, so unerwartet, daß meine Großmutter, als in Kapstadt ein kräftiger Neger zum Boot hinauswatete, um sie an Land zu tragen, voll Schrecken geschrien haben soll: „O Bill, bitte übergib die Kinder nicht dem Satan."

Die Last dieser unvorhergesehenen und überstürzten Auswanderung fiel schwer auf meinen Vater. Wenn ich darauf zurückblicke, allerdings in vollem Bewußtsein der Tatsache, daß ich nicht dabei war, finde ich, daß er außerordentlich tapfer war, und ich glaube, sein Leben wäre leichter gewesen, wenn Menschen bei ihm gewesen wären, die das hätten anerkennen und ihm sagen können, wie mutig er war.

Entschlossen hatte er alles abgetan, was Europa ihm an Aussichten und Erwartungen geboten hätte. In jungen Jahren begann er, die Hauptstütze seiner Familie zu werden.

Sein einziges Vermögen war sein europäisches Erbe an Kultur und Bildung. Er ging ins ferne Innere und verdingte sich als Lehrer bei den Kindern der Trekkerburen. Die hatten, genau wie auch heute noch meine südafrikanischen Landsleute, solchen Hunger nach Bildung, daß er nur dem glaubhaft wird, welcher ihn selbst erlebt hat.

Seine erste Anstellung als Lehrer brachte ihm Wohnung, Essen und ein Pfund im Monat ein. Er erbat sich sein erstes Geld in Silber, nicht nur, weil es sorgfältig an seine Familie verteilt werden mußte, sondern auch, weil es so nach viel mehr aussah. Eine Zeitlang unterrichtete er Kinder jeden Alters von nah und fern im südlichen Freistaat. Darunter war meine Mutter, ein stämmiges kleines Mädchen von sieben Jahren, das ihn Tag für Tag ernsthaft und fast etwas hypnotisiert aus großen grauen Augen anstarrte, die unter einem dicken Kranz reicher brauner Haare beinahe versteckt waren.

Während dieser Zeit lernte er für sich die Rechtsprechung der neuen Republik; nach einer Weile wurde er zum Justizdienst zugelassen. Mit der Zeit hatte er die größte Rechtsanwaltspraxis im Freistaat. Er warf sich mit großer Entschlossenheit in die Arbeit und war dabei, wie ich vermute, weit mehr vom Willen als von innerer Begeisterung getrieben. Er nahm teil an allem, was außerhalb seines Berufs lag: Farmwirtschaft, Erschließung von Bergwerken, Bau von Eisenbahnen, Erschließung neuer Landstriche, Politik. Einmal war er nahe daran, Präsident des Freistaats zu werden. Ich glaube, er wäre es geworden, wenn die Leute nicht etwas Fremdartiges an ihm gefunden hätten.

Holländer — Käsköppe, wie sie noch heute verächtlich in Südafrika genannt werden — waren in der Republik nicht beliebt. Jedenfalls wurde mein Vater nie Präsident, aber bei Beginn des Burenkrieges war er Vorsitzender des Exekutivrates im Parlament des alten Freistaats. Zwei Jahre lang war er im Krieg unterwegs. Der einzige Bruder meiner Mutter fiel an seiner Seite. Einmal schlüpfte er durch die vorrückenden britischen Linien und drang weit in die Hügel des Süd-Freistaats vor, um in einem vergeblichen Versuch, die mutlosen Bürger, die zu Hunderten nach Hause drängten, wieder zu sammeln. Von allen mit Ausnahme eines Verwandten meiner Mutter verlassen, schlief er monatelang im Buschveld und auf Hügeln, während ihn nachts die umgebenden feindlichen Feuer, tags die feindlichen Patrouillen von seinen eigenen Truppen trennten, — ähnlich wie es mir im letzten Krieg einige Jahre lang gegangen ist, erst bei den Italienern in Abessinien, dann bei den Japanern auf Java. Etwa acht Monate vor dem Ende wurde er als Kommandant von Barberton von General French gefangengenommen. Er war der zweite Kriegsgefangene in der Geschichte unserer Familie, ich der dritte.

Als die „Verenigung"[2] kam, weigerte sich mein Vater, den Treueid zu schwören. Die britischen Behörden verweigerten ihm deshalb die Erlaubnis, in den Freistaat zurückzukehren. Zum erstenmal in seinem Leben war er bewußt aufs tiefste erbittert. Er war ein großmütiger, ritterlicher und im Grunde gerechter Mensch. Nicht nur die Niederlage, sondern die Tatsache, daß ein solcher Krieg überhaupt möglich war, bedeutete für ihn einen tiefen Schock. Er war 1899 bei der verhängnisvollen Begegnung zwischen Lord Milner und Krüger in Bloem-

[2] Die Beendigung des Burenkrieges am 31. Mai 1902, als die Buren gezwungen wurden, die englische Herrschaft anzuerkennen. Anm. d. Übers.

fontein anwesend gewesen. Er gehörte zu den wenigen Leuten, die sowohl die englische Sprache als auch die Engländer gut kannten. Er bewunderte sie und hatte eine Menge englischer Freunde. Aber von jener Begegnung kam er mit der Überzeugung zurück, daß Milner — gleichgültig, was für Zugeständnisse ihm gemacht werden mochten — seinen Krieg haben wollte.

Vier Jahre lang weigerte er sich, seinen Entschluß, nicht britischer Untertan zu werden, zu ändern. Er und seine Familie hatten Stellenbosch im Kapland als Zwangsdomizil. In diesen zwei Jahren schrieb er zwei Romane über Südafrikas bewegte Vergangenheit. Er schrieb sie zum Teil auf Holländisch, zum Teil auf Afrikaans, was damals noch eine nicht anerkannte, nicht geschriebene und nur verschämt gesprochene Sprache war. Dann kam Campbell-Bannermans große Geste. Mein Vater verlor seine Bitterkeit. Er entfaltete damals in seinem Herzen nicht nur Verzeihung, sondern ein lebendiges, konstruktives Gefühl für etwas Großmütiges. Er brach sofort auf, kehrte in den Freistaat zurück und arbeitete mit Herz und Seele für die Union, die 1910 zustande kam.

Es blieb für mich immer eine der erschreckenderen Paradoxe im Afrikaanerleben, daß Männer wie mein Vater, die mit Smuts und Botha im Krieg tatsächlich gekämpft und gelitten hatten, verzeihen und neu anfangen konnten, während andere, die heute leben, die sich nie im Herzen jenes Konfliktes befanden, es immer noch so schwer finden, einen Schaden zu verzeihen, der ihnen gar nicht zugefügt worden ist. Und wie kann es je ohne Verzeihung einen echten Anfang geben?

Ich habe etwas Ähnliches bei den Offizieren von der Abteilung für Kriegsverbrechen beobachtet, die weder unter den Japanern interniert waren, noch gegen sie gekämpft hatten. Sie waren in bezug auf unsere

Behandlung und unsere Leiden im Gefängnis rachsüchtiger und verbitterter als wir selbst.

Ich habe oft festgestellt, daß das Leiden, das zu vergeben am schwersten, wenn nicht unmöglich ist, das unwirkliche, eingebildete Leiden ist. Es gibt keine Macht auf Erden gleich der Vorstellungskraft; die schlimmsten, die eigensinnigsten Kümmernisse sind eingebildete. Machen wir uns klar, daß es Völker und Nationen gibt, die mit einer unbewußten Zielstrebigkeit ein Gefühl des Leidens und der Benachteiligung erschaffen. Es erlaubt ihnen, denjenigen Aspekten der Wirklichkeit auszuweichen, die nicht ihrer Eigenliebe, ihrem persönlichen Stolz oder ihrer Bequemlichkeit dienen. Diese eingebildeten Übel erlauben ihnen, die uns zukommende Last, die das Leben allen auferlegt, zu vermeiden.

Menschen, die wirklich unter den Händen anderer gelitten haben, finden es nicht schwer, zu verzeihen, oder sogar die Leute zu verstehen, die ihre Leiden verursachten. Sie finden es deshalb nicht schwer, zu vergeben, weil aus echt ertragenem Leiden und Unglück unwillkürlich ein Gefühl der Bevorzugung entsteht. Das Erkennen der schöpferischen Wahrheit kommt wie ein Blitz: es geht um Verzeihung für andere wie für uns: denn wir wissen nicht, was wir tun.

Die Verewigung sogenannter ‚historischer' und Klassen-Mißstände ist eine böse, wirklichkeitsferne und unehrliche Sache. Es ist etwas, was in den üblichen wirtschaftlichen, politischen und historischen Schlagworten nicht richtig beschrieben werden kann. Die Sprache, die dem Gegenstand viel angemessener erscheint, ist die Sprache eines Pathologen, der den Krebs beschreibt, die Sprache eines Psychologen, der eine tiefsitzende und besessene Neurose darstellt. Denn was ist der Nazismus oder der heutige Malanismus in diesem Südafrika meiner Jugend anderes als die Zerstörung des Ganzen durch die unnatürliche Zellwucherung eines Teiles, oder ein eigenwilliges autonomes System, welches das ganze Wesen zugunsten einer einseitigen Notwendigkeit verbiegen möchte.

Ich bin auf diesen Aspekt in einiger Ausführlichkeit eingegangen, weil heute niemand seine Gedanken auf das Afrika, das sich finster und geheim der Erfüllung nähert, richten kann, ohne dieses diabolische Fehlen des Guten zu spüren.

Für die vorliegende Geschichte ist es noch wichtiger, daß mein Vater diese grundlegende bittere Ironie Afrikas nie verstehen noch sich mit ihr aussöhnen konnte. Und als sie schließlich in dem bedeutungsvollen Bruch zwischen Hertzog-Botha und Smuts wieder eigensinnig und fanatisch virulent wurde, da zog er sich ganz von der Politik, aus dem öffentlichen Leben und sogar von seinem eigenen Beruf auf seine vielen Tausend Tagwerke Land zurück.

Auf diese Zeit beziehen sich meine deutlichsten Erinnerungen an ihn. Es ist das Bild eines Mannes, der schließlich erkennt, daß er im Leben und im Land ein Fremdling ist, dessen Nerven durch die Welt in seinem Umkreis fast bis zum Zerreißen zerfasert worden sind. Alles in seinem Stadthaus und in den zahlreichen Farmen, wo er sich von Zeit zu Zeit aufhielt, deutete damals auf eine instinktive Ablehnung Afrikas und eine erneute Bejahung Europas hin.

An den Wänden hingen alte holländische Ölgemälde, die Teppiche und Möbel waren holländisch, und der lange Korridor in dem großen Stadthaus war mit kühlen schwarzen und goldenen Kacheln belegt, die eigens aus Holland eingeführt worden waren.

Sogar was wir aßen, war merkwürdig unafrikanisch. Einmal im Monat erhielten wir eine große Kiste mit Käsen gleich Vollmönden, konservierten Fischen,

Büchsenschinken, chinesischem Ingwer in Delfter Töpfen und seltenen Köstlichkeiten von einem Kaufherrn in Holland, der meines Vaters zahlreiche Brut bei Namen kannte und von Zeit zu Zeit für den einen oder anderen eine leckere Überraschung beifügte.

Unseren Pferden auf den Farmen, dem Rindvieh, den Lieblingskühen, den Schafen, Hunden, Katzen und zahlreichen zahmen Tieren aller Art, denen er erlaubte, frei in den Häusern herumzuwandern und des Morgens sogar in die Kinderschlafzimmer einzudringen, gab er die volltönendsten Namen, die er sich aus der holländischen Geschichte holte. Ich besaß zwei zahme Lämmer, die auf die Namen Hoorn und Egmont hörten und denen gestattet war, mir unternehmungslustig Avancen zu machen, während ich noch im Bette lag. Es gab zwei prächtige paradierende Hengste, die eigens aus Gelderland eingeführt worden waren und sich in den Namen Gouda und Treslond sonnten, der Herren von Holland, welche die Bettler von der See gegen Philipps spanische Galionen angeführt hatten. Sein ältester Sohn und eine Tochter bestiegen diese Hengste mit tapferer und verzweifelter Regelmäßigkeit und wurden ebenso regelmäßig abgeworfen.

Seine Bibliothek, in der er einen großen Teil seines Tages verbrachte, war mit einer höchst umfassenden und ungewöhnlichen Sammlung europäischer Literatur in fünf Sprachen angefüllt. In der Mitte seines Schreibtisches stand immer ein Mörser mit Stößel aus dem Rohr einer Kanone, die sein Lieblingsvorfahre den Spaniern abgenommen hatte. Daneben stand ein großes Kabinett, das mit einer bemerkenswerten Auswahl seltener und alter europäischer Münzen angefüllt war; die Währung seines Gemüts gehörte der Vergangenheit an.

In jenen letzten Jahren wandte er eine ungeheure Wärme, Zärtlichkeit und Liebe an alles, was um ihn war, als müsse die wachsende Entfremdung gegenüber der äußeren Welt dadurch aufgewogen werden. Im Rückblick scheint mir, daß dies alles von einer tiefen Abschiedsstimmung durchzogen war, einer unausgesprochenen Vorahnung, daß seine Tage sich dem Ende näherten. In alle Beziehungen jener Jahre und in das Leben in seinem Umkreis schien er einen unerschöpflichen Strom von Güte, Freigebigkeit und Liebe auszugießen; die Bäume, die Blumen in dem großen Garten, die Dienstboten und Angestellten, die Kontraktoren und Kaufleute, die Tiere, die Hunde, die Hausaffen, die zahmen Luchse und Schakale und Vögel, alle nahmen daran teil. Früh am Morgen war er im Garten und begrüßte seine Töchter mit einer Blume, die frisch für eine jede gepflückt war, und seine Söhne mit einem Pfirsich, einer Birne, Feige oder Traube. Kein Mensch, kein wildes oder zahmes Tier hat ihn je umsonst um Hilfe gerufen. Er hatte ein offenes Herz für alle. Die lahmen Hunde aus meilenweitem Umkreis fanden zu ihm und umscharten ihn. Eine kleine, einbeinige afrikanische Bachstelze kam regelmäßig jeden Morgen in sein Arbeitszimmer, um gefüttert zu werden. Wenn seine Kinder jetzt über ihn, wie er zu jener Zeit war, reden, kommt die Art seines Wesens in der Wärme, die ihre Stimmen belebt, zum Vorschein.

Aber ich weiß, daß er tief unglücklich war. Ich erinnere mich, daß ich eines Nachts aus dem Bett gerissen wurde und wie ich ihn um die Knie fassen und anflehen mußte, daß er nicht hinausgehen und jemand umbringen möge. Ich weiß nicht genau, was vorgefallen war, aber er stand da, von Zorn geschüttelt, mit seinem Schwert in der Hand. Er konnte stundenlang an einer alten Konzertina sitzen und sich melancholische Weisen vorspielen oder seine alte Kommandohymne vor sich hin summen: „Rauhe Stürme mögen rasen und um mich ist alles

Nacht. Aber Gott, mein Herrgott, wird mich nimmermehr verlassen."

Wie konnte jemand im Alter von sieben Jahren ahnen, worum es ihm ging. Wie konnten wir wissen, daß es ausgeschlossen war, dieses ungeheure Ausströmen von Zärtlichkeit und Zuneigung zu verstehen und so zu erwidern, wie es zu jener Stunde unter den dortigen Verhältnissen hätte erwidert werden müssen? Daß

> Liebe ist der fremde Name,
> Hinter dem die Hand sich birgt,
> Die das Flammenhemd gewirkt,
> Das Menschenmacht nicht abtun kann.

Und schließlich, wie konnte einer von uns, die wir an seinen Anfängen nicht teilhatten, wissen, daß Tag und Nacht gleich dem Rauschen eines fernen Meeres sein Blut das Bewußtsein seines Exils in ihm pochen ließ. Er starb 1914, in den Tagen, als der Krieg ausbrach. Als das geschah, war mir, als ob die Wände eines warmen, hell erleuchteten Zimmers, in welchem ich gesessen hatte, plötzlich eingestürzt seien, so daß die Nacht von jenseits der fernsten Sterne einstürmen konnte.

Die Ärzte sagten, er sei an doppelseitiger Lungenentzündung gestorben. Ich weiß, daß er am Exil gestorben ist.

Es gibt keinen Teil meines Wesens, in das dieses Wissen nicht in den folgenden Jahren eindrang, und dazu die wachsende Einsicht, daß mein Leben auf irgendeine Weise einen Ausweg zwischen meines Vaters Exil und meiner Mutter Beheimatet-Sein finden müsse. Es war, als ob in weiter Ferne an seiner Quelle, lange vor der Geburt, das Leben sich in zwei tiefe Ströme gespalten hätte, die parallel liefen und sich diesseits der Unendlichkeit nicht begegnen konnten. Und das war im letzten Sinn die Voraussetzung dieser Reise.

II. Teil

DIE REISE DURCH DEN RAUM

„Notre vie est un voyage
Dans l'Hiver et dans la Nuit
Nous cherchons notre passage
Dans le Ciel où rien ne luit."

ALTES SCHWEIZER LIED

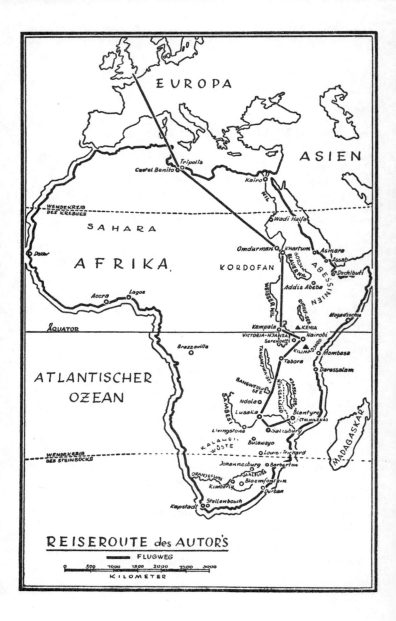

DRITTES KAPITEL

Es ist mir inzwischen klar geworden, daß ich fast ausschließlich von dem geistigen Gepäck gesprochen habe, das ich auf meine Reise mitnahm. Obwohl es sich bei solchen Gelegenheiten so gehört, habe ich nichts über das gesagt, was ich in meine Koffer packte. Es ist eben so, daß die Reise wohl hätte unverständlich bleiben können ohne die Beschreibung des Geistes- und Gefühlszustands, den ich mitführte, während der Inhalt meiner Koffer leicht und von wenig Interesse war.

Ich weiß nicht, wie sich der durchschnittliche Reisende heutzutage für die Fahrt in die entlegeneren Gegenden Afrikas ausrüstet. Vor dem Krieg pflegte er Phantastisches zu unternehmen, und wahrscheinlich tut er es noch. Ich habe immer so wenig im voraus gekauft und so geringe Vorbereitungen getroffen wie möglich.

Zum Beispiel bestellte ich weder besondere Stiefel, Schuhe oder Gamaschen, noch war ich versucht, eine Stanley-Livingstonesche Kopfbedeckung zu kaufen – das sind grün-weiße Pagoden (Tropenhelme mit Sonnenklappen, die mit rotem Flanell gefüttert sind) –, weil ich seit Jahren den Verdacht hatte, daß die Erfinder dieser Dinge Glatzköpfe seien und die Absicht hätten, auch bei anderen Glatzen zu erzeugen. Die tropische Sonne ist europäischen Köpfen gegenüber freundlicher als sie vielleicht verdienen, und ich für meine Person finde es nicht nötig, in Afrika mehr aufzusetzen als unter der Sommersonne in Europa.

Ich hatte keine vorbestimmte Meinung, welche Art von Gewehr ich am besten mitnähme. Ich kannte den berühmten Vorkriegsstreit über Gewehre: die Vorzüge und Nachteile des 6 mm leichten Zentral-Feuer-Hochgeschwindigkeitsgeschosses, des 9,5 mm Magnum-Hochgeschwindigkeitsgeschosses, des Paradox und der Elefantenbüchse schweren Kalibers. Ich verschwendete keine Gedanken auf die Frage, ob das eine oder eine Verbindung von zweien oder mehreren dieser Typen meinen Zwecken am dienlichsten sein würden. Ich bestellte keine besonderen Vorräte an Nahrungsmitteln, Munition oder Medizin. Ich hatte das Gefühl, daß ich schon alle Medizinen, die ich je würde brauchen können, als Folge der törichten und immer wachsenden Zahl von Einspritzungen, mit denen Flugreisende gepeinigt werden, in meinem Leibe hätte.

Schon immer habe ich darüber gestaunt, was der Händler, ob Jude, Grieche, Inder oder einsamer Schotte, sogar in den entlegensten Teilen Afrikas aus seinem verzinkten eisernen Ladenkontor hervorholen kann. Außerdem habe ich in diesen Dingen einen kolossalen Respekt vor der Erfahrung und dem Urteil der Männer an Ort und Stelle. Auf einem so unermeßlichen Kontinent wie Afrika sind die Bedürfnisse des einzelnen je nach der Örtlichkeit ungeheuer verschieden, und ich habe gefunden, daß es sich lohnt, so nah wie möglich am Ausgangspunkt einer Reise einzukaufen, vorzubereiten, zu organisieren und Rat einzuholen.

Deshalb beschränkte ich mich darauf, meinen Vorrat an Khakikleidern zu vergrößern, einige Bücher — die unter Umständen in Afrika schwer zu finden sind — für die Reise auszuwählen und einen kleinen Vorrat an Siegellack anzulegen. Es war mir zweifelhaft, ob ich an meinem Bestimmungsort Siegellack finden würde; den mußte ich aber unter allen Umständen haben, um die Proben, die ich auf meiner Reise zu sammeln hoffte, zu sichern. Im ganzen nahm ich so wenig mit, daß meine Freunde mit ihrer warmen und liebevollen Teilnahme an Eigenarten und Exzentrischem sofort untereinander eine Legende aufbrachten. Sollte man glauben, sagten sie, daß ich wieder nach Zentralafrika losgezogen sei mit einer Stange rotem Siegellack in der einen, einem Band von George Merediths *Modern Love* in der anderen Hand?

Grob gesprochen, begann meine Reise in dieser Stimmung.

Genau um zwölf Uhr am 10. Mai stieg unser Flugzeug vom Flugplatz Heath Row auf. Es ist bezeichnend für das Neu-Sein, das immer noch dem Luftreisen anhängt, daß zwar einerseits — einmal in der Luft — die Reise zwischen zwei Punkten mit größter Eile vollzogen wird, andrerseits die Reisenden aber zu trübseligen Stunden des Wartens und der Vorbereitungen auf dem Boden verurteilt werden, zu langweiligen Kontrollen durch Zoll-, Währungs- und Einwanderungsbehörden an allen möglichen Orten und schließlich zu umständlichem und schwerfälligem Reisen auf der Straße von und zum Flugplatz. Wir brauchten, nachdem wir Victoria verlassen hatten, zwei Stunden, um in die Luft zu kommen; aber einmal in der Luft, konnte sich niemand über die Geschwindigkeit beklagen, mit der wir reisten.

Ich weiß nicht, was die zwanzig Mitreisenden dachten, als wir abflogen, aber wieder war ich von der brutalen, unpersönlichen Art dieses Fortgehens betroffen. Nie habe ich aufgehört, unsagbar bewegt zu sein, wenn ein Schiff die Taue löst und sich aufs Meer hinausbewegt. Es ist etwas Symbolisches dabei, auf das der hungernde, schmachtende Rationalismus im Gemüt unseres 20. Jahrhunderts sofort und unweigerlich antwortet. Das Schiff gehört zum echten uralten Stoff der Phantasie. Es muß für jemand von durchschnittlicher Empfindsamkeit unmöglich sein, einem geliebten Menschen, der ihn mit einem Schiff verläßt, Adieu zu sagen, ohne daß er, ob er will oder nicht, die Wahrheit des banalen, aber doch so wahren französischen Sprichworts erfährt: *Partir c'est mourir un peu.* Sogar im Bahnhof bedeutet das Flattern eines Taschentuchs, das Winken einer Hand oder ein Gesicht, das zurückschaut, bis zu einem gewissen Grad einen Ausgleich gegenüber der unpersönlichen und doch hysterischen Abfahrt des Zuges. Das Flugzeug macht keine derartigen Zugeständnisse. Es ist keine Pause zwischen dem „Hier-Sein" und dem „Dorthin-Gehen"; die zwei Zustände werden sozusagen mit einem einzigen Schnitt des Messers geschaffen, und man bleibt mit dem unklaren, unverstandenen Gefühl eines Schocks zurück. Es ist, als sei man einer blitzartigen Amputation unterworfen worden.

Im einen Augenblick waren wir im Frühling in England, im nächsten waren wir über England in einer Luft ohne Grenzen oder Jahreszeiten. Wir stiegen rasch. Ein bekanntes Wahrzeichen nach dem anderen glitt mit einer Art unabänderlicher Leichtigkeit in Sicht und entschwand unserem Blickfeld. Wir waren erst wenige Minuten in der Luft, als ich mit Schrecken bemerkte, daß wir schon über die South Downs flogen. Erst jetzt kam mir die ganze Ungeheuerlichkeit des vollzogenen Bruchs zum Bewußtsein.

Vor wenigen Tagen, am Samstag und Sonntag, war ich noch mit einem Freund über diese Felder und an den Hecken entlang gegangen. Es war seit zehn Jahren mein erster Geruch vom Frühling gewesen. Ich blickte nun in mein Tagebuch und sah die Zeichnung, die ich an jenem Sonntag gemacht hatte: ein Gaul, der in einem Feld graste, dahinter die lange Hügellinie der Dünen, darüber ein Flaum von Wolken und die Spitze eines bescheidenen, ziegelbedeckten Kirchturms, die eine krumme Wetterfahne krönte. Ich erinnerte mich, daß beim Zeichnen die Luft derart mit Sonnenlicht geladen war, mit unsichtbaren Essenzen und der stetigen rhythmischen Bewegung der Bäume, so voll des Duftes von Blumen und blühenden Feldern, daß es schien, als ob die Bienen nicht durch die Luft flögen, sondern von ihr getragen würden.

Es gibt ja in Afrika keinen Frühling, wie Europa ihn kennt. Es gibt nie einen vergleichbaren Vorgang von so vollständiger und kompromißloser Erneuerung jeder Einzelheit im Leben der Natur. Wir mochten wohl jetzt über dieser Welt sein, aber zugehörig waren wir ihr nicht mehr.

Einige Kinder fingen im Flugzeug zu spielen an. Da war ein kleines Mädchen mit dem alt-jungen Gesicht des europäischen Kindes in Afrika. Über seiner Schulter hing eine Tasche aus Leopardenfell, und ich konnte fast mit Bestimmtheit sagen, in welchem Laden Nairobis sie gekauft worden war. Ein kleiner Bub trug die Farben einer bekannten Vorschule Süd-Rhodesiens, er war schon ein kleiner Herr über alles außer über sich selbst. Und dazu die Eltern mit den angestrengten, festgelegten offiziellen Gesichtern, von denen man aus Erfahrung weiß, daß sie in Afrika erst warm werden und lächeln, wenn die Sonne untergeht und der Dämmerschoppen bereitsteht.

Vor mir saß ein Klempner aus Birmingham. Er hatte gehört, daß es in den Bergwerken von Johannesburg an Klempnern fehle, und so hatte er auf eigene Kosten ein paar Wochen Urlaub genommen, um sich die Verhältnisse anzusehen. Wenn es ihm gefiel, wollte er sich ganz in Südafrika niederlassen. Trotz guter Einnahmen mochte er das Nachkriegsengland nicht mehr: „zu eingezwängt", sagte er, „zu viele Einschränkungen". Ich sagte mir: „Hier haben wir den Pilger, Modell 1949, einschließlich Beweggrund".

Da war ein junger Landvermesser, der noch die Universitätshosen trug, dazu eine braune Tweedjacke, erfreut und ergriffen vom Gedanken, daß er in der Nähe von Tabora für das koloniale Vermessungsamt arbeiten werde. Dann gab es einen Geschäftsmann aus Tanganjika. Merkwürdigerweise sah er einem bestimmten General, unter dem ich gedient hatte, ähnlicher als jener General selbst.

Ein Landwirtschaftsdirektor, ein netter Mann mit dem Ruf größter Hingabe an den Dienst, begann schon — wie man glauben möchte, mit einer gewissen Genugtuung — etwas von der Wichtigkeit anzulegen, die ihm an seinem Ziel automatisch zufallen würde. Es gab noch ein paar andere Beamte, die vom Urlaub zurückkamen, eine Armee-Pflegerin auf dem Weg nach Eritrea, einen Missionar und seine Frau auf der Heimreise nach Uganda, und zwei Handelsreisende großen Stils, die um ein Weniges zu gut angezogen waren.

Das Flugzeug selbst wurde von einer südafrikanischen Mannschaft geflogen. Es war eine verbreitete, beliebte, durch viel Reklame bekannte Type, die ich persönlich wenig mag. Sie ist schnell und zuverlässig und technisch sicherlich eine sehr gute Maschine, aber sie ist, wie so viele amerikanische Flugzeuge, nur mit dem einen Ziel konstruiert: so schnell wie möglich die größte Zahl von Menschen durch die Luft zu schleudern. Ich sehnte mich nach den langsameren, bequemeren britischen Flugbooten mit ihrem eigensinnigen, altmodischen Respekt vor der privaten Sphäre und individuellen Bedürfnissen.

Als das Lunch serviert wurde, waren wir schon hoch über Paris. Dies Mittagessen war ein weiterer Schlag gegen das Andenken Europas. Alles — das Fleisch, das Obst, die Salate — war südafrikanisch, mit dem scharfen, fast metallischen Beigeschmack des typisch südafrikanischen Erzeugnisses. Die Leute, die es auftrugen, hatten einen ebensolchen Klang in ihren Stimmen. Während ich sie anschaute, wurde mir plötzlich klar, daß die Welt des modernen Reisens sehr klein ist. In London oder Paris ist es, wenn man sich nicht verabredet, schwer genug, seine Freunde zu sehen. Aber auf den Hoch- und Himmelswegen der Welt begegnet man denselben Gesichtern immer aufs neue. Selbst ich erkannte einige Leute der Mannschaft wieder, mit denen ich schon früher gereist war.

Deswegen war ich nicht überrascht, daß der Kapitän der Maschine, als er sich näherte, mir vorkam wie jemand, den ich schon gesehen hatte. Aber ich fuhr doch zusammen, als er neben mir stehenblieb und lachend sagte: „Glaubst du immer noch, ich sei ein Deutscher?"

Ich erkannte ihn im Augenblick wieder. Sein Name war Jakobus Gerhardus van Waveren. Er war mit mir zur Schule gegangen, war drei Jahre jünger als ich und kam aus einer alten Familie des Freistaats. Als Pilot war er einmal im Krieg in Abessinien zu meiner Rettung gekommen. So geht es mit dem Krieg. Man glaubt, man hätte ihn vergessen, und dann genügt der Blick ins Gesicht eines Fremden, an dem man vorübergeht, das Sonnenlicht auf einer geborstenen Mauer, der ferne Ton von Sprengungen in den Bergen, das Abschießen eines Schweins im Hinterhof des Dorfmetzgers, der Geruch von Gummi im Regen, ein paar Takte Musik bei Einbruch der Nacht, — und der Krieg ist wieder da, frisch und lebendig, tief in die nackten Sinne eingegraben. Die Heftigkeit, mit der uns die Erinnerung an ihn überfällt, ist immer erschreckend. Wie genau erinnerte ich mich jetzt an den einstigen Vorfall.

Vor neun Jahren war das Flugzeug von Jakobus Gerhardus eines Nachmittags aus dem blauen Himmel gekommen und hatte unseren ersten Landestreifen im Godjam umkreist. Er flog eine dreimotorige Maschine mit Wellblechflügeln. Zu jener Zeit war das einzige Flugzeug dieser Art, das ich kannte, der deutsche Junkers-Bomber. Ich erinnere mich, wie entsetzt ich dachte: „Werden wir jetzt zu allem anderen auch noch echte deutsche Präzisionsbomberei erleben?" Fast hätte ich meinen Leuten befohlen, aus allen Rohren Feuer zu geben. Aber die offenbare Freundlichkeit des Flugzeugs und seine Absicht zu landen, hielten mich ab. Immerhin, wir blieben schußbereit, bis ich im kristallblauen wehmütigen Licht der abessinischen Berge sah, daß Männer in südafrikanischer Uniform ausstiegen. So nah war ich daran gewesen, zu feuern, so überwältigt war ich davon, wie knapp wir davongekommen waren, daß meine Begrüßung für Jakobus Gerhardus recht unliebenswürdig lautete: „Zum Teufel, wie soll man Sie nicht für einen Deutschen halten, wenn Sie in so einem Ding herumfliegen?"

Er hatte das gut aufgenommen und geantwortet: „Nur keine Angst. Schauen Sie, was ich für Sie mitbringe."

Von dem Tage an hatten wir alle, die mit Dan Sandford und Orde Wingate kämpften, eine gesicherte Versorgung aus der Luft. Unsere langen, gefährdeten Versorgungslinien aus Kamelen, deren Pfad man Hunderte von Meilen weit mit verbundenen Augen einfach nach dem Gestank toter Tiere hätte finden können, konnten endlich aufgegeben werden.

„Ich habe kaum geglaubt", sagte Jakobus Gerhardus jetzt, „daß du es sein könntest, als ich deinen Namen auf der Passagierliste sah. Ich hatte gemeint, die Japaner hätten dich erledigt. Ich habe vor Jahren die Nachrufe auf dich in den Zeitungen gelesen. Fährst du nach Hause? Was hältst du von meinem neuen Maschinchen?"

Ich war riesig erfreut, ihn zu sehen, und kostete diesen Augenblick des Zusammenseins mit jemand, den ich in meiner Jugend gekannt hatte, voll aus. Er besaß einen reichen Vorrat an Geschichten über Leute, die ich seit Jahren nicht gesehen hatte; aber als wir über unsere Vergangenheit in Afrika sprachen und ich sagte: „Ich würde wirklich gerne eine Zeitlang zurückkehren", zögerte er und bemerkte dann: „Ich glaube nicht, daß es dich sehr freuen würde."

„Warum nicht?" fragte ich überrascht.

Er antwortete ausführlich. Vieles hatte sich verändert. Viele unserer alten Freunde waren fort; zahlreiche ältere Familien waren weggezogen. Eine Menge Leute waren aus dem Süden des Kap gekommen — es waren R-rollende Bolander[1] — und hatten deren Platz eingenommen. „Paarl, Wellington und Dal Jasofat[2] geben jetzt an", sagte er, „ein Haufen Fanatiker, weißt du. Politik ist ein schmutziges Spiel." Dann beeilte er sich, loyal hinzuzufügen: „Ich bin sicher, daß die Politik unserer Union nicht schlimmer ist als die anderer Leute. Aber bedenke nur, wie wir Weißen uns untereinander streiten, und dabei die vielen Schwarzen, und die Kommunisten..." Er hielt inne. Dann erzählte er mir, daß John Kommunist geworden sei, ein Negerbaby adoptiert habe und es im selben Kinderzimmer mit seinem eigenen weißen Kind aufziehe.

[1] Die Bewohner der westlichen Kapprovinz, die ein auffallend scharfes R sprechen. Anm. d. Übers.
[2] Drei südafrikanische Städte, aus denen besonders fanatische und engherzige Politiker stammen. Anm. d. Übers.

Ich war höchst interessiert. John war ein Schulfreund. Sein Großvater hatte mit meinem Vater im Rat des Freistaats gesessen und Botha und Smuts bei ihrer großen Mission nach England begleitet. „Aber warum Kommunist?" fragte ich.

„Er sagt, das sei die einzige ehrliche Lösung für unser Problem. Aber, mein Gott, der Kommunismus geht sehr sehr sehr weit. Und was das Adoptieren eines schwarzen Sohnes angeht, Herrgott, das geht viel zu weit. Das können wir nicht zulassen. Es geht einfach nicht. Mein Gott, das weißt du ja."

Er sah mich an, war offenbar beunruhigt und fügte hinzu: „Und doch, weißt du, der alte John war immer einer von den Besten. Ich verstehe nicht, was in ihn gefahren ist." Plötzlich sprang er auf und sagte: „Komm, schau dir mein Maschinchen an!"

Ich hätte gern weiter nach John gefragt, aber ich wagte es nicht. Ich folgte ihm schweigend in die Kanzel.

Wir waren schon weit über Frankreich. Grenoble erschien gerade unter dem rechten Flügel. Die Luft war blau, kühl und klar. Plötzlich tauchte die Spitze des Montblanc nicht weiß, sondern tiefgolden aus dem Dunst am Horizont auf. Der Berg hob sein Haupt wie ein großer Polarbär, der nach Eis schnüffelt, die Schnauze.

„Sieht man selten so!" brüllte der Pilot mir ins Ohr. „Ist offenbar Ihr Glückstag." Aber in Wirklichkeit war es sein Glück und seine Freude und für mich nur Hohn.

Der Fluß Isère, blau und silbern, reflektierte die Sonne von der Erde zurück. Gerade außerhalb von Grenoble konnte ich deutlich La Ponatière sehen, ein Haus, an das ich viele schöne Erinnerungen habe. Es stand da, formvollendet und flach, als sei es sein eigener Grundriß, mit den Bäumen der Allee von den Toren bis zum Haus. Sie glichen vom Flugzeug mehr Topfpflanzen als Platanen, die sie wirklich waren.

„Da, die Alpen!" rief er wieder. Und da lagen sie, weit im Osten, eine ferne Vision von Schnee, Eis und himmlischem Blau, während an ihren scharfen weißen Gipfeln von Zeit zu Zeit die Spitze eines Aluminiumflügels vorbeihuschte. Eine Art Schweigen, eine unwillkürliche Stille schien sich von ihnen in das Flugzeug auszubreiten. Hinten wurden die Leute still; sie hielten eine inoffizielle Minute des Schweigens inne, als solle sie diese tote Welt, dieses andere Königreich aus Schnee, ehren. Ganze nah, auf einem Abhang, konnte ich deutlich einen kleinen Soldatenfriedhof erkennen, über dem eine große Trikolore wehte. Ich nahm an, es sei einer der wehmütigen Friedhöfe für die Toten der Widerstandsbewegung, die es überall in den Vorbergen gibt.

Und nun blieben die goldenen, die reichen Täler Frankreichs zurück, die fruchtbare, sonnengetränkte Erde, die so warm den Frühling und Jahrtausende der Liebe, Pflege und zivilisierten Aufmerksamkeit wiedergibt. Eine lange Kette von Bergspitzen, zu niedrig für den Schnee, zu hoch, um kultiviert zu werden, warf uns umher wie ein Rettungsboot auf stürmischer See. Dann kamen wir in die stille Luft über Cagnes. Ein Schnellboot legte auf die Bucht eine Kurve aus Schaum, die auf dem so stillen blauen Meer aussah wie ein Rauchstreifen vor einem Mittagshimmel. Weit hinter uns sank eine Feder aus Schnee sanft in den Nachmittagsdunst.

Ein Steward rief mich zum Tee. Ich hatte vergessen, wie gut und wie viel meine Landsleute essen. Der Klempner lehnte sich in seinen Sessel zurück und fragte, ob in Südafrika alle Leute so äßen.

Ich sagte: „Ja, die meisten Weißen schon." Und er sagte: „Dunnerschlag!"

Über Korsika wurde der Nachmittag zum Abend. Die Schluchten, tiefe, enge Einschnitte in den steilen Bergwänden, füllten sich mit purpurner Dunkelheit. Die Schatten der Gipfel wurden länger, als eilten sie zum fernen Meer; ein scharfer Vulkankegel warf seinen Schattenriegel über eine weite Ebene, die unter der Sonne noch golden und goldgrün dalag. Die erste goldene Linie Afrikas tauchte vor uns auf, gerade als die Sonne rasch zum Horizont niedersank. Ohne diese Stunde und ohne diese Beleuchtung hätte die Unmenge Sand nur öd und verlassen gewirkt.

Der Klempner war sichtlich bestürzt und enttäuscht. „Ist das tatsächlich die Küste Afrikas?" fragte er.

„Geographisch ja", sagte ich im Versuch, ihn zu trösten. „Aber wenn Sie zurückkommen, werden Sie es kaum mehr finden."

Wäre das Reden in diesen Flugzeugen nicht so schwierig, hätte ich versucht, ihm zu erklären, daß das, was wir betrachteten, erstens mediterran war, zweitens levantinisch, drittens orientalisch und erst dann noch durch die blinde Gabe der Geographie afrikanisch. Je besser man Afrika kennt, desto weniger findet man, daß dieses nördliche Ende ein Teil davon ist; und je näher man das Mittelmeer kennt, desto genauer erfaßt man selbst auf diesen ausgebleichten sandigen Ufern die Kontinuität Nordafrikas. Das labyrinthische Band einer alten Kultur von Kreta, Cypern und Troja, von Griechenland, Karthago und Rom ist nicht einmal durch die Normannen, Türken, Araber und Mauren zerrissen worden. Und als ob dies bewiesen werden solle, fing das Panorama an, etwas von der Provence, von Italien, vom europäischen Ende des Mittelmeers aufzuweisen. Ein paar rotbedachte Häuser mit gelben und rosa Mauern, silbergrüne Obstgärten, Zypressen, Orangenhaine und Weinfelder zeigten sich. Auf einem Turm aus gelbem Stein und einer honigfarbenen Mauer verweilte das Licht einen Augenblick lang. Ein Blitz, korallenrosa und barbarisch rot, schoß über den Westhimmel. Und dann war es über Tunis ganz dunkel.

Wir landeten in Castel Benito zur Zeit des Abendessens. Doch am selben Morgen, nur acht Stunden früher, waren wir in England und im Frühling gewesen.

VIERTES KAPITEL

In Castel Benito übernahm eine neue Mannschaft die Maschine, und Jakobus Gerhardus sagte Adieu.

An diesem Abend aßen der Mann, der wie mein General aussah, der Klempner und ich zusammen in einem Restaurant, das in einen alten italienischen Hangar eingebaut war. An vielen Stellen war er immer noch von Maschinengewehrschüssen und Bombensplittern aus dem nordafrikanischen Feldzug durchlöchert. Nordafrikanische Italiener servierten uns lächelnd eine ausgiebige italienische Mahlzeit: Minestrone, Ravioli, fritto misto, Tomaten, pimentos, Sabaglioné und Teller voll großer gelber Aprikosen.

Danach gingen wir am Rollfeld auf und ab und sahen zu, wie die Bodenmannschaft das Flugzeug unter riesigen Bogenlampen versorgte. Zwei Unteroffiziere der britischen Militärverwaltung kamen, standen außerhalb des Hangars und schauten — offenbar halb schlafend und der Sprache beraubt — zu. Der Klempner ging plötzlich zu ihnen hinüber und sprach sie an. Zigaretten kamen hervor, ein Feuerzeug flackerte und flammte auf, bald waren die drei Köpfe der Exilierten nahe zusammen.

Der Geschäftsmann sprach dann mit einiger Bitterkeit und Sorge mit mir über England. Er war typisch für die Besten seiner Art — und die Besten sind ja so ausgezeichnet, — und seine Besorgnis war typisch für die tiefe und wachsende Beunruhigung über das Schicksal Britanniens, der man heute überall begegnet. So oft das, was für die Leute England verkörpert, bedroht erscheint, taucht diese Sorge an ganz unerwarteten Orten auf, auch bei Menschen, die geschichtlich, wirtschaftlich oder blutsmäßig durch keine Bande mit England verknüpft sind. Das bewegte mich sehr. Ich sollte dieser Teilnahme auf der weiteren Reise wieder und wieder begegnen, daran Mut schöpfen und hoffen, daß wir uns ihrer würdig zeigen würden. Mein Begleiter sagte nichts Ungewöhnliches. Er nahm einfach an der allgemeinen Befürchtung teil, daß Britannien erledigt sein könnte, daß schlechte Führung, Verschwendung, Untüchtigkeit und schlechte Arbeit ihm einen lebensgefährlichen Schlag versetzt hätten. Vor allem fürchtete er — und er haßte sich für diese Furcht —, daß es weniger ehrlich geworden sei.

Ich sagte ihm, daß ich das nicht glauben könne. Ein Volk so alt wie die Briten könne seinen Charakter nicht über Nacht wandeln. Es gäbe viel Verwirrung, es würden ungeheure Fehler in England gemacht, aber doch für die rechte Sache. Die neueste Vision einer gerechten Gesellschaft könne nicht mit Argumenten erledigt werden, sondern müsse in der Praxis zu einem Ergebnis kommen. Ihr Wert müsse in einem ehrlichen Prozeß von Versuch und Irrtum erprobt werden. Ich selbst fühlte mich durch das Nachkriegs-England an- und aufgeregt. Es war für mich ein erstaunlicher Beweis für die geistige Vitalität der Nation, daß sie am Ende eines großen Krieges, in dem sie die schwerste Last getragen hatte, dieses umfassende Sozialexperiment unternehmen konnte. Da ich England und seine Geschichte kannte, war ich sicher, daß es nicht versagen würde.

Ich fand es sehr wichtig, daß in diesem Augenblick eine Nation den Versuch machte, gerecht, gut und wahr zu sein und nicht nur in der Massenerzeugung als industrielle Wurstmaschine großen Stils zu fungieren, so nutzbringend das auch sein mochte. Südafrika beunruhigte einen schon durch seine Atmosphäre mittelalterlicher Privilegien; es war eine Welt herzloser weißer

Barone und schwarzer Leibeigener. Wie lange, fragte ich ihn, glaube er, daß das noch dauern könne.

Ich hatte Aufstände in Durban erlebt. Ich hatte gesehen, wie bei Einbruch der Nacht in den Vorstädten von Johannesburg der Schreck in die Herzen der europäischen Bewohner einzog. Ich hatte gesehen, wie sie nach Eintritt der Dunkelheit ihre Häuser verriegelten, zuschlossen und nochmals abriegelten aus Angst vor dem, was die Schwarzen ihnen antun könnten. Fast jeder, den ich in Johannesburg kannte, hielt eine geladene Pistole zur Hand. Keine weiße Frau fühlte sich nachts allein in einer Vorstadtstraße sicher. Vor fünfzehn Jahren war es anders gewesen. Die Schriftzeichen waren jetzt, wie ein junger Afrikaner mir gesagt hatte, mit Neonlicht über dem ganzen Kontinent leuchtend sichtbar, und doch glaubten die Menschen, daß es ohne Ende so weitergehen könne. Wohin wir heute in der Welt blickten, das ganze Leben war in diesen großen Konflikt getaucht: sozial Gutes und privat Böses auf der einen Seite, privat Gutes und öffentlich Böses auf der anderen. Es mache deshalb auf mich einen größeren Eindruck als ich beschreiben könne, daß das britische Volk aus Instinkt der Lösung dieses Konflikts den Vorrang gab, gleichgültig, was das materiell koste.

Ich sprach, wie ich fürchte, mit beträchtlichem Nachdruck, denn es ist klar, daß niemand, dem das britische „way of life" wichtig ist, zur Zeit sorgenfrei sein kann. Ich bin sicher, daß meine Heftigkeit meinen Gefährten störte. Intuitiv wußte ich, daß er jeder Emphase ebenso mißtrauisch gegenüberstand, wie er sie im eigenen Denken und Verhalten vermied. Wahrscheinlich lag die einzige Emphase, die er verstand, auf dem Gebiet von Schnurrbärten, weshalb der seine den Schnitt eines Generals und nicht den eines niedrigen Ranges hatte.

„Ja, ich weiß wirklich nicht", sagte er, „es ist alles sehr

schwierig und vielleicht haben Sie recht, — aber wie wäre es, wenn wir uns noch einmal nach einem Schluck umsähen, bevor wir weiterfliegen?"

Zwei Stunden, nachdem wir gelandet waren, stiegen wir wieder auf. Das Flugzeug hatte einen neuen Vorrat an Benzin und Öl und eine neue Mannschaft. Es war innen gefegt, abgestaubt und gespritzt worden und roch nun stark nach Insektentod.

Inzwischen war es sehr dunkel. Eine Zeitlang bildeten die Lichter der Stadt ein hübsches Muster auf dem Boden hinter uns, aber schnell verschwanden sie. Bald gab es unten nirgendwo mehr eine Häufung von Lichtern. Hie und da kam der Schein eines Feuers, ein gedämpftes Glühen zu uns herauf, aber die Entfernungen zwischen einem Schein und dem nächsten wurden rasch größer.

Sobald das Auge sich an die Nacht gewöhnt hatte, sah man, daß unter uns alles Wüste war. Das war zunächst eine Überraschung, hatte man doch vergessen, wie hart die Sahara auf die Stadt und das umliegende Land drückt. Lange Zeit gab es nichts als die Wüste und die Finsternis. Aber plötzlich erschien eine neue Art von Licht, kein elektrisches Licht, sondern ein Feuer aus Flamme und lebensprühender Wärme. Es war unverkennbar. Einbildungskraft und Erfahrung statteten es sofort mit Kamelen, schwarzen Zelten und Beduinen aus. Der Anblick erheiterte und erwärmte mich. Nach einer Weile erschien noch eins und wieder eins. Schließlich wurde es aber vollständig und durchaus dunkel, und sogar das lockere Bewußtsein der Wüste unter uns verebbte.

Die neuen Stewards gingen herum, nahmen letzte Bestellungen entgegen, brachten zusätzlich Decken, schraubten die Sitze herunter, klappten sie so weit nach hinten wie es ging und halfen den Passagieren, sich für die Nacht einzurichten. Der Klempner trank etwas südafrikanisches Bier aus einer löwengeschmückten Flasche, die ihn entzückte. Der Geschäftsmann nahm einen doppelten Whisky mit Soda. „Einen für die Straße, wenn man es so nennen kann", rief er mir mit einem gewinnenden Lächeln zu.

„Besser als ein Satteltrunk", sagte ich. „Ich möchte wissen, was das Gegenstück bei einer Maschine wie dieser wäre."

„Etwas für den Tank", sagte der Klempner mit einem Augenzwinkern.

„Warum nicht", bemerkte ich, „im japanischen Gefängnis war als Schweineknecht ein R.A.F.-Angehöriger mit mir zusammen, der von Zwölf-Zylinder-Sauen sprach."

Es war alles so normal und alltäglich da oben in viertausend Metern Höhe über der Sahara, und doch fragte ich mich, ob es in Ordnung sei und hoffte, daß es nicht zu herausfordernd sein möge.

Die Hauptbeleuchtungen wurden ausgeschaltet. Die Vorhänge waren vor die Fenster gezogen. Nur ein paar der winzigen Leselampen auf den Seiten des Flugzeuges warfen ihren rechteckigen Lichtstrahl hier auf eine Zeitschriftenseite, dort auf die Gelenke einer Hand. Das Flugzeug hatte zu steigen aufgehört. Die Schärfe der Luft in der Nase und der Geschmack auf der Zunge zeigten an, daß wir schon hoch waren. Die Motoren kamen auf die ihnen gemäße Tourenzahl und in ein gleichmäßiges rhythmisches Dröhnen. Zum Schluß gingen sogar die Leselampen aus, und abgesehen von dem blauen Licht über der Tür zur Speisekammer war alles dunkel. So waren wir jeder allein in seinem Abschnitt der Nacht.

Ich bin schon oft nachts geflogen, aber der erste Augenblick in der Dunkelheit ist mir immer wieder neu; wenn man mit gefalteten Händen dasitzt, allein, in einem Tempo durch die Luft rasend, das weder zu fühlen noch ausreichend vorstellbar ist. Die Nacht schaut unentwegt zu, — mit den Füßen weit unten auf der Erde, den Kopf in den Sternen. Es ist ein feierlicher Augenblick. Gefühle, die nicht mehr gefühlt, Gedanken, die nicht mehr gedacht wurden seit dem Kind-Sein, tauchen wieder auf. Man hat nun wirklich das Gefühl, auf einer Reise zu sein, es ist nicht nur ein Versetzen des Körpers von einem Punkt zum anderen, sondern eine Fahrt, die durch alle erdenkbaren Dimensionen von Zeit und Raum hindurch und noch darüber hinaus führt. Denn eine Reise zu einem Ziel, wo immer es sein mag, ist auch eine Reise ins eigene Innere, genau wie ein Zyklon in sich den Mittelpunkt trägt, in dem er zum Schluß zur Ruhe kommen muß. In diesen Augenblicken denke ich nicht nur an die Orte, wo ich gewesen bin, sondern auch an die Strecken, die ich in mir selbst ohne einen Freund oder ein Schiff zurückgelegt habe, und an den langen Weg, der noch vor mir liegt, bevor ich in mir selbst und mit meiner Reise nach Hause komme. Immer ist beim Heben der Vorhänge draußen die Nacht anwesend; sie starrt standhaft und unaufhörlich herein und hat das Leuchten der Sterne über sich.

Allmählich wurde fühlbar, daß wir nicht nur über der Wüste, sondern auch durch Wüstenluft flogen. Das Flugzeug fing an, heftig auf und abzusacken. Die Stewards eilten den Passagieren zu Hilfe. Die Hostess stürzte zu den Kindern. Sicherheitsgürtel wurden rasch und ganz unparteiisch um wache wie um schlafende Körper festgeschnallt. Lampen leuchteten auf und gingen wieder aus. Die Kinder erlagen zuerst, die älteren Leute waren die nächsten.

Das Flugzeug ächzte und stöhnte wie ein Schiff im Sturm. Noch erschreckender war für Laienohren, daß es klang, als klopften die Motoren unregelmäßig, als stünden sie still und fingen bei jedem Absacken wieder an, mit vermehrter Kraft zu laufen. Zeitweise hatte man ein Gefühl wie in einem Lift, der in einem riesigen Schacht oder wie aus einem leeren Loch im Himmel heruntersaust. Dann wieder flog die Maschine hoch wie ein Kork auf einem Wellenberg oder wie der Kopf eines erschreckten Hengstes.

Mir, der ich durchs Fenster starrte, kam es vor, als flögen wir durch den Rauch eines riesenhaften Feuers. Ich erinnerte mich einer Gewitternacht über der arabischen Wüste. Damals wurde ich weit aus meinem Sitz geschleudert, und nun hoffte ich, daß das nicht wieder passieren würde. Hie und da schoß aus den Auspuffrohren unter den Flügeln ein Strahl aus hellblauer Flamme und sprühenden Funken. Eine kurze Sekunde lang konnte ich sehen, wie der Flügel gleich einem azetylen-grünen Gelée erzitterte, als habe er in den dichten Staubwirbeln selber Krämpfe. Die Reisenden, die nicht luftkrank waren, ermatteten bald unter der heftigen Bewegung.

Am schlimmsten war, daß das Flugzeug keinen erkennbaren Rhythmus hatte, dem sich der Körper hätte anpassen können, wie auch noch im bösesten Sturm auf See. Es war unberechenbar. Und so ging es die ganze Nacht durch. Das Morgengrauen kam acht Stunden später und flog, wie um uns zu begegnen, hoch in die Luft herauf, rauchend, mürrisch, von Staub dampfend, während die Wüste unten noch dunkel blieb. Bis dahin waren alle, die nicht völlig darniederlagen, entweder erschöpft oder — wie ich — voller Angst.

Unmittelbar vor Sonnenaufgang, als Khartum näherkam, fingen wir an, in einer Art Hupf- und Schaukelbewegung an Höhe zu verlieren. Wir befanden uns über den Hügeln von Omdurman, die mich immer bewegen, nicht nur wegen der Abwechslung, die sie in die unmäßige Eintönigkeit der Sahara bringen, sondern auch weil die Geschichte hier so fühlbar ist, daß man nur seine Hand auszustrecken braucht, um sie zu berühren.

Die Berge lagen noch im Schatten, aber ein Gipfel sah in dem wirbelnden Nebel aus wie ein gelber Fetzen Sonnenschein. Ich machte den Versuch, dem Klempner, der von uns allen offenbar am wenigsten unter dem Sturm gelitten hatte, die Sehenswürdigkeiten zu zeigen. Ich sagte ihm, daß hier in der Nähe die Landser und mit ihnen Churchill die Derwische angegriffen hätten.

„Was", sagte er, „unser alter Winnie!"

„Ja", sagte ich, „der alte Winnie!"

„Der alte Winnie hat die Wollköpfe angegriffen?" Er schien die Geschichte nicht zu kennen.

„Ja, die Wollköpfe!" antwortete ich.

Er schaute wieder hinaus, schüttelte seinen Kopf, lächelte und sagte: „Braver alter Winnie!"

In der nächsten Minute sahen wir die Eingeborenenstadt Omdurman. Auch sie lag noch im Dunkeln. Doch in Dutzenden von kleinen braunen Höfen, neben den kahlen, unverzierten Lehmmauern von Häusern, die genau wie auf den Kopf gestellte Pappschachteln aussahen, an den Rändern von baumlosen Straßen, auf dem wirbelnden Sand der Wüste selbst und an der Seite kniender Kamele lagen Hunderte von Gestalten in Kleidern gleich weißen Nachthemden. Sie lagen entweder alle flach auf kleinen viereckigen Matten oder sie hoben ihre Arme und beugten sich wieder und hoben nochmals die Hände im Gebet gen Osten.

Die Wirkung auf mich war außerordentlich: Es war der plötzliche Einflug aus Wüste und Nacht in eine ganze Welt im Gebet. Das löste eine Welle ungeheuren Respekts für die Menschen da unten aus. Ich hatte vor ihnen ein Gefühl der Demut.

Unsere Maschine muß, als ihre Flügel über diesen anspruchslosen Heimen hinwegblitzten, für diese einfachen, verarmten schwarzen Leute wie der Inbegriff menschlichen Erfolgs ausgesehen haben. Doch wenn wir auf die Nacht zurücksahen, die wir gerade erlitten hatten, war es nicht schwer, einzusehen, wieviel größer als das Wissen und die Zuversicht, die sich in der Geschwindigkeit unseres Flugzeugs verkörperten, jene große Dunkelheit des Sich-Wunderns und des Nicht-Wissens gewesen war. Sprachen vielleicht diese einfachen Leute da unten für uns die Gebete, die wir selbst hätten beten sollen? War es so weit gekommen, daß wir Christen die Gebete der Heiden brauchten?

Hier also war Gordon getötet worden. Da war die Stelle auf den Stufen seines zerfallenden Palastes, aus dem er ganz ruhig in seinen Tod gegangen war. Dort war sein Kopf abgehackt und auf einen Speer gesteckt und zu den schreienden und brüllenden Derwischen hinausgetragen worden.

Dieser Augenblick hat Dauer. Denn hier ist Glaube auf Glauben getroffen. Nur so sind sie sich begegnet. Das ist ein Gesetz des Weltganzen, ein Gesetz wie das Gesetz der Schwerkraft. Glaube läßt sich nur durch Glauben besiegen; Glaube erzeugt Glauben, tritt die Nachfolge von Glauben an und übernimmt seine Stelle. Glaube schöpft, alles übrige zerstört. Nichts anderes wirkt. Unser strahlendes und glänzendes Wissen bei Tag bewirkt ein ebenso großes, dagegen stehendes Nichtwissen bei Nacht. Aber Glaube heißt: auf beide Arten wissen.

> Es ist das Noch-Nicht im Jetzt;
> Den Geschmack noch nicht entstandener Frucht
> Hängt die Blüte an den Baum.

Dieser Glaube ist es, den ich immer in diesem Teil Afrikas geliebt habe. Für mich sind Omdurman und Khartum keine fernen Orte, sondern Städte an den

Marken meines eigenen Afrikas, denn wie verschieden auch die Bäume sein mögen, — ganz Afrika ist aus demselben Holz und vom selben in sich verschränkten Muster. Mehr noch: diese besonderen Orte sind im Wesentlichen aus Glauben geschaffen worden.

Über den Fluß, an drei kleinen Feluken[1] vorbei, auf denen weitere Gestalten in weißen Nachtkleidern im Gebet waren, überquerten wir die Stelle, wo zwei junge Marineoffiziere, Hood und Beatty, von ihrem Kanonenboot aus Granaten in die Massen der Derwische geschossen hatten. Beide sind heute tot. Hood, ein tapferer, empfindsamer Herr, ist als eins der ersten Opfer deutscher U-Boote mit seinem Flaggschiff 1914, im vorigen großen Krieg, untergegangen. Er ging in den Tod so ruhig wie einst Gordon und weigerte sich, vom Schiff zu gehen oder sich retten zu lassen, da andere sterben mußten. Beatty, ein Mann ganz anderer Art, der seinen Geist so keck trug wie die Mütze schief über seinem Auge, hat auf der Brücke seines Flaggschiffs seinen Glauben an dem Tag in Leben umgesetzt, als er sagte: „Heute scheint mit unserem Schiff etwas los zu sein", und das Zeichen gab — das letzte der Gefechtshandlung: „Bleibt enger am Feind."

Ganz nahe am Fluß lag auch die ungeheure Eisenbahnlinie, die sich über die Wüste bis nach Wadi Halfa zurück erstreckt. Auch sie war ein Akt des Glaubens, — Kitcheners Glaube an zwei junge Leutnants der britischen Armee, und deren Glaube an sich selbst, an den Plan und an die Atmosphäre des Ganzen.

Als ich dem Klempner erzählte, daß die Linie von zwei Offiziersanwärtern mit Dutzenden von ungeschulten, schwarzen Arbeitern gebaut worden war, verstand er sofort, was das bedeutete. Auf Grund seiner Erfahrungen und Lebensinteressen konnte er die Leistung

[1] Ruderschiffe. Anm. d. Übers.

mühelos einschätzen. Er rief aus: „Heute würde dazu eine Tonne Messinghüte[2] und eine Armee von Pionieren nötig sein!"

Dann kam Khartum selbst. Wir flogen dicht über den Hausdächern und sahen, wie die Straßen dem Muster des riesigen Union Jack folgten, das Kitchener ihnen zugewiesen hatte. Was war das anderes als ein Symbol des Glaubens, der hinter seinem kühlen, weitplanenden Hirn wirkte? Die Folge ist, daß heute auf dem Westufer des Nils Omdurman, das Werk des afrikanisierten, orientalischen Derwischglaubens steht, und auf der Ostseite Khartum, das Werk christlichen, westlichen Glaubens, und daß sie sich mit einer Art gegenseitigen Respekts in den Augen anstarren.

Gerade als die Sonne aufging, landeten wir zwischen dem Golfplatz und der Stadt. Ein eingeborener Einwanderungsbeamter und ein eingeborener Zollbeamter ließen uns schnell die Kontrolle passieren. Ein Blick zum Himmel zeigte, warum sie darauf bedacht waren, uns so schnell wie möglich wieder unterwegs zu sehen. Der Staub pfiff schon über das Flughafengebäude hinweg und schlug wie Hagel an die Fenster.

Wir fuhren schnell durch leere Straßen ins Grand Hotel am Nilufer, wo wir sofort ein mächtiges Frühstück vorgesetzt bekamen. Meine Mitreisenden, deren Sinne immer noch unter dem Eindruck der heftigen nächtlichen Erschütterungen standen, aßen, was ihnen vorgesetzt wurde, in einer Art verwirrter Betäubung, als wüßten sie in Wahrheit gar nicht, was sie taten. Eine Mahlzeit, bestehend aus Papaya, großen Tellern Haferbrei, gebackenem Nil-Barsch, Speck mit fünf Eiern pro Person, gerösteten Kartoffeln und Tomaten, Marmelade und dampfendem Kaffee wurde mit eindrucksvoller Geschwindigkeit verzehrt. Ich konnte in dieser Hitze und

[2] Englische Volksbezeichnung für hohe Offiziere. Anm. d. Übers.

zu dieser Stunde einem solchen Mahl nicht standhalten. Deshalb spazierte ich eine Weile draußen herum.

Ich blieb stehen, um Plätze zu betrachten, die ich im Krieg gekannt hatte. Offensichtlich waren alle Erinnerungen an unser damaliges Dasein verblaßt. Auf dem Fluß vor dem Hotel lag immer noch dasselbe Hausboot, das einst die höheren Offiziere aufgenommen hatte, die im Hauptgebäude nicht unterkommen konnten. Jetzt starrten seine leeren Fenster ausdruckslos auf einige obszöne Maribu-Störche, die auf den entgegengesetzten Ufern im Staub standen und die Köpfe in ihre gesträubten Federn gesteckt hatten. Ich ging zu dem Haus in der Nähe des Hotels, wo ich viele glückliche Tage fern vom Krieg mit Büchern und Wohlbehagen zugebracht hatte. Aber meine Freunde waren fort, ein neuer Name stand auf dem Schild am Garten. Der Garten sah immer noch so englisch aus, wie das bei einem Garten unter einer solchen Sonne möglich ist. Dieser Garten, so schien mir, und der Ausdruck auf den Gesichtern der Eingeborenen hatten sich gar nicht verändert. Trotz allem, was ich gehört und gelesen hatte, zeigten sie immer noch denselben offenen, freundlichen, aufmerksam männlichen Blick, der mir nach dem fremdartigen, schielenden ägyptischen Seitenblick so gefallen hatte. Dieser Blick straft diejenigen Lügen, die sagen, daß im Verhältnis zwischen Europäern und Eingeborenen im Sudan etwas nicht in Ordnung sei. Dort war schon immer alles besser als im übrigen Afrika. Es ist da ein Im-Grunde-richtig-Sein, das anderswo fehlt.

Ich dachte an meine sudanesischen Kameltreiber im Krieg. Ich hatte sehr ausdrückliche Befehle erhalten, daß ich, sobald wir nach Abessinien und bis zum großen Godjam-Hang vorgedrungen sein würden, meine Kamele und Kameltreiber, welche Zivilisten aus Kordofan waren, gleich zurückschicken müsse. Mir war gesagt worden, daß ich am Fuß der Berge Maultiere und abessinische Maultiertreiber finden würde, die meine Lasten übernehmen und mit mir weiter vordringen sollten. Es war aber anders gekommen. Als wir den Fuß der Berge erreicht hatten, fanden wir weder Maultiere noch Maultiertreiber. Unsere Waffen und Vorräte waren jedoch verzweifelt notwendig. Wir beschlossen, die Befehle zu mißachten und die Kamele mit in die Berge zu nehmen. Da die Kameltreiber alle Zivilisten waren und ich ihnen nicht befehlen konnte, weiter mitzukommen, rief ich nach Freiwilligen.

Bis dahin hatten die Leute schon alles, wenn nicht mehr als das geleistet, was sie vertraglich abgemacht hatten. Viele waren krank an Malaria, Dysenterie und tropischen Geschwüren, andere hatten offene Wunden und eiternde Füße. Und, was das Allerschlimmste war, hier oben in den Vorbergen fühlten sie sich nachts elend vor Kälte. Einige hatten Lungenentzündung, andere Bronchitis, alle Schnupfen und Husten. Keiner hatte etwas anzuziehen außer den dünnen Baumwollkitteln, die auf der Reise zerschlissen waren.

Sie waren in der Tat in einem solchen Zustand, daß einige meiner europäischen Offiziere sich gegen meinen Entschluß, sie weiter mitzunehmen, auflehnten. Ein Offizier, der eine Woche später durch eine italienische Kugel getötet wurde, war gefühlsmäßig so dagegen, daß er sich weigerte, für mich zu dolmetschen. Trotzdem hatte ich alle Scheiks in meinem Zelt zusammengerufen, wo wir alles offen und mit viel Zeitaufwand beredeten. Nach vielen Stunden nahm der Älteste plötzlich mit Festigkeit das Wort: „Effendi", sagte er, „wir sind einen weiten Weg mit euch gekommen. Wir sind fern von unseren Heimen, und wir haben alles ausgeführt, was wir versprochen hatten. Wir sind krank. Wir frieren. Unsere Füße sind müde und voller Schwären. Aber ich bin älter als alle diese Leute hier. Ich erinnere mich, wie es war, bevor die Regierung kam. Wenn die Regierung wünscht, daß wir weitergehen, werden wir weitergehen." Dieses Wort „bevor die Regierung kam" blieb mir im Gedächtnis. Ich fand es sehr vielsagend. Später sollte ich ihm wieder und wieder begegnen.

Nun sah ich mir die Leute von Khartum an und wechselte hie und da ein paar höfliche Worte; ich sah, wie sie ihren bescheidenen Verrichtungen ohne Getue oder Zwang nachgingen, sah, wie sie sich so vertrauensvoll auf den Boden legten und im selben Augenblick auch schon einschliefen unter den ungeheuren Bäumen, die von ihren vom Schatten besessenen Gebietern ganz selbstverständlich in der Wüste gepflanzt worden waren, wo vorher kein Baum gestanden hatte. Und da ich das alles sah, konnte ich nicht glauben, daß das Wort des Kameltreibers irgend etwas an Gültigkeit eingebüßt habe.

Wie ich die Leute gerade in diesem Moment um ihren Schlaf beneidete! Schlafen ist das Beste, was man im Sudan bei Tag tun kann, denn der Tag ist kein Freund von Mensch, Hund oder Baum. Schon türmte er sich über der Stadt auf in einer ungeheuren Herausforderung von Hitze, Staub, Glast und aggressiver Macht.

Wir wurden eilends zum Flugplatz zurückgebracht. Ein paar Beamte waren jetzt mit ihren Gattinnen da, um die Maschine zu verabschieden. Es sah aus, als sei dies für sie ein täglicher Ritus: der Augenblick, in dem ihr Heimweh kurz und stellvertretend Heilung fand. Sie sahen recht mitgenommen und teilnahmslos aus und schauten mit dem Blick von Verurteilten sehnsüchtig zu, wie wir abflogen.

In wenigen Minuten war das Flugzeug, heftig schaukelnd, wieder am Himmel, in der staubigen, unruhigen Luft über der Stadt. Und am Morgen vorher waren wir noch zur gleichen Zeit in England gewesen und in seinem Frühling. Dies Wissen mußten die bleichen Exilierten dort unten voll Neid auf unseren Gesichtern gelesen haben.

FÜNFTES KAPITEL

Ich hatte mich sehr auf den Teil der Reise gefreut, der nun anfing. Wir mußten von Khartum nach Südosten über einen Landstrich fliegen, den ich verhältnismäßig gut kannte und einige Jahre lang nicht gesehen hatte. Im besonderen hatte ich gehofft, zum erstenmal aus der Luft etwas von der Gegend zu sehen, die ich vor neun Jahren mit meinen Kamelen so langsam, mühselig und gefahrvoll auf dem Weg nach Abessinien durchquert hatte. Doch ich sollte enttäuscht werden.

Nachdem wir über Khartum einmal in der Luft waren, setzte unser Pilot zu einem Steilflug in die Höhe an. Selbst ein Laie wie ich konnte erkennen, daß dies kein Tag war, um nah über dem Boden zu schweben, und daß wir, je schneller desto besser, in ruhige Luft kommen mußten. Eine Zeitlang konnte ich trotz Wind und Staub einige Merkmale dieser eintönigen Landschaft unterscheiden, aber bald verlor im Höhersteigen das Land jedes Gesicht und jeden Zusammenhang.

Ein mildes, gelbes, ununterbrochenes Glänzen starrte von der Erde zu mir zurück. Eine der älteren Frauen im Flugzeug wurde plötzlich ganz weiß, fing an vor sich hin zu stöhnen und mußte Sauerstoff erhalten. Das Flugzeug legte sich nun waagerecht, und die Motoren kehrten zu ihrem beruhigenderen tiefen Dröhnen zurück. Wir hatten aufgehört zu steigen, aber selbst in dieser Höhe war die Luft, wenn auch nicht so stürmisch wie in der vergangenen Nacht, so doch keineswegs ruhig. Unberechenbar ruckte die Maschine und sackte plötzlich in die Tiefe. Ich glaube nicht, daß irgend jemand sich wohl fühlte. Viele Fluggäste waren krank. Der Faktor des Unvorhergesehenen in den äußeren Umständen unseres Flugs schien sich jetzt aufs Gemüt der Passagiere zu legen. Sie fingen an, Dinge zu tun, die sie normalerweise nicht getan hätten.

Die Männer machten sich plötzlich ans Trinken. Obwohl es erst sieben Uhr dreißig war und wir alle gerade viel mehr gegessen hatten, als uns bekommen konnte, wurde spontan nach den Stewards geklingelt. Bier, Whisky, Gin, Branntwein, Sherry wurden bestellt, als bekämen wir gleich unser Lunch. Einer der Geschäftsreisenden begann, während er einen doppelten Branntwein trank, Briefe und Dokumente aus einer Mappe hervorzuziehen und in Stücke zu reißen. Später hörte ich, wie er sagte, er wisse nicht, was in ihn gefahren sei, er habe einige wichtige Papiere vernichtet.

Die Armeeschwester sagte nachher: „Ich weiß nicht, was passiert ist. Mir ist anscheinend schwarz vor den Augen geworden, und als ich wieder zu mir kam, fand ich, daß ich auf dem Schoß eines fremden Mannes saß und einen Whisky trank." Der Klempner, dessen bin ich sicher, trank für gewöhnlich um diese Stunde auch nicht so viel Bier und rauchte nicht eine Kette von Zigaretten. Auf der festen Erde würde der Geschäftsmann nicht so viel Whisky geschluckt haben. Und bestimmt hätte er fremde Leute nicht so angestarrt, noch dazu durch eine Hornbrille, die ganz unmilitärisch und schwankend auf seiner Nasenspitze saß.

Eine Zeitlang schien etwas Unerklärliches und Irrationales unser aller Handlungen zu beherrschen. Meine eigene Reaktion war, daß ich mich mehr als je auf die Außenwelt konzentrierte. Mit meinen Karten auf den Knien schaute ich immerfort mit einer wilden Aufmerksamkeit hinunter, als erwartete ich, daß Dunst und Staub jeden Augenblick verschwinden und das gelobte

Land erscheinen könne. Nach ein oder zwei Stunden hatte ich auch meine Belohnung.

Ich bemerkte, daß der Staub vergangen und unter uns eine Welt ebener weißer Wolken erschienen war. Weit im Osten stießen ein oder zwei Gipfel der furchtbaren abessinischen Berghöhen durch die Wolken. Ich konnte sie auf meiner Karte nicht feststellen. Die Karten von Afrika verraten, wie jung und unvollkommen unsere Kenntnis dieses Kontinents noch ist. Jenseits der Bergspitzen am Horizont, auf den wir zuflogen, und über der weißen flachen Wolkenwelt unter uns, sah ich ein ungeheures Aufgebot an sich drehenden, windenden spiraligen Kumulus-Wolken. Sie erstreckten sich, so weit das Auge sehen konnte, und glichen dem Schlachtenaufmarsch in der Dämmerstunde der nordischen Götter.

Es war ein außerordentlich schöner und eindrucksvoller Anblick, aber in dieser Stunde erfüllte er mich mit Furcht vor dem bevorstehenden Teil unserer Reise. Mit unserem Flugzeugtyp und bei der Last, die wir trugen, konnte ich mir nicht vorstellen, daß wir imstande sein würden, über diesen weit hingestreckten, elektrizitätsgeladenen Wolken-Himalaja zu fliegen. Der Versuch, durch ihn durchzukommen, mußte aber ebenso unsicher sein.

Die Formation war den großen Monsunwolken sehr ähnlich, die von Birma und Nord-Malaya über die Bucht von Bengal herunterfegen. Einst hatte unter ähnlichen Umständen der Pilot eines Flugzeugs, in dem ich mich befand, sich geweigert, in die Wolken zu fliegen, weil er wußte, daß von fünf R.A.F.-Flugzeugen, die einmal den Versuch gemacht hatten, nur eins unbeschädigt auf der anderen Seite wieder herausgekommen war.

Kurz nachher wurde mir klar, daß der Pilot unseres Flugzeuges zu einem ähnlichen Schluß gekommen sein mußte. Denn plötzlich änderten wir unseren Kurs. Statt wie bisher nach Südosten zu fliegen, drehte die Maschine genau nach Süden, und einige Stunden lang flogen wir diesem Wolkengebilde parallel. Trotzdem: ohne daß ein Spalt, ein Bruch, ein Paß oder ein Tal sich irgendwo in der Formation gezeigt hätte, drückte sie sich stetig näher an uns heran. Die Atmosphäre wurde dank ihrer bösen, übergreifenden Gegenwart langsam dunkler, kälter und gefahrdrohender.

Die morgendliche Teezeit, dieser fast fanatisch eingehaltene Ritus Südafrikas, wurde im Flugzeug ausführlich wahrgenommen, mit Obstkuchen, Schokoladentorte, Krem- und Nußkuchen, Gebäck voller Sahne, Marmelade, süßem Eierstich, Marzipan und Zuckerguß, mit frischem Obst und — selbstverständlich — mit Tassen voll nilrotem Tee. Gerade als all dies gegen Mittag verzehrt worden war, teilten sich ganz plötzlich die Wolken unter uns und Victoria-Njansa wurde sichtbar.

Kampala und der Flughafen waren fast genau unter uns. Sehr tief unter uns, aber unverkennbar, erstreckten sich, so weit wir sehen konnten, die blauen Wasser des größten der afrikanischen Seen unbewegt und heiter gen Süden, ohne irgendwo vom Land begrenzt zu werden. Bei diesem Anblick durchfuhr mich ein Sturm der Zuneigung für Afrika. Afrika ist in allem, was es unternimmt, groß und majestätisch, es gibt nichts Armseliges oder Kleinliches in seinem Vermögen, ob es nun Wüste, Gebirge, See oder Ebene hervorbringt. In diesem Augenblick war die Erleichterung bei den Piloten geradezu hörbar. Die Maschine machte ohne Zeitverlust einen raschen Schwung gen Osten und setzte ihre Spitze in eine lange Abwärtskurve.

Das Kumulus-Gebirge war nun genau vor uns. Der Pilot plante sichtlich, darunter weg zu fliegen, nachdem er nun genau wußte, wo er war. Die grünen Hügel und die grünen Täler, die gut bewässerte üppige Vegetation in diesem Teil Afrikas lagen vor uns, damit unsere von Wüsten ermüdeten und von Wolken benommenen Sinne sich ihrer freuten. Aber nicht auf lange. Wohin der Blick ging: der Horizont war schwarz, silbrig-purpurn und grau vor Wolken. Die fernen Hügel waren schon dunkel unter Regen und Nebel.

Talauf und ebenenabwärts, über Bergspitzen und Flüsse kamen die Stürme auf uns zu. Die lieblichen kleineren Seen in den Vorbergen von Kenia, deren tiefblaues Wasser so schwer am Sonnenlicht, an den Wolken und den rosa Flamingos entlang ihren Ufern zu tragen hat, die schneebedeckten Türme des Kenia-Berges, die traulichen Siedlungen und blutroten Wege, die durch Busch und Flachland von nirgendwoher nach irgendwohin führen, waren nun alle der Sicht entzogen, als sei Nacht. Durch schweren Regen stoßend sahen wir kaum mehr ein Stück Land, bis wir einige Stunden später erleichtert in Nairobi aus dem Flugzeug stiegen.

Ich nahm am Flugzeug Abschied von meinen Gefährten. Hier trennten sich unsere Wege. Ich mußte in Nairobi übernachten und anderntags frühmorgens in einem kleineren Flugzeug meinem Ziel zustreben.

Daß Zeit und Erlebnis mit der Uhr gemessen werden, gehört zu den Anmaßungen unserer Epoche. Ganz offensichtlich gibt es eine Menge Erwägungen und Werte, die eine Uhr unmöglich messen kann. Da ist vor allem die Tatsache, daß die Zeit für eine Reise, besonders eine Reise, welche die immer vorhandene Symbolfreudigkeit unserer Naturen in Bewegung setzt, ganz anders ist als die Zeit, die mit schreckerregender Geschwindigkeit in der täglichen Routine unseres selbstzufriedenen, als normal empfundenen Lebens verzehrt wird. Folgendes scheint mir erwiesen zu sein: je wahrer der Augenblick, je größer sein Gehalt an Wirklichkeit, desto langsamer der Ausschlag des Weltenpendels.

Ein Beispiel: ich könnte mir einen Augenblick vorstellen, der einem so beschmutzten Leben wie dem meinen versagt bleibt — einen Augenblick, so wirklich, daß die Zeit in ihm zum Stillstand kommt, daß sie zu sein aufhört, trotzdem das Ticken aller Uhren weiterginge. Ich möchte jenem bescheidenen, unbeflügelten Augenblick am Flugplatz in Nairobi nicht zuviel zuschreiben, aber ich muß, indem ich eine Empfindung schildere, die dem gewohnten Wort nicht zugänglich ist, betonen, daß es sich um mehr handelte als um bloße an der Uhr gemessene vierundzwanzig Stunden. Irgendwie waren die Schlagbäume zwischen uns allen gesunken, die Masken vor unseren Augen fortgehoben: wir waren uns gegenseitig wirklich und ungewöhnlich gut.

Nun versuchte ich, von einem abgekämpften und widerwilligen Einwanderungsbeamten Papier und Feder auszuleihen, um dem Klempner die Adressen einiger meiner ältesten Freunde in Johannesburg zu geben. Ich schrieb ihm auch eine Einführung an den Direktor einer Bergwerksgesellschaft.

Mit dem Geschäftsmann tauschte ich Adressen aus. Wir schüttelten uns warm die Hand und versprachen, uns unweigerlich wiederzutreffen. An der Schranke wartete sein Auto. Er wies auf seinen schwarzen Fahrer, der vor Freude lachte und dessen Augen vor Erregung glänzten: „Senden Sie mir, wann immer, ein Telegramm. Es macht nichts, wie weit Sie fort sind, ich schicke ihn, Sie abzuholen."

SECHSTES KAPITEL

Als ich allein den Flugplatz verließ, um in die Stadt zu gehen, verkehrte sich mein Gefühl ins Gegenteil. Mir war, als habe der Tag plötzlich den Sinn verloren, der ihn am Morgen erfüllt hatte. Dazu trug Nairobi das Seine bei.

Ich habe Nairobi nie gut gekannt, und doch war ich im Laufe vieler Jahre oftmals dort. Zum erstenmal war ich vor dreiundzwanzig Jahren hingekommen, mit William Plomer[1] und Katsué Mori, dem Kapitän des Schiffes, in dem wir beide nach Japan reisten. Später war ich längere Zeit allein dort. Auf meinem Wege nach Abessinien habe ich es wieder besucht. Einmal verbrachte ich drei Wochen in einem dortigen Krankenhaus mit bösartiger Malaria. Und erst vor achtzehn Monaten, auf meinem Heimweg aus dem Fernen Osten, war ich wieder dort gewesen. Damals war ich von einem wilden und langen Flug in einer York so erschöpft, daß ich in

---

[1] Ganz abgesehen von den Gefühlen einer lebenslänglichen Freundschaft glaube ich, daß niemand, der ein Gefühl für die Quintessenz von Afrika hat, sich nicht einer großen Dankesschuld an ihn bewußt sein muß. Seine Vorstellung hat als erste dem schwarzen Mann Afrikas erlaubt, in seine eigenen menschlichen Rechte einzutreten. Sogar die große und gute Olive Schreiner hat im Eingeborenen vor allem ein soziales und ethisches Problem gesehen. Plomer war der Erste, der ihn ohne Einschränkung und Vorbehalt als menschliches Wesen anerkannte. Seine afrikanischen Geschichten haben mit ungeheurem Mut die Bahn freigemacht. Sie haben die ersten Glieder in den aus europäischem Geist geschmiedeten Handschellen Afrikas gesprengt. Bücher wie *Cry the Beloved Country* oder mein eigenes *In a Province* wären ohne ihn nicht möglich gewesen. Anm. d. Autors.

Der britische Schriftsteller und Dichter William Charles Plomer ist 1903 in Pietersburg, Transvaal, Südafrika, geboren und hat eine Reihe von Büchern geschrieben, die in Afrika spielen. Anm. d. Übers.

der Hotelhalle in einem Stuhl neben dem Kaminfeuer eingeschlafen war. Aber gleichgültig, wie die Umstände meiner Besuche sein oder mein eigener Gemütszustand wechseln mochte, immer hat Nairobi diese öde, entleerende, entmutigende Wirkung auf mich ausgeübt.

Als Stadt ist es angenehm und bequem genug, aber offen gestanden der Landschaft, von der es umgeben ist, nicht würdig. Man muß es verlassen und einen der blauen Berge in der Ferne besteigen oder eine der staubigen Ausfallstraßen entlangfahren, um ein Gefühl von der riesigen und enorm aufregenden physischen Gegenwart Afrikas, die die Stadt umgibt, zu bekommen.

Wie so viele Städte unseres Jahrhunderts hat Nairobi das tödliche, das allzu leichte Geheimnis gelernt: zu wachsen, ohne sich zu wandeln. Solche Orte entsprechen jenen frühesten und einfachsten Zellen der organischen Materie, die sich durch den bloßen Prozeß des Größerwerdens und dann durch Teilung in zwei genau gleiche Hälften ins Unendliche erneuern. Es sind Städte, deren ansteigende Silhouetten durch keinen Zweifel irgendwelcher Art beunruhigt zu sein scheinen. Nairobi bildet keine Ausnahme. Es kam mir unverändert vor und blieb mir gleichgültig.

Und doch sind Kenia selbst und seine Einwohner nicht aus einem Stoff, der Gleichgültigkeit aufkommen läßt. Sie verstehen beide den Trick, weit über ihre Grenze hinaus Leidenschaften und Aufregungen zu erwecken, denen nichts in anderen Teilen des Kontinents gleichkommt. Die Leute von Kenia scheinen in einem permanenten Zustand von Erregung, Raserei, Wut, Rebellion und Ressentiment gegenüber den verschiedenen Tatsachen und Umständen ihres täglichen Lebens zu sein. Vieles ist verständlich, denn weder sind ihre Umstände leicht, noch ist ihr Dasein angenehm. Aber abgesehen davon gibt es im Gewebe des Lebens von Kenia etwas,

was den Zusammenhang mit den Tatsachen verloren zu haben scheint.

Vielleicht versuchen die Europäer in Kenia eine Phantasie zu leben. Vielleicht verfolgten sie in der unenglischen Szenerie Afrikas einen Traum englischen Landlebens, der sogar in Britannien längst zu bestehen aufgehört hat. Es scheint, als ob ein wichtiger Teil ihres Lebens von Heimweh beherrscht sei. Sie sind von einer Erinnerung besessen, die doch keinen Wert für sie hat.

Die vielen Menschen in Kenia, die ich kenne, gern habe und bewundere, haben auf sonderbare Weise etwas leicht, aber doch ausgesprochen Schlafwandlerisches an sich. Sie sind nicht die faulen, vergnügungssüchtigen, dekadenten Geschöpfe, für die so viele Leute in England sie halten. In Wirklichkeit ist Kenia voll von tapferen, schwer arbeitenden Europäern, die sich trotz vieler Enttäuschungen ihren Sinn für das persönliche Abenteuer bewahrt haben. Aber manchmal haben sie die Neigung, sich zu benehmen, als wandelten sie im Schlaf, und viele ihrer Erregungen sind Traumerregungen.

Sie selbst geben als erste zu, daß sie ein wenig exzentrisch sind. Sie haben einen ganz bewußten Stolz auf ihr Exzentrisch-Sein und führen dasselbe unter anderem auf die Höhenlage zurück. Es ist wahr, daß die Europäer auf jenem fernen, blau-goldenen Hochland so nahe daran sind, in der Luft ein vom Himmel beherrschtes Gemeinwesen zu bilden, wie es mit Ausnahme von Abessinien nirgends in Afrika möglich ist. Also ist vielleicht etwas an dem, was die Leute von Kenia über die Wirkung der Höhe auf den europäischen Charakter sagen. Aber es gibt noch einen anderen Faktor, der berücksichtigt werden müßte und der überall in Afrika übersehen wird.

Wir hören sehr viel von der verheerenden Wirkung, die der Europäer auf den Eingeborenen hat, aber niemand hat sich die Mühe gemacht, nachzuforschen, welche Wirkung der Eingeborene auf den Europäer ausübt: das Ineinanderspielen von Kräften nämlich, die durch die riesige Ansammlung schwarzer primitiver Menschen im engen Zusammenleben mit einer Handvoll weißer Leute in Bewegung geraten sind. Die bewundernswerten weiblichen Anthropologen, die Jahr für Jahr mit so unermüdlichem Eifer den Lebensstil der Stämme, die sexuellen Gewohnheiten, das Fädchenspiel der primitiven Afrikaner und den Einfluß der europäischen Kultur auf sie untersuchen, könnten mit Nutzen und vielleicht mit größerer Genauigkeit die Wirkung ermessen, die diese Begegnung auf ihr eigenes Verhaltensschema hat. Denn es ist keineswegs eine einseitige Angelegenheit. Von uns, die wir in Afrika geboren und aufgewachsen sind, wissen manche das sehr gut.

Leute wie ich, dessen erste Erinnerung zurückgeht an eine große, schwarze, lächelnde, singende, warme, vollbusige Figur, welche sich über sein Bettchen neigt, dessen Freunde jahrelang nackte schwarze Schlingel waren, — wir wissen, daß die Berührung zwischen Europäern und Afrikanern, gleichgültig, ob der einzelne das wünscht oder nicht, ein bedeutsamer, fast unmeßbarer zweigleisiger Weg ist. Er kann, wenn Verständnis und Duldung vorhanden sind, auch das Leben des Europäers bereichern. Oder er kann, mit seiner eigenen blinden Intoleranz, dieses Leben in Selbstverbitterung und -verarmung irreleiten und zerrütten wie das meiner Landsleute in Südafrika.

Ich könnte dies leicht zum Thema eines ganzen Buches machen. Außerdem bin ich versucht, zu fragen, warum so viele Frauen mit großen intellektuellen Fähigkeiten heute dieses Interesse an Anthropologie, an primitiven Lebensweisen haben und am Aufdecken der begrabenen Städte Afrikas aus dem Staub, in den wir, wie

D. H. Lawrence einmal so bedeutungsvoll sagte, „mit den schweigenden Rassen und ihren Greueln so viel von der zarten Magie des Lebens" vergraben haben?

Aber es würde zu weit über meinen eigentlichen Zweck hinausführen.

Was ich tun muß, um diesem Bild von Afrika gerecht zu werden, das im Guten wie im Bösen gleich dem Schatten der untergehenden Sonne neben mir hergeht, ist nur: die Aufmerksamkeit auf die Tatsache zu lenken, daß die Phantasie dieser wenigen Tausend weißer Menschen unter Millionen von schwarzen zu keinem geringen Teil durch ihre Berührung mit dem Primitiven geformt wird. Das wird in den Annalen europäischer Verbrechen in der Kolonie sichtbar. Es sind in Kenia von Europäern Morde verübt worden, die von einzigartig hemmungsloser, primitiver, fast unschuldiger Art sind. Es hat dort Feste und Feiern gegeben, deren Inspiration nicht nur aus den Restaurants Claridge und Ritz kam, sondern auch aus den Krals afrikanischen Königtums.

Ganz abgesehen von den anomalen Seiten des europäischen Lebens in der Kolonie lassen auch die sogenannten normalen vermuten, daß die landläufige Moral etwas von ihrer Kraft verloren hat, daß den Lüsten der Menschen eine Wichtigkeit und auch Freizügigkeit zukommt, die sie zu Hause nicht besitzen. Es gibt da eine Hingabe ans Essen und Trinken, Feiern und Jagen, eine Begeisterung für kollektive Aufregungen und Stammeserregungen, für das Ausgefallene in der Kleidung, für Westen aus Leopardenfell, Tabaksbeutel aus Tshitah, Hutbänder aus Zebra- und Schlangenhaut, Schuhe aus Krokodilleder, Nilpferdpeitschen und Armbänder aus Elefantenhaar, für Felldecken auf den Böden und Löwen-, Antilopen-, Büffelköpfen an den Wänden, für Exzesse aller Art, die zum Teil eine Folge der Berührung mit den Schwarzen der Umgebung ist. Es ist, als ob die

Anwesenheit des Primitiven und von Menschen, die ganz tief in sich selbst und in der Zeit leben, die Europäer ermutigt und befähigt hätte, auch in sich selbst von den überlegenen Höhen herabzusteigen.

Auch ist es, glaube ich, kein Zufall, daß der Europäer gleich seinem schwarzen Nachbarn eine sehr schwere und unverhältnismäßig große Last der täglichen praktischen Arbeit seinen Frauen überläßt. Diese Siedlerfrauen in Kenia sind bewundernswert. Ich ziehe vor ihnen meinen leichten, demütigen europäischen Hut ohne Schlangen- oder Zebraband, aber mit Sympathie, Respekt und Ehrfurcht.

Man kann eben in Kenia diesem Paradox nicht lange entgehen. Das Land ist voller Leute, deren Gefühle und Phantasien aufs tiefste von ihrer Art zu leben bestimmt sind und deren Städten, wie etwa Nairobi, Phantasie, Gefühl, Charakter und Farbe jeglicher Art vollkommen fehlt.

Nachdem ich drei Stunden lang an der Türschwelle des Norfolk-Hotels gewartet hatte, kam ich endlich in das Zimmer, das vor drei Wochen telegrafisch für mich bestellt worden war. Ich hatte warten müssen, weil zwei verzweifelte Männer sich in dem Zimmer befanden, die sich weigerten, es zu verlassen, da weder im selben Hotel noch irgendwo sonst in der Stadt irgendein Zimmer zu finden war.

Die beiden Männer lehnten ab, das Zimmer zu räumen. Ich lehnte ab, mich von der Stelle zu bewegen. Schließlich wurde die Polizei gerufen, um sie zu entfernen. In diesem Augenblick zog ich mich diskret zurück, denn ich hatte nicht den Wunsch, mitanzusehen, wie meine tapferen Gegner sich auf unvorbereitete Stellungen absetzen mußten. So viel ich weiß, stellte die Polizei ihnen für die Nacht eine Zelle zur Verfügung, nicht aus Rache, sondern aus Mitleid.

Inzwischen trug ich meinen Namen in die Hotelliste ein. Sie wirkte wie eine Auswahl aus dem Debrett[2] oder den Offiziersranglisten der Flotte, Armee und Luftwaffe. Dann zog ich in mein Zimmer ein, wo sich mir zwei andere Männer zugesellten, die das Zimmer schon sechs Wochen im voraus bestellt hatten. Nach einigen Auseinandersetzungen einigten wir uns, die Nacht gemeinsam darin zu verbringen.

Dieser Rückschlag raubte mir jeden Wunsch auf Ruhe. Ich begab mich sofort auf die Suche nach Peter Brinsley-White, einem einstigen Kavallerieoffizier, der im Osten meiner Guerillagruppe angehört hatte.

Er hatte ein Büro in einem der Zwergwolkenkratzer, welche alle Städte Afrikas, trotz der offenen Weiten ihrer Umgebung, als unabdingbares Abzeichen ihrer Ergebenheit vor dem Fortschritt errichten.

Ich fand Peter etwas älter, weniger geplagt, aber abgesehen von seiner Kleidung im wesentlichen unverändert, seit ich ihn zuletzt gesehen hatte. Sogar im Dschungel hatte er immer höchst wählerisch und peinlich, fast etwas zu konventionell auf sein Äußeres geachtet. Aber jetzt saß er neben mir, hinter einem höchst imponierenden Schreibtisch mit den neuesten amerikanischen Büroapparaturen, Diktaphonen, Rechenmaschinen, internen Telefonapparaten aus weißem Elfenbein um sich herum, in hellgrünen gerippten slacks, rotseidenen Socken, schwarzwildledernen Knöchelstiefeln und einem rotgelb- und schwarzkarierten Holzfällerhemd, mit aufgerollten Ärmeln und offenem Kragen. Sein Hut auf dem Haken neben der Tür hatte ein farbenprächtiges Band aus Puffotterhaut. Sein Schnurrbart war doppelt so lang als bei unserem letzten Zusammensein.

Wir redeten lange und vergnüglich bei vielen Tassen süßen roten Tees. Dann sagte Peter plötzlich: „Mein

[2] Der englische Adelskalender. Anm. d. Übers.

Guter, wenn ich nur gewußt hätte, daß du kommst! Jetzt muß ich heut Abend zu der verwünschten Sitzung gehen. Es ist ungeheuer wichtig, absolut lebenswichtig, die Geschichte mit den Fingerabdrücken!"

Beim Wort Fingerabdrücke konnte ich nicht umhin, zu bemerken, daß eine mir wohlbekannte Kampfwut in Peters Augen aufblitzte.

„Du bist natürlich im Bild", fügte er hinzu. Ich schüttelte den Kopf.

„Aber sicher. Du machst einen Witz. Ich hätte gedacht, daß die Londoner Zeitungen voll davon sind. Die *Times* hat doch gewiß alles darüber berichtet?"

Ich sagte, ich glaube nicht, und als er ganz bestürzt und ungläubig aussah, bat ich ihn, mir die Sache zu erzählen.

Das ganze Land, sagte er, sei in leidenschaftlichem Aufruhr. Vor etwa zwei Jahren hatte der Gesetzgebende Rat mit allgemeiner Zustimmung ein Gesetz über eine Nationale Volkszählung erlassen. Vor ungefähr zwei Monaten, als es durchgeführt werden sollte, hatten sie entdeckt, daß die Europäer ebenso wie die Eingeborenen sich für die Registrierung fingerprinten lassen mußten.

„Und natürlich", sagte Peter, „werden wir uns das nicht gefallen lassen. Wir organisieren uns. Wir bringen Burschen vom ganzen Land herbei. Sie strömen schon in die Stadt herein. Wir werden die verdammten Beamten zwingen, zu widerrufen. Es sieht ihnen ähnlich, daß sie uns in aller Stille so hereinlegen wollten. Aber wir gehen nach London, nach Downing Street, zum Geheimen Staatsrat, wir machen — wenn nötig — eine Petition an den König. Aber bist du wirklich sicher, daß du daheim nichts darüber gelesen hast?"

Armer Peter. Ich hatte ihn noch nie, selbst in der schlimmsten Krise nicht in einer solchen Verfassung gesehen. Aber ich erkannte die Symptome und dachte: „So oft ich in Kenia bin, ist so etwas los."

Als William und ich das erste Mal nach Kenia kamen, war das Land über Norman Leys' Buch *Kenya* leidenschaftlich erregt. Wir konnten uns nur mit Mühe ein Exemplar verschaffen. Schließlich bekamen wir es von einem Mann, der, nachdem er zuerst behauptet hatte, es nicht zu besitzen, uns das Buch sorgfältig in einen Regenmantel eingewickelt brachte. Er bat uns, niemandem zu sagen, daß er es uns geliehen habe. Ein anderes Mal war es der Skandal über Pyrhetrum gewesen. Danach das Wahlrecht für Inder. Im Krieg war es ein Mordprozeß, für den eine solche Versammlung hochgestellter Zeugen nötig war, daß sogar das Hauptquartier des Heeres mitten in Abessinien seinen Anteil an Stabsoffizieren beisteuern mußte. Später, das vierte oder fünfte Mal, war es die Verschmelzung mit den angrenzenden Territorien und was nicht sonst noch alles. Jetzt waren es Fingerabdrücke.

Beim Verlassen von Peters Büro versuchte ich so genau wie möglich der Spur eines Unternehmens zu folgen, bei dem William, Katsué Mori und ich uns vor dreiundzwanzig Jahren abgemüht hatten. Mori war damals überzeugt, daß er irgendwo in Nairobi Armbänder finden müsse, die aus Löwenschnurrbart gemacht wären, und er war entschlossen, nicht ohne ein solches nach Japan zurückzukehren. So waren wir drei also an einem heißen, gewittrigen Augustnachmittag, an dem ein heftiges, gleißendes Licht auf die Dächer und von den blendend weißen Mauern und blutroten Straßen zurückschlug, vom New Stanley Hotel ausgezogen, um nach einem Armband aus Löwenbarthaaren zu suchen.

Das war nicht einfach. Wir verbrachten viele Stunden in Läden, während Mori mit der geduldigen Entschlossenheit seiner Rasse im fremdartigsten Englisch widerwillige Europäer, Hindus, Sikhs, Parsen, Coanesen, Singalesen, Kikuyu und Kavirondo über die Frage von Armbändern aus Löwenschnurrbart ins Verhör nahm. Gegen Sonnenuntergang verkaufte ihm ein Inder in einem kleinen Laden in einem der Bazare ein Armband aus schwarzem Haar, von dem er schwor, es sei Löwenschnurrbart. Für uns beide hatten die Haare nichts Königliches an sich, nichts, was anzeigte, daß sie je die schnelle, elektrisierte Lippe des Königs der Tiere beschattet hatten. Aber der alte Mori war restlos glücklich. Stolz und triumphierend hielt er sie gegen das erblassende Licht. Ich wollte, ich wüßte, was sie ihm bedeutet haben. Man konnte fast im Licht seiner schrägen, von der Sonnengöttin stammenden Augen den angeblichen Erzeuger der Barthaare majestätisch und prächtig wandeln sehen. Es war, als gehöre der Erfolg nicht Mori, sondern Japan, als ob der Löwe nicht für einen Menschen, sondern auf Befehl des Kaisers einen Schnurrbart erzeugt und im Licht seiner Augen paradiert hätte.

Ich spazierte eine Straße hinunter und bemerkte, daß sie den Namen eines Mannes trug, der uns am Morgen von Moris großer Suchaktion mit Tee bewirtet hatte. Ein Stück weiter unten stand ein eindrucksvolles Denkmal zu seinem Gedächtnis. William und mir hatte eine Flugschrift von ihm über Kenia gefallen, vor allem der Satz: „Die Giraffen, die auf beiden Seiten meines Autos dahingaloppierten, erinnerten mich lebhaft an prähistorische Zeiten." Damals verkaufte er Nestles Milch. Jetzt war er ein Stück Geschichte der Stadt und würde ohne Zweifel auch einmal prähistorisch werden.

Und Mori? Was war er jetzt? Wußte er, was ich im Krieg seinen Landsleuten und was sie mir und was wir alle einander angetan hatten? Ich glaube, daß der Krieg schon damals vor dreiundzwanzig Jahren tief in den unaussprechbaren Gründen unseres Wissens mit uns durch die schimmernden Straßen gezogen war. Das Webmuster hat kein Ende: Tag und Nacht arbeiten, wenn das uns in unserer urtümlichen Unbewußtheit auch noch so verborgen bleibt, unsichtbare Hände ohne Unterlaß an ihm weiter. Mori hatte sowohl William als auch mich so gern wie ein Japaner einen Europäer gern haben kann. Kein Unterschied der Sprache, kein Mangel an Achtung, aber das Gefühl verletzter, verwundeter menschlicher Würde hielt uns auseinander. Es war unmöglich, mit ihm durch eine der Städte unseres Volkes zu gehen, ohne wahrzunehmen, daß bei jedem Schritt ihn etwas kränkte, daß er sich unterlegen fühlen mußte, daß er an seine Farbe und seine Rasse erinnert wurde. Er muß genau wie wir die Blicke bemerkt haben, mit denen die Europäer so deutlich sagen: „Ich möchte wohl wissen, was der Japs hier mit diesen jungen Leuten tut?" Er muß im New Stanley Hotel beobachtet haben, wie die Leute ohne Worte ihr Erstaunen darüber ausdrückten, daß er in unserer Mitte war. Instinktiv setzten sie sich so weit weg wie möglich.

Dann war da auch der Gouverneur der Kolonie. Einige Monate vorher hatte Mori den Gouverneur mit seiner Gefolgschaft von Adjutanten und Sekretären auf seinem Schiff von Mombasa nach Daressalam gebracht und hatte kein Geld für deren Überfahrt angenommen. An jenem Morgen war er zum viertenmal am Gouverneurspalast gewesen, und wieder war der Gouverneur zu beschäftigt gewesen, ihn zu empfangen. Es war zwecklos, Mori die Sache zu erklären, wie man es unsereinem erklärt hätte. Er war überzeugt, daß er vorsätzlich gekränkt wurde, weil er farbig war. Und in gewissem Sinne hatte er recht.

Tagelang danach sah ich, wie Mori brütete, wie er in die wilden Fernen von Kenia starrte, als sähe er, daß seine Antwort aus den letzten Winkeln der Welt kommen muß.

Ich bin sicher, daß ich nicht ausführlicher zu werden brauche, aber ich erinnere mich, wie William und ich übereinstimmten: „Kerle wie Mori werden diesem Farbvorurteil mit einem weißen Vorurteil begegnen, sie werden einen Weißenhaß an seine Stelle setzen."

Vor mir waren nun dieselben Straßen, voller Läden, in denen alle erdenkbaren Erzeugnisse des afrikanischen Dschungels angehäuft waren. Ich dachte daran, mit welcher Freude der alte Mori in ihnen auf Beute ausgegangen wäre. Der einzige Unterschied war, daß es jetzt mehr Leute gab, mehr Europäer, mehr Inder, mehr Mischlinge, mehr Schwarze; mehr, größere und breitere Automobile. Für den Jäger wie für den Gejagten scheint das Zahlenverhältnis immer gleich zu bleiben. Der Mori-Prozeß geht unaufhörlich weiter. Bei Nacht und bei Tag treiben die gleichen Kränkungen und Bitternisse eifernde, fanatische Hände dazu, die Fäden an demselben finsteren Muster zu weben.

Während ich promenierte, ging die Sonne unter. Die Stürme, durch die wir am Morgen geflogen waren, bildeten eine bombastische Szenerie für diesen Abgang. Ich kenne keinen Teil der Welt, der dieses tägliche Drama besser inszeniert als dieses antike, dieses uralte, sonnengetränkte, sonnenweise Land Afrika.

SIEBENTES KAPITEL

Am nächsten Morgen um 4.30 Uhr hörte ich eine leise, aber drängende afrikanische Stimme an meinem Bett: „Bwana[1]! Bwana! Tee! Bwana! Tee!"

Ich hatte schlecht geschlafen und den größten Teil der Nacht weder wach noch schlafend in dem Zustand verbracht, der die Sorgen sowohl aus der bewußten wie der unbewußten Welt hervorholt. Nebenan hatten einige Männer die ganze Nacht durch Würfel-Poker gespielt. Die Würfel klapperten immer noch, als ich mich rasierte. Meine Zimmergenossen waren spät hereingekommen, voller Whisky und auch noch voller Staunen darüber, wie reichlich und wie billig er floß. Als ich mein Moskitonetz beiseite schob, wurde mir klar, daß ich im Begriff war, vor Übermüdung verzweifelt zu sein.

Trotz aller Geschwindigkeit im Fliegen durch das, was allgemein Gottes freie Luft genannt wird, fühlte ich mich wie ein Gefangener meiner Reise. Ich hatte das Gefühl, als bewege ich mich durch eine festgelegte, vorausbestimmte Furche einen dunklen, undurchsichtigen Schacht der Zeit hinunter.

Ich kam gerade aus meinem Zimmer und in die Tür des Hotels, als eine rote Dämmerung hinter einem Grat mit hohen, kerzengraden, blauen Eukalyptusbäumen heraufblitzte. Ihre Rinde, die so lieblich und glatt war wie die Wange eines nordischen Mädchens, erglänzte rosa im Morgenlicht. Die um sich greifende Helligkeit hing wie Tau an ihren Blättern. Die Straße war leer. Auf einem unbebauten, unordentlichen Grundstück lagen ein paar

---

[1] Suahelisch für „Herr". Anm. d. Übers.

zerlumpte schwarze Gestalten und schliefen auf der dunklen feuchten Erde.

Vor der Tür der Hotelhalle, neben Koffern aus gutem alten englischen Leder, stand ein Mann, ein Fremder. Er grüßte mich mit einem engelhaft strahlenden Lächeln. Er war einer der größten und dicksten Menschen, die ich je gesehen habe, aber es war nichts Abstoßendes an seinem Umfang. Er hatte offenbar eine Begabung zum Dick- und Fröhlichsein. Er trug seinen Umfang natürlich, er paßte ihm wie ein Handschuh. Es war mir eine merkwürdige Beruhigung, ihn stehen zu sehen, jemanden in dieser Stadt, der des Nachts offenbar gut zu schlafen pflegte. Er trug gut gebügelte dunkelgraue Flanellhosen, Stiefel der 8. Armee[2] und eine dunkelblaue Jacke mit Gardeknöpfen. In der einen Hand hatte er einen Tropenhelm, in der anderen einen Fliegenwedel.

„Ich nehme an", sagte er, „daß auch Sie mit diesem Transportflugzeug fliegen."

Ich sagte, das stimme, vorausgesetzt, daß er den Bristol-Laster meine, der nach Süden flog.

„Genau", sagte er. Und dann, mit einem Kichern: „Ist Ihnen wohl schon aufgefallen, daß wir uns an einem Freitag, den Dreizehnten, in die Luft begeben?"

Nein. Aber da er mich darauf aufmerksam machte, sagte ich ihm, daß Dreizehn meine Glückszahl sei.

„Das interessiert mich aufs höchste", sagte er, „wie ist es möglich, daß Dreizehn für jemand eine Glückszahl ist?"

Ich erklärte, daß ich ein dreizehntes Kind sei, am dreizehnten des zwölften Monats geboren. Gäbe es einen dreizehnten Monat, wäre ich in ihm geboren worden. Ich verbreitete mich über die glücklichen Dreizehnerereignisse meines Lebens.

[2] Die englische Armee, die in Süditalien gekämpft hat. Anm. d. Übers.

„Ich staune!" sagte er und war so offensichtlich erlöst, daß wir beide lachten. „Aber im Ernst, Dreizehn ist meine Unglückszahl. Sie sucht mich heim, sie verfolgt mich mit Pech. Mich hat im Krieg an einem Freitag, dem Dreizehnten, ein Schuß erwischt. Meine Freundin hat mir an einem Dreizehnten den Laufpaß gegeben. Sogar meine Taille vergrößert sich in Dreizehnerreihen. Welche dreizehn ist wohl stärker, Ihre oder die meinige?"

Ich sagte, offenbar meine, da ich der Ältere sei.

„Gott sei Dank", rief er aus. „Haben Sie etwas dagegen, daß ich mich des Glücks wegen nah an Sie halte?"

Am Flugplatz gerieten wir wieder an eins der großen afrikanischen Reisefrühstücke, während der Tag sich wie eine Flutwelle über den Horizont stürzte. In jeder Minute schienen Flugzeuge anzukommen und abzufliegen.

„Piccadilly Circus[3]", sagte er und deutete mit einem Stück gebuttertem Toast in die Runde. „Der Verkehr ist hier heutzutage ganz unglaublich. Bald wird für einen Kerl meiner Größe kein Platz mehr sein."

Von einem nahen Tisch kam ein Mann, der uns angestarrt hatte, plötzlich herüber und sagte auf deutsch zu mir: „Haben Sie mich vergessen?"

Ich erkannte eine *displaced person* wieder, der ich vor etwa neun Monaten in Kapstadt bei den Antworten auf die Fragen der Einwanderungsbeamten etwas Hilfe geleistet hatte. Jetzt war der Mann so verändert, sah so viel dicker und wohlhabend-erfolgreicher aus, daß ich ihn gewiß nicht erkannt hätte. Er war gerade angekommen und war auf dem Weg nach Deutschland, um Vater, Mutter, einen Bruder und zwei Schwestern zu holen. Er war vorangekommen und nannte sich glücklich. „Ich habe jetzt Geschäfte in Johannesburg", fügte er hinzu.

[3] Einer der verkehrsreichsten Plätze Londons. Anm. d. Übers.

„Was für ein Geschäft", war meine Frage.

„Ach, Geschäfte, sehr gute Geschäfte", sagte er.

Als er gegangen war, sagte ich zu meinem dicken Begleiter: „Da geht eine *displaced person*, die ihren Platz gefunden hat", und erzählte ihm die Geschichte.

„Das ist alles sehr schön, die Geschichte mit den ‚verschleppten Personen', bemerkte er mit unerwarteter Bitterkeit. „Aber erklären Sie mir bitte, wer heutzutage nicht ‚displaced person' ist. Wir leben im Zeitalter der verschleppten Leute. Die Welt ist voller Menschen, die nirgends wirklich hingehören. Ich bin am falschen Platz. Sie, das scheint mir sicher, sind es auch. Afrika ist voll von Negern, die ‚displaced' sind. Man hat hier ein langes Wort dafür, als ob das Symptom nur zu diesem Kontinent gehöre. Man nennt es ‚detribalization'[4]. Aber sichtlich ist es nur ‚displacement'. Wer könnte seines Stammes stärker beraubt sein als wir Briten hier in Afrika?"

Ich sah ihn mit neuer Achtung an und bat ihn, mehr zu sagen. Es sei ganz einfach, sagte er, und nicht viel zu erzählen. Er war zum erstenmal im Krieg nach Afrika gekommen, es hatte ihm gefallen, er war zurückgekommen. Nun war er seit fünf Jahren in Ostafrika und mußte gestehen, daß er gerne nach England zurückginge. Aber er konnte nicht. Auf seinem Urlaub hatte er sich fehl am Platz gefühlt. Seine Freunde verstanden nicht, worüber er sprach. Er, seinerseits, fand den „Mangel an Stil, an Eleganz, an Manieren, die Freudlosigkeit des Lebens daheim" widerlich. Das Wort „daheim" hatte bei ihm einen unbewußten Nachdruck. Er fügte hinzu: „Und ich habe entdeckt, daß ich die schwarzen Gesichter so vermißte."

[4] Verlust der Stammeszugehörigkeit. Anm. d. Übers.

Er fragte mich nach den Theatern und Autobussen in London aus, nach den Kinos, nach den Weinstuben, vor allem den Weinstuben in der Nähe von Cadogan Place, wo seine Leute wohnten, und nach dem Wetter im Frühling. Und er sagte: „Ich würde jetzt liebend gern dort sein." Dann wälzte er sich aus seinem Stuhl, stand langsam und mit großer Mühe auf und schaute mit einem Blick über den Flugplatz hinweg, der in weite Fernen ging.

Unser „Laster" kam angefahren. Er sah wie ein höchst handfestes Flugzeug aus, mit einem kräftigen, festsitzenden Untergestell und breiten stämmigen Flügeln. Aber meinem Gefährten gefiel er nicht.

„Stößt wie die Hölle", sagte er. Er sah sich um und deutete auf ein Dutzend Leute, die darauf zugingen, alle mit denselben massenerzeugten Regenmänteln über dem Arm. „Sehen Sie, was ich meine! Kein Stil! Keinerlei Gelassenheit. Sie können nicht einmal warten, bis sie ordentlich zum Flugzeug gerufen werden, sondern müssen hinausrennen wie ein Haufen Schafe, nur für den Fall, daß sie etwas versäumen oder daß ihnen etwas genommen wird. Da haben Sie Ihren *displaced*-Pöbel, — eine mißtrauische, unsichere, glaubenslose Bande!"

Die Leute mochten schon ein wenig anonym aussehen, aber mir kamen sie nett und normal vor. In diesem Augenblick rief uns der Lautsprecher.

Wir kletterten alle in die Maschine, schnallten uns an, flogen geradenwegs in die Sonne und hinterließen über dem Flugplatz eine Schleppe von rotem Staub.

Die Stadt, die gerade zum Leben erwachte, wurde umkreist. Ich erinnere mich besonders, wie sehr golden einige Büschel Bananen auf den Köpfen der eingeborenen Frauen aussahen, die sie zum Markte trugen.

Außerhalb der Stadt überflogen wir die Hügel und begaben uns genau südwärts auf unseren richtigen Kurs.

Kein Zeichen des gestrigen Sturms war zu sehen, keine Andeutung von Wolke, Wind oder Staub am Himmel. Wir hatten klare Fernsicht.

Im Norden stand deutlich die 5200 Meter hohe Masse des Kenia-Berges mit einer langen Schneefeder in der Mitte seiner Bischofsmütze. Ganz weit im Süden lag der Kilimandjaro mit seinem 6000 Meter hohen Gipfel unter einer viel größeren Schneelast gehäuft und gebuckelt.

Mir kam der Gedanke, was für ein großartiger Künstler Afrika doch ist in der Art, wie es seine großen Berge zur Schau stellt. Die höchsten sind nie zusammengewürfelt wie in der Schweiz, im Himalaya oder im Kaukasus. Sie sind in große, offene Weiten gesetzt, und um sie herum sind riesige Ebenen, wellige Hügelgegenden und blaue, meerähnliche Seen. So können sie sehen und gesehen werden und können den ihnen zukommenden Platz in dem ungeheuren physischen Drama Afrikas einnehmen.

Denn es ist ein Drama von großer und fesselnder Spannung, dieser afrikanische Erdteil, wie er sich uns am Morgen nach dem Sturm bot. Es ist genau das gleiche Drama wie das Meer eines ist. Ich kenne kein Land, außer vielleicht das ferne Innere von Asien, welches aus Erde, aus fester Masse dem Meer fast gleichwertig ist. Es scheint ohne Ende zu sein. Tausende von Meilen geht es immer weiter, weiter, bis die Augen und die Glieder vor so viel Masse schmerzen und geblendet sind durch diese endlose Wiederholung von Wüste, See und wieder Wüste. Fast denkt und hofft man einmal, daß es aufhört. Aber am andern Morgen, über den nächsten blauen Horizont hinweg, ist noch mehr davon da. Und was noch merkwürdiger ist: es ist da, wie das Meer da ist aus einem ihm eigenen Recht, voll Gleichgültigkeit, wenn nicht Unfreundlichkeit für den Menschen.

Es ist nicht möglich, über Europa hinzufliegen, wie ich

es vor erst vierzig Stunden getan hatte, ohne wahrzunehmen, wie nah sich dort Menschen und Erde sind, wie stark und tief sie zueinander Vertrauen haben. Dieses Land unter uns aber machte sich noch nicht viel aus menschlichen Wesen. Es war D. H. Lawrence mit seinem seltsam eindringenden Gefühl für den Charakter, ja fast für die Persönlichkeit der unbelebten Materie, der Afrika einen „Kontinent der dunklen Verneinung" genannt hat. Der Eingeborene, dessen braune Hütten, Dorn- und Lehmkrals sich taktvoll mit einer Art von stillschweigender, zitternder Furchtsamkeit da unten in den Schutz der Hügel und Raine schmiegten, mag ihm näher sein als der Europäer, aber auch er ist nicht vollkommen zu Hause. Sein Geist beugt sich vor ihm, trägt zu schwer an ihm und ist erschöpft. Die einzigen Lebewesen, die aussehen als gehörten sie wirklich dazu, sind die wilden Tiere. Zwischen den Tieren und Afrika gibt es ein Einverständnis, das die menschlichen Wesen sich noch nicht erdient haben.

Über der Ebene von Serengeti holte der Pilot aus der Güte seines Herzens und dem Wunsch, seine Fluggäste zu erfreuen, und weil es ein so schöner Morgen war, die Maschine so weit herunter, daß wir fast die Spitzen der Akazien berührten.

„Ich wollte, er täte das nicht", sagte der dicke Mann und wurde ganz blaß, „ich werde doch so krank."

Während er sprach, fing das Flugzeug an zu stoßen wie ein Fischkutter vor den Hebriden. Wir waren wirklich der Erde ganz nah. Mir wurde plötzlich bewußt, daß ich für einen kurzen Augenblick gerade in das antike Auge einer großen Giraffe geblickt hatte. Sie schaute über die Spitze eines Akazienbaumes hinweg das Flugzeug mit einem Ausdruck an, der zu gleichen Teilen aus intensivem Schrecken und der riesigen Neugierde ihrer Art zusammengesetzt war.

„Deswegen tut der blöde Narr es!", sagte der dicke Mann, indem er auf die Giraffe deutete und den Piloten meinte.

Tausende von wilden Tieren kamen jetzt in Sicht: Kamas, Elenantilopen, Zebras, Impalahirsche, Gnus, Tausende von Gazellen warfen erschreckt ihre Köpfe hoch und hörten auf zu grasen. Wenn sie weit weg waren, starrten sie die Maschine nur an, wenn aber nah, so drängten sie sich erst eng zusammen, und wenn dann das Flugzeug stetig näherkam, fingen sie verzweifelt an, in Kreisen zu rennen.

Mir kam ein Vorfall im Krieg mit den Japanern in den Sinn. In Leweeuliang auf Java waren sie vollkommen überrascht, als die leichten Maschinengewehre unserer linken Flanke auf die japanische Infanterie zu feuern begannen. Sofort hatten sie den Kopf und jede Beherrschung verloren. Sie hatten sich, genau wie diese Tiere, zusammengedrängt und dann angefangen, in Kreisen zu laufen und zu schreien mit Stimmen, die klangen, als kämen sie nicht aus ihren Kehlen, sondern aus ihren Bäuchen. Und die ganze Zeit über hatten wir nicht aufgehört, sie zu erschießen.

Wenn im Zweifel, wenn in Furcht, wenn überrascht, wenn in Busch oder Wüste verirrt und führerlos, scheint das menschliche, das tierische Herz einen Kreis vorzuschreiben. Es dreht sich um sich selbst, wie die Erde es tut, und sucht Schutz in der Bewegung der Sterne. Dieser Kreis, dieses Ballett, das da unten von leichtfüßigen, märchenhaften Antilopen getanzt wurde, war einmal magisch. Aber was für einen Wert hat es heute?

Später kam ein wütendes Nashorn aus einer Baumgruppe hervorgestürmt. Für es: keine Kreise, kein intuitiver Unsinn. Der Lärm des Flugzeugs ist ihm Beweis genug, wie jedem rechtdenkenden Tier. Da gibt es keinen Platz für Zweifel. Es besteht Gefahr, und es wird ihr begegnen. Wir sahen, wie es über der Ebene hinter uns verschwand und immer weiter die leeren blauen Fernen in seiner unverminderten Wut stürmte, während seine Gefährtin und ihr entsetztes junges Kalb energisch um einen dunklen Teich trotteten.

„Das Nashorn", sagte der dicke Mann, und er sah ganz grün aus, „erinnert mich an einen Kerl, den ich im Heer gekannt habe."

Kurz darauf flogen wir über einen Löwen mit ganz dunkler Mähne. Er stand auf und sah lässig nach oben. Dann schien er die Achseln zu zucken und sich mit einer Miene äußerster Langeweile wieder fallen zu lassen. So weit man blicken konnte, gab es nichts als diese Ebene mit ein paar Akazien, die sich wie Kreisel in ihren eigenen Schatten drehten, — und darin die Tiere.

Aber bald mußten wir aufsteigen. Die Sonne wurde heißer, die Stöße nahmen an Heftigkeit zu, und so gelangten wir wieder in den kühlen blauen Himmel. Die Einzelheiten der Erde fielen von uns ab. Es wurde immer schwieriger, die Viehherden, die Krale und die schmalen roten Bänder der gewundenen Fußwege und erdigen Straßen zu unterscheiden.

Wir flogen über Seen, die überall, außer in Afrika, groß genannt würden, über Ströme, weite Savannen und trockene Flußläufe, die großen roten, gelben und weißen Schnittwunden in der Erde glichen. Wie stets, sah mir alles noch zerfressener, noch vernarbter, trockener und feindlicher aus als das letztemal.

Nach ungefähr drei Flugstunden gingen wir in Tabora, dem Mittelpunkt einer flachen, gesichtslosen, von Tsetsefliegen verseuchten Buschgegend nieder. Wir marschierten in einen dunklen, strohbedeckten Raum, um die unvermeidliche Tasse dicken roten Tee zu trinken. Aber der dicke Mann kam nicht mit. Er hatte mir am Flugplatz Adieu gesagt.

Ich sah ihm zu, wie er sein Gepäck zwei riesigen afrikanischen Dienern in schicken, khakifarbenen Livreen übergab. Ihre Leiber schienen vor Freude über seine Rückkehr zu schnurren. Dann kletterte er mit großer, langsamer Würde in einen Jeep, drückte seinen Tropenhelm fest auf den Kopf und ergriff, mit dem Fliegenwedel am Handgelenk, das Lenkrad. So brachte er sich und seine Liebe für Stil und Eleganz fort in den Busch.

Innerhalb einer halben Stunde verließen wir Tabora. Ich erinnere mich, daß ich einen Augenblick noch zuhörte, wie der Gastwirt uns erzählte, daß sein Telefon zur Stadt außer Betrieb sei, weil eine Giraffe am Morgen ihren großen, wißbegierigen Kopf in den Drähten verstrickt hatte, wie krank und erschöpft mir der Mann und seine Frau aussahen und daß ich im nächsten Augenblick wieder in der Luft über das immer gleiche Afrika dahinflog.

Mit dem Anschwellen der Hitze und dem fortschreitenden, unwiderstehlich zerschmetternden Glast des Tages stiegen wir höher in den Himmel. Über dem Tanganjika-See waren wir so hoch, daß die großen Berge in seinem Umkreis flach und gesichtslos aussahen und das Wasser des Sees selbst in seinem Schimmern, Flimmern und Vibrieren mehr einer Fata Morgana in der Wüste als flüssigem Stoff glich.

Ich versuchte südwärts den Umriß des Plateaus zu sehen, das ich erforschen sollte, denn es lag nicht weit ab. Aber eine neue Heerschar von Wolken gleich der des Vortages kam am Horizont aufmarschiert. Als wir den Bangweulu-See überflogen, hatten Hitze und Blendung die Aussicht trotz all ihrem Glanz entleert wie einen Spiegel, der nichts wiederzugeben hat. Sogar in dieser Höhe drangen die großen, unpersönlichen Mächte ins Bewußtsein, die auf ein unerbittliches Ende hindrängten.

Es war sichtbar, worauf die Natur in ihrer auf der Logik der Verödung gegründeten Themenstellung hinzielte. Diese Erkenntnis wurde durch große Feuer im Wald noch verstärkt. Weite Strecken von brennendem Gras und Busch hatten begonnen, auf allen Seiten riesige Rauchsäulen gegen den Himmel aufzurichten.

Im Flugzeug setzten wir indessen unsere Gewohnheiten fort: erst Tee, dann Mittagessen. Wir tranken heiße Tomatensuppe, hatten eine Auswahl von kaltem Schinken, Roastbeef, Hammelfleisch, Würsten, Pökelfleisch und Mettwurst, von Tomaten-, Kartoffel-, Avokado- und Kopfsalat, und schlossen mit kalten Kleinigkeiten, Obst, Rahm, Roquefort, ab. Es wurde geraucht, getrunken und banales Zeug geredet.

Nach ein Uhr gingen wir in Ndola in Nord-Rhodesien nieder. Wir hatten eine Grenze passiert, ohne es zu merken, denn nichts zeigt so deutlich wie das Fliegen die Künstlichkeit der Barrieren, die wir gegeneinander aufrichten. Afrika selbst beachtet diese Linien, die auf der Karte gezogen sind, noch weniger als andere Kontinente.

Dieses Afrika zwängte Ndola ein, heftete es an und hielt es so wirksam in seinen europäischen Schranken, wie das schon bei allen Städten, die wir passiert hatten, geschehen war. Auch diese Stadt machte aus der Luft den Eindruck peinlichen Erstaunens darüber, daß sie sich hier befand.

Für mich war der Ort vor allem deshalb bemerkenswert, weil das Gespräch, das ich am Flugplatz hörte, meinen Eindruck aus der Luft bestätigte. Der Regen war ausgeblieben. Es war zum Verzweifeln trocken. Die Angst vor der Dürre war in den Augen, im Blut, im Denken der Menschen. Ein Distriktsbeamter, der sich uns anschloß, sagte, daß es vor Jahresende unter den Schwarzen eine entsetzliche Hungersnot geben werde. Schon jetzt war die Nahrung knapp, und bis zum nächsten Regen war es noch lange hin, ganz zu schweigen von der nächsten Ernte. Ich hörte, wie der Beamte seinen Zuhörern versicherte, daß diese Hungersnöte alle drei oder vier Jahre auftreten. Es kam mir unglaublich vor, daß uns über den Köpfen von Tausenden, die nicht genug zu essen hatten, derartige Mahlzeiten geboten worden waren. Der Gegensatz ist so elementar, seine Geschichte ist so alt und so zweideutig, seine Ungerechtigkeit so ins Auge springend, seine Gefahren und die zerstörenden Gedanken, die er erzeugt, sind so bekannt, daß sein Fortbestehen nahezu unmöglich erscheint.

Im Weiterflug wurde der Eindruck der Verödung immer schlimmer. Wir kamen tiefer und tiefer in den südlichen Winter. Nachtfröste verbanden sich hier mit der Dürre und Glut des Tages. Der Rauch, der von den Feuern zu uns heraufdrang, wirkte heftiger und dichter. Der Nachmittagswind wirbelte, obwohl er stoßweise und unsicher kam, zwischen den Büschen und Bäumen immer noch mehr Staub auf, als seiner Anstrengung entsprach.

Lusaka, die Hauptstadt, brachte ein unerwartetes Stück Grün vor unsere Augen, aber beherrschend blieb doch der schauderhafte Eindruck, als die Sonne sich auf jene *koppies*[5] senkte, mit denen Südafrika überall seinen Horizont ausstattet. Trauer kroch uns ins Herz. Alles, die Ebene und die *vlakte*[6], war so ganz das Afrika, das meine Landsleute in der Union in der lebensvollen Sprache meiner Kindheit *Moedverloor se vlakte* nannten — die Flachheit, wo der Mut verlorengeht.

Über dem Sambesi waren die purpurnen Täler nebelverhangen; ein Schleier kalter, frostiger Luft zog sich über die Szene. Während die Luft immer winterlicher wurde, fand die Sonne einen Hügel, kroch still und wohlerzogen dahinter und hinterließ ein warmes Glühen

[5] Steinige Hügel. Anm. d. Übers.
[6] Sandige, mit Busch bestandene Niederung. Anm. d. Übers.

der Zufriedenheit am Himmel. Das war ein Anblick und Augenblick, mit dem mich so viel verband, daß ich mir leicht vorstellen konnte, wie da unten die Pflanzen, Tiere und Menschen darauf reagierten. Wie eindringlich war das Gefühl der Vergebung, des Selbst-Verzeihens und Verziehen-Bekommens, welches die Stunde des Sonnenuntergangs allem Lebenden verleiht und nicht zum wenigsten auch dem grausamen Tag, der vorangegangen war.

Bei Dunkelheit landeten wir in Salisbury. Wieder beteiligte ich mich an dem trüben Kampf um Unterkunft. Salisbury wand sich und platzte noch stärker als Nairobi vor Zugereisten. Es war freundlich und wohlgesinnt, aber hilflos vor diesem unermeßlichen neuen Menschenstrom, der über Afrika einbrach. Ich mußte mit drei Männern ein Zimmer teilen.

Nebenan war den längsten Teil der Nacht wieder ein Würfel-Poker-Spiel im Gange. Im Morgengrauen wurde mir von fast demselben schwarzen Diener wie am Vortag eine Tasse Tee gereicht. Alles war Nairobi so zum Verwechseln ähnlich und war auch so schnell gegangen, daß ich eine Weile brauchte, bis ich wußte, wo ich war. Vor Sonnenaufgang war ich wieder am Flugfeld und sah, wie die Nebel langsam vom Boden stiegen.

Während ich so dastand, müde und mit einem Gefühl, als bestünde ich zu drei Vierteln aus Einbildung und nur zu einem Viertel aus Stoff, erblickte ich gleich einer Szene im Traum einige zwanzig sehr gesetzte, sehr aufrechte, ordentliche, saubere kleine Mädchen im Alter von etwa sieben bis fünfzehn Jahren mit Zöpfen und gleichfarbigen Schulkleidern. Sie marschierten plötzlich in Reih und Glied aus der Türe der Flughalle und liefen gesetzt auf ein großes Flugzeug zu. Schnell waren sie drin verschwunden, und die Motoren dröhnten zur Fahrt. Als die Maschine im Anrollen bei mir vorbeikam,

sah ich ein leichtes, gleichgültiges Flattern kleiner weißer
Taschentücher hinter den Fenstern. Die Leute um mich
herum antworteten mit ebenso lässigem Flattern größerer
Taschentücher und dem flauen Winken einiger Männerhüte. Ich hörte, wie jemand in der Nähe sagte: „Ja,
wissen Sie, St. ist eine gute Schule, besser als was wir
hier haben, und es ist jetzt so einfach, die Kinder in die
Union zu fliegen."

Das Ganze spielte sich ohne Gefühlsbewegung ab,
ohne Träne oder erkennbares Bedauern, ohne auch nur
ein Gefühl des Außergewöhnlichen, abgesehen von dem
ungewöhnlichen Grad von Blasiertheit, mit dem die
Kinder im Flugzeug und ihre Eltern auf der Erde es zu
betrachten schienen. Doch für mich war es eine so unerwartete, so surrealistische Zugabe zu den althergebrachten Zügen dieses weiten afrikanischen Hochlands, daß
ich mich über der Parodie eines limerick[7] ertappte:

> Die jungen Damen, die weisen,
> Können schneller als das Licht schon reisen.
> Von Hause heut fort,
> Relativ nur der Ort,
> Sind zurück sie im Sport
> In der gestrigen Nacht schon, der leisen.

Bald nachher war auch mein Flugzeug in der Luft,
mit Richtung Osten. Den ganzen Morgen waren Nebel
zwischen uns und der Erde, und erst drei Stunden später
öffneten sie sich für ein paar Augenblicke, um uns auf
dem Flugplatz Tschileka in Njassaland niedergehen zu
lassen. Ich bekam meinen Morgentee in Blantyre,
72 Stunden nach meinem Abschied von England.

Nahezu elftausend Kilometer war ich gereist und aus
einem sonnigen Frühling mit unendlichen Blüten in

---

[7] Volkstümliche englische Versart. Anm. d. Übers.

einen frühen, unfruchtbaren Winter hinübergewechselt. Es ist richtig, daß ich nicht schneller gereist war als das Licht und daß ich auch nicht relativ, sondern absolut von Ort zu Ort gekommen war, aber mir schien, als sei ich viel früher als in der gestrigen Nacht angekommen, nämlich in einem unfertigen, unerlösten Augenblick in der fernen Vergangenheit. Und ich kann gar nicht ausdrücken, wie befreit ich mich fühlte, weil ich nun wenigstens für einige Monate das Fliegen hinter mir hatte.

III. Teil

BEGEGNUNG MIT DEM BERG

„Ach, im Gemüt sind Gebirge, schrecklich
Abfallende Klüfte, steil, unsäglich dem Menschen..."
        GERHARD MANLEY HOPKINS

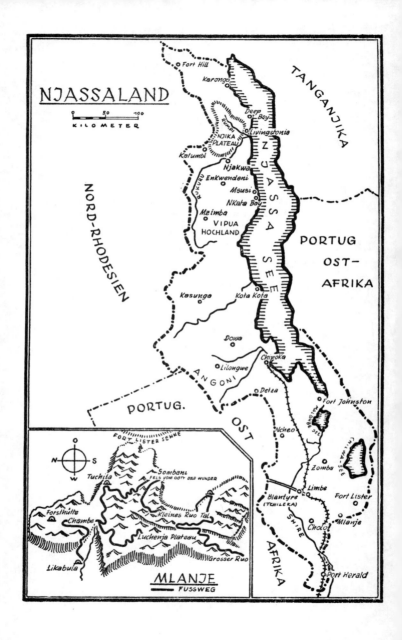

ACHTES KAPITEL

In Blantyre, der Handelsmetropole von Njassaland, stand ich vor derselben Unterkunftsschwierigkeit wie in Salisbury und Nairobi. Blantyre und sein siamesischer Zwilling Limbe, einige Meilen entfernt, waren auf ihre beschränktere Weise ebenso überfüllt und ohne Zimmer wie jene anderen Städte — und hatten weniger Erfahrung, um der Schwierigkeit Herr zu werden. Jene anderen Städte hatten eine Chronik stetigen, energischen Wachstums hinter sich; diese Orte in Njassaland waren auf ihre eigene, gemächliche, persönliche und fast eigensinnige Weise in die Gegenwart gekommen und nicht an das neue Gehetz gewöhnt.

Vor dem letzten Krieg war für Leute wie mich eine der großen Anziehungskräfte des Protektorats seine Fähigkeit, sich selbst in aller Stille Herrschaft zu sein. Es hatte zu den vernachlässigteren britischen Territorien in Afrika gehört und weniger Aufmerksamkeit und sensationelle Reklame als einige seiner Nachbarn auf sich gezogen. Es hatte wenig Touristen angelockt. Das europäische Männerherz, das einer unglücklichen Liebe erlegen war, wandte in der damaligen Zeit seine enttäuschten Gefühle lieber der Fauna und Flora von Kenia und Tanganjika zu. Der Völkerbund hatte sich hinter seinem steifen internationalen Kragen über Njassaland nie besonders erhitzt. Hier schien das Problem des europäischen Siedlers, das in Kenia und Nord-Rhodesien das Verhältnis zum Kolonialland so schwer gestört hatte, gar kein Problem zu sein.

Obwohl fast zweitausend Europäer im Land ihren Unterhalt aus Tee-, Kaffee- und Tabakplantagen, aus

Handel und aus der Bekehrung der Afrikaner zum Christentum bezogen, haben diese ihre Schwierigkeiten mit den tausend Europäern, welche ihr Land regierten, und mit deren Herren in Whitehall innerhalb eines eng und treu zusammenhaltenden Familienkreises ausgefochten. Die zweieinhalb Millionen Eingeborenen in Njassaland haben für ihren Teil offenbar nicht die Versuchung verspürt, Sprecher und Abgesandte ins Ausland zu schicken, um gegen die Ausbeutung des weißen Imperialismus zu protestieren.

In der Tat hatte das Protektorat den Eindruck eines ungewöhnlich glücklichen Teils von Afrika gemacht, und zwar so, wie George Eliot diejenige Frau glücklich nennt, die ohne Vergangenheit ist. Ich verwende das Wort Vergangenheit hier nicht, um damit Geschichte zu sagen. Njassaland hat sogar eine aufregende und durchaus persönliche Geschichte, die den Vergleich mit den meisten anderen Annalen des Erdteils aushält. Wenn jemand sich für die merkwürdige Mixtur von Beweggründen interessiert — den Wunsch, Handel zu treiben, Gott und der Königin zu dienen und die Welt von der Sklaverei zu befreien —, mit der die Viktorianer nach Afrika kamen, der kann sie wie ein seltenes Insekt unter dem Mikroskop in der Geschichte des Protektorats studieren.

Es war zweifellos eines der gelungeneren Erzeugnisse aus jenem Gemisch von Beweggründen. Seine Eingeborenengeschichte bestand aus einem sich wiederholenden Bild der Zerstörung, von der die Ankunft der Briten es glücklich befreite. Aber was das Protektorat nicht besitzt, ist eine Vergangenheit, an die sich der Klatsch hängen könnte. Ein halbes Jahrhundert lang hat die Neugierde der Welt es ignoriert. Der große und wachsende Verkehr Afrikas lief an ihm vorbei. In einer Länge von sechshundert Meilen erstreckt sich Njassaland von Nord nach Süd und ist eigentlich wenig mehr als ein Streifen erloschener Vulkanerde um den großen See, von dem es seinen Namen bezieht. Es liegt fern von den Hauptverbindungslinien des Kontinents und ist auf seine eigene Weise still aufgewachsen mit den ihm eigentümlichen, farbenprächtigen afrikanischen Abwandlungen von Sonne, Berg, Tal, Ebene und Ferne, — ein entlegenes Land, an dem früher nur die hingegebeneren, die erwachseneren und athletischeren Geister Geschmack und Freude fanden.

Aber die Zeiten ändern sich, und die Menschen strömen ins Land. Die Geschichten, die ich an diesem Samstag, dem 14. Mai, im Empfangsbüro des Ryalls-Hotel über die Nöte der Gastwirte hörte, waren nicht nur niederdrückend, sondern erschreckend. Ich sollte ja drei Monate in diesem Territorium verbringen, und der Winter stand vor der Tür. Deshalb beschloß ich, mir so schnell wie möglich ein Zelt zu besorgen, um schlimmstenfalls wenigstens meine eigene Zuflucht zu haben. Inzwischen war ich dankbar für die leihweise Überlassung eines Hinterzimmers, das einem fürs Wochenende verreisten Dauergast gehörte, und sandte ein Stoßgebet zum Himmel, daß sich bis zum Montag etwas anderes ergeben möge. Doch sollte sich die Schwierigkeit auf die glücklichste Weise lösen.

Ich hatte ein Einführungsschreiben an Mr. Alan Macbean mit, den Leiter eines der größeren Regierungsämter. Während mein Zimmer gemacht wurde, beschloß ich, in sein Büro zu gehen und den Brief selbst zu übergeben. Obwohl wir uns nie begegnet waren, hatten unsere Spuren sich früher in anderen Teilen Afrikas mehrmals gekreuzt, und wir hatten eine Reihe gemeinsamer Freunde.

Blantyre ist eine kleine, häßliche Handelsstadt. Es hat wenig Zeit und keine Reserven an Vermögen, Tradition oder Lokalstolz besessen, aus denen es sich hätte formen können. Vor sechzig Jahren hatte die Regierung der Stadt einen schweren Schlag erteilt, als sie die offizielle Hauptstadt in 40 Meilen Entfernung an den Hang des riesigen Berges Zomba legte und damit Blantyre einer Quelle der Würde und Selbstachtung beraubte. Sehr ausdrücklich und ein wenig verachtungsvoll ließ man es selbst mit seinen Angelegenheiten fertig werden, und wie gut ihm das auch gelungen sein mag, — es sieht auch heute noch aus, als schämte es sich seiner selbst.

Glücklicherweise versteckt sich dieser Versuch einer kleinen Stadt hinter dem weiten Rock seiner Umgebung. Deshalb bleibt es mir als eine Serie lebhafter, aber unzulänglicher Fragmente im Gedächtnis. Nach meinem seltsam überstürzten Flug aus England waren wir aus einem engen Paß zwischen soliden dunklen Bergen und nebelerfüllten Tälern geradenwegs in das Stadtzentrum eingefahren, bevor ich etwas davon gemerkt hatte. Ich war überrascht, als der Fahrer plötzlich sagte: „Also, hier ist es!" Ich weiß nicht, was ich erwartet hatte, aber augenscheinlich nicht, etwas gar so Farbloses und Unbedeutendes wie diese gebuckelten Gebäude, die ohne Überzeugung und Plan neben einen Weg voll Staub hingesetzt worden waren.

In der Hauptstraße mußten wir uns sehr langsam bewegen, um nicht in ihren Löchern unserem dicken amerikanischen Auto die Federn zu brechen. Hinter uns hob sich dichter, öliger roter Staub wie Rauch und fiel gleich Graupeln auf die Bäume, die Büsche, die glänzenden Blechdächer und das sonnenverdrehte Holz der goanesischen und schottischen Ladenveranden zurück. Die Pflanzenwelt war vor Staub grau und niedergedrückt, die gebleichten Gesichter der geweißten Häuser von Staub befleckt. Der Staub machte aus manch einem schwarzen Gesicht die Karikatur eines Clowns. Die Inder und Goanesen hatten sich gegen ihn mit Turbanen und Schutzbrillen ausgerüstet. Die Sonne war ihm zum teuflischen Verbündeten geworden; Sonne wie Staub ergossen sich schwer und trunken überall hin.

Ich gebe zu, daß ich jetzt, als ich vom Hotel zu Macbeans Büro ging, einen behaglicheren Eindruck bekam. Fern dem häßlichen, unordentlichen Zentrum hatte die Stadt einen größeren Charme. Die jähen Erhebungen und Hänge ihres Hintergrunds boten einer Reihe von gemütlichen Häusern Schutz. Alle waren im unauffälligen Bürohausstil solid gebaut. Die Häuser schauten auf Gärten von auffallender Ähnlichkeit. Jeder versuchte dieselbe ordentliche, gleichmäßige Hecke um den unvermeidlichen Rasen zu ziehen. Ich sage „unvermeidlich", denn ich glaube, in Afrika schwebt die Vision eines englischen Rasens in der exilierten britischen Vorstellung wie die Flagge, die an den Mast eines zerschossenen, sinkenden Linienschiffs genagelt ist. Die Rasenstücke stießen gegen Rabatten, in denen euopäische Pflanzen von kränklichem und beleidigtem Aussehen wuchsen. Die einzige Blume, der es wirklich gut zu gehen schien, war die afrikanische Zinnie. Ihre wunderschönen, mühelosen, schwellenden Blüten, die vor Farbe und Sonnenfeuer zischten wie Feuerräder auf der Messe, schienen untereinander das geduldige, zielstrebige Heimweh der Gärten um sie herum zu verlachen.

Inzwischen war der Nebel von den Bergen im Umkreis verschwunden. Neue, größere Berge von tieferem Blau wurden sichtbar und ließen dahinter unermeßliche Ebenen ahnen. Der fleckenlose Himmel rundete sich zur dunklen Erde in fließendem Rhythmus gleich einer langen Schaumwelle, die im Pazifik der Lagune zurollt. Die Stadt und ihre Gärten, die verwirrende Mischung von goanesischem und britischem Villenstil schien in einer eitlen und ein wenig herausfordernden Geste zusammenzuschrumpfen, sie schien nicht mehr zu sein als eine rosa und weiße Maus, die ihren Kopf gegen die lauernden, gekrümmten, aber noch krallenlosen Pfoten der afrikanischen Katze reckt. Das Bild kam mir unwillkürlich in den Sinn, und es war, als würde es plötzlich durch ein Lachen bestätigt, das wie ein Quell um mich aufsprudelte.

Seit Jahren hatte ich kein so natürliches, reines und unmittelbares Lachen mehr gehört. Ich war gerade in einen Weg eingebogen, der seinen Heiligenschein aus Staub über sich trug und voller Leute war, die ihre Sonntagseinkäufe machten. Die meisten Europäer, von denen es nur eine Handvoll gab, hatten eine Art Khaki-Kleidung und maskenhafte, gelbliche, leblose, enttäuschte Gesichter unter breitrandigen Hüten. Sie stiegen mit teilnahmsloser, erstarrter Miene in ihre Autos ein und aus. Ich hatte den Eindruck, als ob sie sich alle nach dem Einbruch der Nacht sehnten, in der Dunkelheit und Getränke ihnen helfen würden, sich vorzustellen, daß sie woanders seien. Es gab in der Straße mehr Orientalen als Europäer, und sie waren charakteristisch für eine Rasse, die aussieht, als sei sie nur die Hälfte dessen, was sie wirklich ist. Die Orientalen hatten alle die Neigung zu asketischen Gesichtern, schön modellierten Knochen, zarten Handgelenken und Fingern, großen, nach innen gerichteten Augen und einem empfindsamen, sanften, schutzsuchenden Blick. Ihr Aussehen strafte die gewinnsüchtigen Geschäfte Lügen, denen sie ihr Leben mit solch eigenartiger und unermüdlicher Hingabe widmeten. In ihnen war noch weniger Freude als in den Europäern. Das Lachen war auch nicht von diesen beiden Gruppen gekommen, sondern von den Afrikanern. Diese schwarzen Leute, die eine so überwältigende Mehrheit bilden, haben die körperliche Mühsal des europäischen und des indischen Tags zu tragen. Sie waren mit wenigen

Ausnahmen in Lumpen gekleidet, die sie nicht ohne Stolz und Schick trugen. Sie schwatzten mit Genuß und größter Lebhaftigkeit. Sie waren lustig und lachten unaufhörlich. Ihr Lachen schien aus einer sicheren, unverletzbaren Quelle ihres Inneren zu kommen, die offenbar nie versiegte und an der sie sich mit Königen zu laben pflegten. Ihr Lachen paßte zur Sonne, zum Bogen des Himmels, zum düster brennenden Land, und — hier liegt der Grund, warum ich so lange dabei verweile — es blitzte wie eine inspirierte Verkündung der Zukunft über diese ungereimte Straße. Der Eindruck war noch lebhaft in mir, als ich Alan Macbeans Büro betrat.

Ich wurde sofort von einem schwarzen Schreiber hineingeführt. Er war außerordentlich höflich, aber entgegen seinen zerlumpten Landsleuten auf der Straße von Melancholie niedergebeugt. Dieser eingelernte, seiner selbst bewußte Trübsinn, den die höhere Bildung fast ohne Ausnahme über ein von Natur glückliches Volk verhängt, ist sehr auffallend.

Macbean, ein Mann von etwa fünfundvierzig Jahren, von stämmigem aber nicht schwerem Bau, mit weiten, stetigen, aber nicht ganz glücklichen Augen, kam mir entgegen. Sein Aussehen war äußerst gepflegt. Er trug seinen Anzug, als sei er eine auserwählte Uniform. Mit der Pfeife in der Hand glich er eher einem Mann, der im Begriff stand, seine Hunde zu einem Gang über schottische Moore zu rufen, als einem erprobten und erfahrenen Beamten in Seiner Majestät Kolonialdienst.

„Wo ist denn Ihr Gepäck", fragte er sofort.

„Im Hotel", war meine Antwort.

„Aber Sie müssen bei mir wohnen", sagte er entschieden und warm. „Ich schlage vor, daß Sie nur schnell hinüberspringen und dem Büro des Provinzkommissars Ihre Aufwartung machen. Wir sind hier etwas empfindlich und schätzen derartige Höflichkeiten. Dann kommen

Sie zurück, wir sammeln Ihr Gepäck und fahren gleich nach Hause."

Das Büro des Provinzkommissars war sofort an der sauberen weißen Flaggenstange zu erkennen, die einen leuchtenden Union Jack trug, und an den geweißten Steinen vor dem Haupteingang, die unter der Sonne erglänzten wie die polierten Schädel in einem Dyak-Dorf, die ich einmal gesehen hatte. Auch die afrikanischen Boten in ihren gestärkten Uniformen waren unverkennbar.

Der Kommissar war verreist, aber sein Stellvertreter, der junge Charles Arbuthnot, empfing mich an seiner Stelle. Er war erst seit kurzem vom Militär entlassen und trug weiße Kniehosen und ein Hemd. Er saß an einem Schreibtisch aus ungebeiztem afrikanischem Holz und hatte neben sich ein Telefon. Das Zimmer war vor dem Tageslicht abgeschirmt. Nur auf dem Fensterbrett lag ein Streifen Helligkeit wie klares Wasser.

Nach unserer Begrüßung erschreckte er mich mit den Worten: „Sie sind doch gekommen, um den Mlanje und den Njika zu verarzten."

Meine Mission war vertraulich. Deshalb ließ ich wohl meine Überraschung merken, denn er sagte rasch: „Ich habe vom Flugplatz gehört, daß Sie angekommen sind. Wissen Sie, dies ist mein Distrikt. Ich muß wissen, was in ihm vorgeht. Kein Fremder kommt an, ohne daß ich es erfahre. Als ich Ihren Namen sah, erinnerte ich mich, daß London uns gebeten hatte, behilflich zu sein. Ich erinnere mich daran um so mehr, weil ich den Mlanje kenne. Ich liebe ihn. Ich fahre oft zum Fischen hin."

Ich war entzückt, aus erster Hand Auskunft zu erhalten und stellte viele Fragen. Er beantwortete sie ausführlich und gut.

Er holte eine Karte hervor und zeigte mir den Mlanje. „Eine riesige, schreckliche Sache", sagte er. Die Leute nennten es ein Plateau, aber nach dem Wenigen, was er gesehen habe, sei es mehr wie eine Ansammlung von scharfen, rissigen Berggipfeln in zwei- bis dreitausend Metern Höhe. Angeblich bedeckten sie ein Gebiet von zweihundert bis dreihundert Quadratkilometern, aber sie waren noch nie richtig aufgenommen worden. Noch einmal sagte er mit knabenhaftem Nachdruck: „Es ist ein fürchterlicher, ein verzauberter, ein großartiger Ort." Er kannte nur ein kleines Ende, einen Gipfel und ein kleines Plateau namens Chambe, wo die Forstleute eine Hütte und ein Lager hatten, — „wunderschön, wie eine Bergschlucht in Schottland, klare Bäche mit Regenbogenforellen". So oft er von dieser „gräßlichen Stadt" loskam, ging er dorthin fischen. Aber Chambe war nur ein Teil des Ganzen. Es gab noch einen anderen Teil des Berges, zu dem ein Pfad vom Hauptquartier — er nannte das Hauptquartier *boma* — seines Gegenspielers in diesem Distrikt führte. Auch dort gab es zwei oder drei Hütten. Dort hatte tatsächlich eine exzentrische alte Dame Kühe gehalten, — exzentrisch war sie nur nach den Begriffen Njassalands, weil sie sich Dinge ausdachte, die den meisten nicht einfielen, das betonte er lachend.

Doch der weitaus größte Teil des Mlanje war ganz unbekannt. In den alten Tagen waren in der schlechten Jahreszeit vereinzelte kühne Seelen an Plätze wie Chambe gegangen, um der Sommerhitze zu entgehen. Die mußte man nämlich erleben, um zu wissen, wie sie war. Heutzutage zog man es natürlich vor, per Auto oder Flugzeug in die luftgekühlten Kinos von Salisbury und Bulawayo zu gehen. „Nur ein oder zwei Käuze" wie er selbst gingen zum Vergnügen in den Mlanje.

Nein, es war nicht schwer, hinzugelangen. Das Gebirge war nur ungefähr fünfundvierzig Meilen entfernt, seitlich des Wegs nach Portugiesisch-Ostafrika. Schwierig war es nicht hin, wohl aber hinauf und rundum zu kommen. Das würde eine ganz hübsche Expedition werden und kräftige Beine erfordern.

Mit einem echten Ausdruck des Bedauerns wünschte er, mitkommen zu können. Aber ach! Zuviel *bumf*[1]! Schauen Sie nur her! Körbe voll! Eine Schande! Aber er wolle mir einen Brief an Martin Boyd, seinen Kollegen im Distrikt Mlanje, mitgeben. Er sei sicher, daß Boyd mir helfen werde, Träger zu besorgen. Das werde die größte Schwierigkeit sein. Die Eingeborenen liebten den Ort nicht. Das Gebirge sei zu kalt, zu naß, zu neblig, zu hoch und steil und es erfülle sie auf merkwürdige Weise mit Schrecken. Ob mir eigentlich bekannt sei, daß die Eingeborenen-Legenden über den Mlanje Rider Haggard[2] die Idee für sein *The People of the Mist* eingegeben hatten?

„Es ist etwas Ungeheures dran", bald würde ich es selbst sehen. Er lachte wie ein Schulbub. Aber plötzlich wurde er ernst und sagte mit der Miene eines Botschafters, ich solle doch auch Peter Quillan, den Forstbeamten, aufsuchen. Er lebe nur wenige Meilen entfernt in Limbe. „Ein reizender Kerl, aber in bezug auf Bäume ein wenig rabiat." Er verweilte bei diesen Worten ein bißchen, als wolle er ihnen Nachdruck verleihen. Ich hatte das Gefühl, eine Warnung zu erhalten. Die Pause, das Zögern waren fast unmerklich. Trotzdem schienen sie mir eine besondere Bedeutung zu haben.

Dann schaute er mir gerade ins Auge und sagte: „Es ist so, daß die ganzen Forst-Kerle wild auf den Mlanje sind. Sie haben ein ganz besonderes Gefühl für ihn. Da ist noch ein junger Bursche namens Vance. Er sorgt

---

[1] Englischer Ausdruck für bürokratische Anhäufung. Anm. d. Übers.
[2] Sir Henry Rider, englischer Schriftsteller, der jahrelang in südafrikanischem Regierungsdienst tätig war und dessen Romane – „People of the Mist", „King Salomons Mines", „Alan Quartermaine" – in Afrika spielen. Anm. d. Übers.

für den Forstbereich des Gebirges. Er ist auch ganz besessen — tatsächlich besessen. Der Berg bedeutet ihnen viel. Aber ich bin sicher, daß Sie schon richtig mit ihnen auskommen werden."

Hinter dieses ‚Aber' setzte ich ein Notabene und verabschiedete mich. Ich war dem Geschick, das mich mit einem so intelligenten und sympathischen Berichterstatter zusammengeführt hatte, dankbar.

Macbean hatte inzwischen schon geduldig auf mich gewartet. Sein ernster schwarzer Angestellter saß hinten im Wagen und sah ein wenig aus wie das Chaos und die schwarze Nacht von Afrika.

„Zu Hause gibt es Ärger", sagte Macbean und deutete auf den Angestellten, „deswegen nehme ich ihn mit. Steigen Sie ein."

Das Hotel war entzückt, mich los zu werden, und drei Stunden nach meiner Ankunft befand ich mich dort, wo in Njassaland mein Zuhause sein sollte, wenn ich gelegentlich einmal in eine zivilisierte Umgebung kam.

NEUNTES KAPITEL

Zur Zeit meiner Ankunft in Blantyre, an diesem sonnigen, makellosen Maimorgen, lebte Alan Macbean seit etwa einem Jahr in Njassaland. Den größten Teil seiner Zeit im Kolonialdienst hatte er in Ostafrika verbracht, zwanzig Jahre oder mehr in Kenia. Ich glaube, er liebte Kenia so sehr, wie irgendein Mensch mit dem unerbittlichen Gefühl des Verbannt-Seins ein anderes als sein eigenes Land lieben kann. Er hatte dort hervorragende Arbeit geleistet und war ungern fortgegangen. Er sprach es nie aus, aber ich vermute, daß er seiner Kinder wegen fortgezogen war. Er hatte zwei Töchter, sie waren bei ihrer Mutter und gingen in Schottland zur Schule. Fotos, die ihren Werdegang von der ostafrikanischen Wiege bis zum Mädchen-College in der Heimat illustrierten, hingen diskret, aber allgegenwärtig im ganzen Haus. Zwei bezaubernde, saubere kleine Hochlandgesichter waren auf jeder Wand. Manchmal lächelten sie, aber meist waren sie ernst mit etwas von dem zwielichtigen, rückwärts gerichteten Blick des Kelten. Ihr Vater hatte denselben Blick. Vor ein paar Jahren hatte die ältere Tochter eine gefährliche Poliomylitis überstanden, die sie lahmen ließ. Das war ein schlimmer Schlag für Alan gewesen. Und resolut wie er war, beschloß er, ihr als Ausgleich die beste Ausbildung zu geben, die für Geld zu haben war.

Als das Angebot einer Regierungsdirektorenstelle in Njassaland eintraf, nahm er an, nicht weil er das Hochland von Kenia, wo er so lange gelebt hatte, verlassen wollte, sondern weil Beförderung und Gehaltserhöhung damit verbunden war. Er hatte sich mit großer Energie und Tüchtigkeit in die neue Arbeit geworfen. Seine Abteilung — einst eine der rückständigsten — hatte sich in eine der besten verwandelt.

Diese Eigenheit, die so viele der besten Kolonialbeamten an ihre Arbeit wenden, hat immer etwas sehr Bewegendes. Es ist klar, daß viele keine Gelegenheit haben, sich dauernd mit irgendeinem Teil des Empire zu identifizieren. Unweigerlich müssen sie ihre Wurzeln aus ihrem eigenen Boden in Britannien herausziehen und dürfen doch nirgend anders Wurzel schlagen. Sie müssen aus ihrer Arbeit ihr Zuhause machen, obwohl sie wissen, daß mit fünfundvierzig oder fünfzig Jahren, wenn sie in den Ruhestand treten, die Tür, die sie selbst gezimmert haben, sich zum letztenmal vor ihnen auftut und schließt und sie ohne Heim bleiben. Ich bin sicher, daß Alan genau wußte, was ihm bevorstand, aber bei dem unvermeidlichen grausamen Fehlen des Familienlebens, an dem er so hing, hatte auch er seine Arbeit zu seinem Heim gemacht.

Das Haus, in dem er wohnte, war für ihn wenig mehr als ein Außenposten seines Bewußtseins, ein Ort zum Essen und Schlafen. Mit der Selbstdisziplin, die ihm eigentümlich war, hielt er auf alle zivilisierten Formen. Er hatte das Haus behaglich gemacht, es mit Geschick und nicht ohne Geschmack eingerichtet und für vorübergehende Gäste wie mich eine höchst willkommene und liebenswerte Zufluchtstätte geschaffen. Aber ich hatte nie das Gefühl, daß sein Herz damit etwas zu tun hatte.

Den Haushalt überließ er fast ganz einem bemerkenswerten Suaheli-Diener namens Ali, den er aus Kenia mitgebracht hatte. Sein Gesinde bestand aus Ali, einem Koch, einem Hausboy und einem Gärtner. Alle waren schwarz. Keine Frau durfte eindringen. Ali regierte die Leute mit eiserner Hand. Er regierte auch Alan, aber eher wie eine Nurse den ältesten Sohn von Eltern, die sie liebt und verehrt, leiten mochte. Jeden Morgen hörte ich, wie Ali um fünf Uhr morgens Alan mit dem Tee weckte. „Jambo[1]! Bwana. Dein Tee, Bwana. Es ist fünf Uhr." Die tiefe Stimme sprach Suaheli, denn Alan erlaubte ihm keine andere Sprache.

Um halb sechs war Ali wieder klopfend an Alans Tür. Wenn er keine Antwort bekam, ging er einfach hinein und sagte: „Auck[2] Bwana! Dein Tee ist kalt. Es ist spät. Gewiß kann der Bwana jetzt aufwachen!"

Um sechs Uhr war Ali mit frisch gebrühtem Tee wieder da. Er bekam keine Antwort, trat geradeswegs ein und sagte streng: „Du tust schlecht, Bwana! Das muß jetzt aufhören. Hier ist frischer Tee. Es ist sechs Uhr, und was werden deine Mitarbeiter und Schreiber sagen, wenn du spät kommst. Dies ist Unsinn, Bwana."

Das *nonsense*, das einzige englische Wort, das ich je von ihm hörte, schaffte es meistens. Mit tiefem Lachen und einem Ruck war Alan aus dem Bett. Um sieben gab es Frühstück. Punkt sieben Uhr dreißig war Alan im Büro. Den ganzen Tag über führte Ali aufs Beste den Haushalt.

Oft habe ich des Abends Alan und Ali zusammen bei der Gartenarbeit gesehen. Es war ein schwieriger Garten, aber miteinander hatten die beiden die herrlichsten Wickenbeete zustande gebracht, die ich je gesehen habe. Diese Wicken erfüllten die harte, metallische Luft Afrikas mit einem sanften, sehnsüchtigen englischen Duft. So lange ich da war, pflückten Alan und Ali jeden Tag große Schalen voll und stellten sie im ganzen Hause auf. Ali wußte, was diese Wicken für Alan bedeuteten. Er nannte sie mir gegenüber immer die „englischen Blumen."

[1] Suahelisch für „Ich grüße Dich!" Anm. d. Übers.
[2] Ausruf der Eingeborenen. Anm. d. Übers.

So oft wir das Haus verließen, stand Ali im Eingang, verbeugte sich tief und sprach den Abschiedsgruß der Suaheli: „Kwa Heri, Bwana!" Wann immer wir heimkehrten, auch wenn es erst nachts um zwei oder drei war, wartete er mit großer, guter und würdiger Anmut, um uns einzulassen. Er gab Alan etwas Wertvolles, etwas Zärtliches und Menschliches mit seinem Dienst, was dieser sonst in Njassaland nirgends finden konnte. Ich habe Ali dafür sehr geachtet.

Eine von Alis ganz besonderen Pflichten war die Pflege von Argyle, einem großen, athletischen jungen schwarzen Kater, den Alan angenommen hatte. Argyle war nicht besonders hübsch, aber er verstand menschliche Wesen und ihre Sprache in erstaunlichem Maße. Alan konnte stundenlang mit ihm spielen, er redete mit ihm und Argyle sprach auch mit Grunzen, Miauen, blitzenden Pfoten, elektrischen Schauern und seltsamen Biegungen seines Rückgrats. Alan aß erst, wenn Argyle seinen Napf in einer Ecke des Eßzimmers vorgesetzt bekommen hatte. Das einzige Thema, über das er und Ali scheinbar Meinungsverschiedenheiten hatten, war Argyle. Ali fand, er sei zu streng.

Alan ließ aus Schnur eine winzige Peitsche machen. Wenn Argyle bei Tisch die Unterhaltung störte, beugte Alan sich hinüber und flitzte Argyle locker mit der Schnur. Ali war der Meinung, daß das viel zu weit gehe. Zwar fand sich beim Abendessen die Peitsche wieder am gewohnten Platz, aber an Stelle der Schnur waren Papierstreifen angebracht. Alan hatte wiederholt versucht, zur Schnur zurückzukehren, aber Ali erlaubte es nicht. Diese drei machten die wirkliche Welt in dem Hause aus, die drei und die Wicken im Garten. Alles übrige vegetierte nur am Rand von Alans Dasein.

Am Samstag meiner Ankunft holte Ali gleich nach dem Mittagessen den schwarzen Beamten, der im Auto mitgekommen war, herein. Durchs Fenster sah ich, wie zwischen den Dienern unter der brennenden Sonne vor der Küchentür ein großes Palaver im Gange war, eine ernsthafte, feierliche und ausführliche Diskussion. Später klopften Ali und der schwarze Beamte an der Tür und kamen still herein.

„Nun, was ist, Ali?" sagte Alan.

„Er soll es sagen", antwortete Ali und deutete dabei auf den ältlichen Beamten.

„Ich fürchte, Bwana", sagte der mit kummervollem Ton, „daß ich schweren Verdruß zu berichten habe..." Dann hörte er auf, als wage er nicht fortzufahren.

„Na also!" sagte Alan. „Entschließ dich, was ist los?"

„Ich fürchte, Herr, es ist schwerer Streit in deinem Haushalt. Der Hausboy beschuldigt seine Frau mehrfacher Untreue. Durch ein merkwürdiges Zusammentreffen beschuldigt sie ihn desselben."

Im gehobensten, pedantischen Englisch gab er einen Überblick über den Streit, der, wie er meinte, nicht überbrückt werden könne. Alles war besprochen worden, und sie waren übereingekommen, daß es nur einen Ausweg gebe. Hier sah Alan Ali an und Ali nickte. Sie wollten das Paar in sein Dorf zurückschicken, damit es sich scheiden lasse. Sie hätten inzwischen auch schon Ersatz beschafft. Er könne dem Bwana versichern, daß es keinen Ärger mehr geben werde, wenn er so verfahre.

„Aber, ich meine", sagte Alan auf Suaheli und sprach mit Ali, „ist das nicht etwas stark, geht ihr nicht zu weit?"

„Nein, Bwana", sagte Ali mit Nachdruck. „Es ist das Richtige, es ist kein Nonsense."

„Also dann bringe es in Ordnung, Ali", sagte Alan. Für seine schwarzen Urteilsfinder war es höchst schmeichelhaft, wie er sich fortan nicht mehr um die Sache kümmerte. „Mein alter Schreiber ist ein Wunder", meinte er. „Ich lasse ihn alle meine Arbeitsstreitigkeiten untersuchen. Er erledigt sie alle entsprechend den Landessitten und spart mir unendlichen Ärger. Aber im Vergleich zu Ali ist er gar nichts."

Weil Alan einen Teppich kaufen wollte, bestiegen wir an dem Tag noch einmal sein Auto und fuhren zu einer Möbelauktion auf dem Tabakmarkt zu Limbe. Alan erklärte mir, Ali meckere dauernd über seine Teppiche und dränge ihn, neue zu kaufen. Außerdem seien diese Versteigerungen lustig. Jedermann ginge hin. Sie seien jeden Samstag. Da es keine Arbeit gebe, könne man ebensogut hinfahren.

„Aha!" dachte ich, „wenn es keine Arbeit gibt, dann stürmt das Ohne-ein-Zuhause-Sein auf ihn ein."

Alan fuhr den Wagen, einen mächtigen amerikanischen Typ, mit großer, ungeduldiger Geschwindigkeit und ungeheurer Gewandtheit. Er fuhr ihn, wie ich annehme, daß er sich selber fuhr: als ob ihm weder an der Fahrt noch an der Maschine liege und er sie nur schnell hinter sich haben wolle.

In Limbe fanden wir die ganze europäische Welt bei der Auktion. Sie wurde in einem leeren Tabakschuppen, der etwas von einem Caledonischen Markt[3] an sich hatte, abgehalten. Wie verrückt war es, hier im Herzen Afrikas kleine Haufen schmutziger viktorianischer Haushaltsware zu sehen und altmodischen Staat aus der edwardischen Zeit, insbesondere einen großen, blaugrünen japanischen Porzellankübel mit einer kräftigen und höchst eleganten Aspidistra. Ich gestehe, ich war überrascht. Als ich an die gewaltige tropische Vegetation ringsum dachte, wurde meine Phantasie so bewegt, daß ich diese Pflanze anstarrte, als sei sie der Livingstone, der Stanley der botanischen Welt.

[1] Entspricht dem Marché aux puces in Paris. Anm. d. Übers.

Schließlich kaufte Alan doch keine Teppiche. Die Preise und die Farben waren ihm nicht recht. Sein Portemonnaie war zu festgelegt, sein Auge zu wählerisch. Aber wir trafen viele alte Bekannte, einschließlich eines glücklichen Extrovertierten aus Tanganjika, der mit typisch afrikanischer Mißachtung für Zeit und Entfernung es für selbstverständlich hielt, für ein Wochenende in Limbe gut zweitausend Kilometer zu fahren.

Nach der Auktion ließen wir uns von der allgemeinen Strömung in den Klub von Blantyre treiben. In seinem kollektiven Aspekt dreht sich ja das europäische Leben in Njassaland um ein wohlorganisiertes System von Klubs, und die Europäer, die wir bei der Auktion gesehen hatten, tauchten nun alle im Klubhaus auf.

Wir legten uns alle in die Sonne auf die Veranda und schauten zu, wie eine Mannschaft europäischer Beamter und Geschäftsleute gegen eine Mannschaft aus Indern und Goanesen Hockey spielte. Das Bild war recht schön. Das Hockey-Match wurde auf dem eigentlichen Cricket-Feld gespielt, und das lag in der Tiefe eines Kessels in den Bergen von Blantyre. Wir saßen am Rand und schauten hinunter. Das Gras unten hatte die Farbe und Struktur von englischem Gras. Wenn im Hintergrund ein Kirchturm gewesen wäre, hätte die Phantasie das Ganze leicht in eine englische Szene verwandeln können. Aber hinter und über der tiefen Quelle zornigen Lichts waren die Berge unverkennbar afrikanisch.

Ich weiß nicht, warum die vielen und verschiedenartigen Völker Indiens alle solch ein Genie für Hockey haben. Nichts am indischen Charakter, was wir kennen — seine gesteigerte, uralte und subtile Kompliziertheit, sein tiefes Mißtrauen gegen das Einfache, seine Fähigkeit, das Selbstverständliche geheimnisvoll und verwickelt zu machen — bereitet uns darauf vor. Aber die Inder haben einfach eine Begabung und eine Leidenschaft für das Spiel, die sie zu den besten Hockeyspielern der Welt macht. Die Europäer von Blantyre wurden gründlich und entscheidend geschlagen. Die Zuschauer, im wesentlichen Europäer, waren peinlich fair. Unparteiisch spendeten sie beiden Seiten Beifall. Und als die Inder Sieger waren, klatschten sie ihnen warm Beifall. Sie sahen aus wie ordentliche, nicht anmaßende, angenehme Leute, denen Afrika noch nicht den Maßstab geraubt hatte, wie so vielen ihrer Nachbarn. Aber als ich ihnen zuschaute, überkam es mich plötzlich wie ein Schock, daß wir alle — sie und ich — ja nicht hier waren, weil es uns wirklich freute, sondern um die Zeit totzuschlagen. Ich habe dieses Wort mein ganzes Leben gekannt, aber ich glaube ehrlich, daß ich seine fürchterliche Bedeutung bis zu diesem Augenblick noch nie erfaßt hatte. Ich glaube, es war die Begegnung mit Alan und das Gefühl für das Problem in ihm, welches mir zum Bewußtsein brachte, daß es Gemeinschaften gibt, die mit Absicht darangehen, die Zeit, von der wir so wenig haben, totzuschlagen. Als die Sonne hinter dem Berg unterging und die dunklen Schatten wie eine Flut um das Klubhaus heraufkamen, war es, als hätten wir unsere Absicht so gut erfüllt, daß ein leiser, nebliger Geruch von Tod mit heraufstieg.

An dieser Stelle und in diesem Augenblick beschloß ich, daß ich keinen Tag an meine Reise verschwenden wollte. So schnell ich nur konnte, würde ich in das Gebirge und über mein Plateau kommen. Und dann: fort von Afrika.

Als wir in dieser Nacht wieder zu Hause waren und vor einem Holzfeuer saßen, während Argyle vor Wärme und Glück mit geschlossenen Augen auf Alans Schulter schnurrte und ein Geruch von bratendem Fleisch auf Holzkohlen aus der Küche hereindrang, erklärte ich Alan, wie wichtig es mir sei, meine Arbeit so schnell wie möglich zu Ende zu bringen. Es war für ihn bezeichnend, daß er ohne Zögern Argyle von seiner Schulter nahm, mir reichte und wortlos aus dem Zimmer ging, um zu telefonieren.

„Ich habe mit Zomba gesprochen und dort erwarten sie Sie morgen", sagte er beim Zurückkommen. „Es paßt ganz gut, weil ich Golf spiele. Ich habe auch Boyd in Mlanje angerufen. Er hatte Sie eben anläuten wollen. Er hatte schon vom hiesigen Provinzkommissar gehört. Er wird Sie am Montag sehen und alle nötigen Vorbereitungen treffen. — Wie wär's jetzt mit einem Happen Essen?"

In dieser Nacht ging ich mit 39,8 Grad Fieber ins Bett. Weil ich im Leben schon so oft Malaria gehabt hatte, nahm ich eine starke Dosis Chinin. Ich war trotzdem nicht über meinen Körperzustand beunruhigt. Ich bin physisch sehr kräftig, sonst hätte ich auch vieles nicht überlebt, was mir widerfahren ist. Ich zweifelte nicht daran, daß das Fieber vorübergehen würde, ohne meine Kräfte zu schwächen. Ich erwähne es überhaupt nur, weil es für mich im Zusammenhang mit der Reise einen tieferen Sinn hatte. Ich habe Fieber vieler Art in mancherlei Gegenden und Umständen gehabt, und ich glaube, ich kann jetzt unterscheiden, wann deren Ursache rein physisch ist und wann nicht. Obwohl ich Chinin einnahm, war ich diesmal sicher, daß mein Fieber keine direkte körperliche Ursache hatte.

Für mich ist das Auffallende an Fiebern deren geheimnisvolle Verbindung mit unserem Sinn für Zeit und Raum. Es ist, als verkörpere man in seinem Selbst alle Zeit, die gewesen ist und die je sein wird, und als ob das Fieber ein Ausdruck oder der Träger ist für die Macht, die uns aus einem Zeitzusammenhang in einen anderen zwingt. In dem Augenblick, in dem die Temperatur nicht mehr normal ist, hört das Ich auf, gegenwärtig zu sein. Schon lange hatten mir ernste Krankheiten die Überzeugung vermittelt, daß ich in einer früheren Zeit und in einem früheren Ich gewesen sei, und dieses Gefühl hat sich durchgesetzt, obwohl ich unfähig war, es zu analysieren oder zu erklären. Deshalb bin ich zur Überzeugung gelangt, daß im tiefsten Sinn unser Lebenskampf in einer Region und in einem Geist geführt wird, für die wir wenig bewußtes Verständnis haben. Und es ist besonders bewegend, daß, wenn die Schlacht am wildesten ist, alle zurückgelassenen Stadien des Lebens vom Lebensschleim bis zum Ur-Farn, von der Amöbe bis zum Dinosaurus eingesetzt werden, um gerade das zu erhalten, wovor sie selbst einst versagt haben.

Ich glaube, es ist die unterirdische Erinnerung an diesen großen Dienst, der so selbstlos von weniger bevorzugten Formen des Lebens ausgeübt wird, der den Kranken auf ihrem Weg zur Gesundung so intensiv das Gefühl vermittelt, als hätten sie am Geheimnis aller Lebewesen teilgenommen. Aus dem Herzen einer solchen Erinnerung kommt die Empfindung, daß die Welt von Bedeutung gerundet und geladen ist. Die Erinnerung daran ist wie ein Meer, neben dem der wiederkehrende Geist wandelt. Aus ihm kommen die Tränen des Dankes, welche die Augen des Genesenden erfüllen, der zum erstenmal wieder wahrnimmt, wie eine Biene um Honig auf eine Blüte fällt oder eine Pappel vor Entzücken unter der Berührung eines Juni-Lüftchens erzittert.

Der Himmel weiß, daß ich ein Erlebnis, das schon so weit jedem Sagen entzogen ist, nicht noch dunkler machen will, aber ich würde dem, was die Reise für mich bedeutete, nicht ins Auge schauen, wenn ich nicht betonen wollte, daß es an dieser Stelle und zu dieser Zeit — oder wohin immer man mit seinem Fieber gehen mag — so war, als kämen Vergangenheit, Gegenwart und Zukunft so eng zusammen, daß sie eins werden. Die Vergangenheit wird, wenn sie wirklich wieder heraufbeschworen ist, zur lebendigen Zukunft, die Gegenwart ist eine Brücke zwischen ihnen.

Ich möchte nur kundtun, daß die Zukunft begonnen hatte, in meinem Blut ein neues Muster zu bilden, und daß das Fieber anzeigte, wo das Bemühen darum, es mir klar zu machen, einzusetzen hatte.

ZEHNTES KAPITEL

Am andern Morgen fühlte ich mich sehr schlecht, aber das Gefühl der Dringlichkeit, das mich in dem Klub überkommen hatte, war nur um so schärfer. Deshalb stand ich früh auf, führte pflichtgetreu das Programm, das ich mir vorgenommen hatte, aus und war dankbar, im Verlauf des Tages zu fühlen, wie das Fieber mein Blut verließ.

Ich machte meine offiziellen Besuche, schrieb meinen Namen am Tor des Regierungsgebäudes in ein Buch ein, das wie eine Stuart-Bibel aussah, und war imstande, mich leichten und erwartungsvollen Herzens zu Martin Boyd, dem Distriktkommissar in Mlanje, aufzumachen.

Den Wagen fuhr ein riesiger Afrikaner, der Alexander Dougherty-Jackson Btahat-Labambekulu hieß, der mich aber vernünftigerweise bat, ihn nur Jackson zu nennen. Er chauffierte mit seligem Gesichtsausdruck und war offenbar sehr für Schnelligkeit. Als wir bei Limbe über die Berge kamen und ich meinen ersten Blick auf den Mlanje tat, befahl ich ihm, anzuhalten. Er war durch den Befehl richtiggehend gekränkt. Aber man muß einfach stehenbleiben, wenn man den Mlanje das erstemal sieht. Ich würde jedesmal wieder stehenbleiben. Es ist einer der ganz großen Anblicke von Afrika. Arbuthnot hatte nicht übertrieben, als er ihn „schrecklich, großartig, verzaubert" nannte. An diesem Montagmorgen war er besonders eindrucksvoll.

Am Himmel war nicht eine einzige Wolke, und ich konnte den Berg so klar, so deutlich, in so genauen Einzelheiten sehen, daß es schwerfiel, zu glauben, daß er nicht zehn, sondern vierzig Meilen entfernt sei. Zwischen ihm und mir lag eine riesige, eintönige Ebene, von der Sonne schwarz-braun und golden gebrannt, mit Bäumen und Falten, die von Hitze und Dürre verdreht, ausgetrocknet, gekrümmt und überglänzt waren. Aus dem allen erhob sich ganz gerade der Mlanje. Er stand 2000 Meter hoch senkrecht wie eine Mauer, sprang dann ein wenig in sich selbst zurück und stieg dann noch einmal gut tausend Meter gerade in die Höhe. Dreißig Kilometer oder noch mehr Gebirge lagen mir gegenüber jenseits der riesigen, vibrierenden Ebene. Ich konnte nirgends einen Bruch oder einen Spalt sehen, der einen möglichen Weg nach oben angezeigt hätte. In der Morgensonne war der Berg dunkelblau, purpurn und golden, mit einem höchst eleganten, Schiaparelli-artigen Schal aus Nebel um die Schulter seines höchsten Gipfels.

„Geht der Bwana auf den Mlanje?" fragte mich Jackson. „Ja!" sagte ich.

„Auck!" rief er aus und schüttelte sich vor Lachen.

„Warum lachst du, Jackson?" fragte ich, „und was bedeutet dein ‚Auck'?"

Aber er lachte nur noch mehr, bis auch ich davon angesteckt wurde.

Als wir uns dem Gebirge näherten, wurde es grüner und weniger blau. Es war offenbar gut bewässert. Eine tiefe, dunkle, dicht bewaldete Schlucht, die plötzlich unter einem Felsmassiv von 650 Meter Höhe aufhörte, wurde sichtbar. Die innersten Gipfel verschwanden. Wir überquerten ein paar Flußläufe mit klarem Bergwasser, aber die Ebene blieb uns treu. Es war erstaunlich, wie abrupt, gleich den Mauern einer byzantinischen Festung, das Gebirge aus ihr aufstieg.

Dann fuhren wir durch einige große Teeplantagen, die das selbstzufriedene Grün Indiens und Assams in die grelle, metallische Farbwelt Afrikas mischten. Anderthalb Stunden nach der Abfahrt von Blantyre machten wir vor Martin Boyds *boma* halt. Sie war an der Fahnenstange und am Union Jack zu erkennen. Gebäude und Fahne sahen gegen die riesige Masse des Bergs einigermaßen unbedeutend und verloren aus. Seine senkrechten Wände, die vor Wasser glänzten und mit Moos bewachsen waren, beherrschten ganz und gar die Plantagen, die Gebäude und den Streifen üppigen Grüns zu seinen Füßen.

Ich für meine Person habe immer verstanden, warum Menschen, die dauernd zwischen Bergen leben, es notwendig finden, diesen Persönlichkeiten zu verleihen und ihnen menschliche, wenn nicht gar christliche Namen zu geben. Der Berg hatte in diesem Augenblick einen starken, grauen, bezwingenden, juraharten Charakter und den Ausdruck eines schlecht unterdrückten Zornes, eine Art von versteinertem, brontosaurischem Zähneknirschen, vor dem alles geduckt und furchtsam war. Auf meine Sinne wirkte er wie ein Riese, der durch die Zeit schritt und dem die Ebene wie ein Bastard auf dem Fuß folgte. Ich hätte gerne gewußt, was ‚Mlanje' bedeutet.

Boyd konnte es mir leider nicht sagen. Aber sonst war er in jeder Beziehung sehr hilfreich. Er nahm mich reizend auf und, was mehr ist, half mir mit Intelligenz und großer Freundlichkeit.

Er war selbst nicht auf dem Berg gewesen. Es sei ihm nie gelungen. Ich möge den *bumf* auf seinem Schreibtisch ansehen, sagte er mit einer verzweifelten Geste. Wie oft sollte ich dieser Geste in Njassaland noch begegnen; wie gut war sie mir in ganz Afrika bekannt! Boyd hatte einen der größten, dichtest bevölkerten Distrikte im Land.

„Ich müßte eigentlich jetzt bei den Leuten sein", sagte er. „Ich müßte es immer sein, aber ich kann nicht, dank diesem blöden, sinnlosen *bumf*, den wir von Zomba bekommen. Ich habe schon für das Wesentliche keine Zeit, viel weniger für Bergsteigen."

Er versprach, daß er mir bis zum Donnerstag Träger für zwei Wochen auf dem Gebirge besorgen würde, selbst wenn er dafür sein Gefängnis leeren müsse. Es werde schwierig sein, aber doch geschehen. Er versprach weiter, mir sein eigenes Zelt zu leihen und mir einen guten Koch und Boy zu besorgen. Ferner wollte er an Dicky Vance, den Forstbeamten, der am intensivsten mit dem Berg zu tun hatte, einen Brief schreiben. Er nahm an, daß Vance, seine Frau und ein zwei Monate altes Baby gerade im Waldgebiet des Gebirges seien. Er wollte sie ausfindig machen und sehen, daß Vance mich unterstützen würde.

Dann blickte er mich an, genau wie vor ihm Arbuthnot, und sagte: „Wissen Sie, Vance ist auf Bäume tödlich versessen. Er ist in bezug auf Wälder ein wenig fanatisch, und dieser Berg ist für ihn die Welt. Aber ich glaube, daß Sie ihn gern haben werden."

Wieder hatte ich das Gefühl, gewarnt worden zu sein, hielt es aber für besser, das Thema nicht weiterzuführen.

Dann lud mich Boyd zu einer Mahlzeit aus vier Gängen in sein Haus ein. Ich war immer wieder erstaunt, wie gut die Leute in Njassaland aßen und was für gute Weine und Sherrys sie zu ihren Speisen hatten.

Plötzlich, mitten im Mittagessen, kamen die Wolken herunter, und es fing an, heftig zu regnen.

„Darauf müssen Sie auf dem Berg sehr achten", sagte Boyd, „das Wetter wechselt wie der Blitz. Dort drüben, vierzig Meilen innerhalb von Portugiesisch-Ost, ist ja noch so ein großer rauher Berg, der Mount Chiperone. Wenn der Wind so in einer Sekunde aufkommt, bringt er böses Wetter, meist in Zyklen von fünf oder zehn oder fünfzehn Tagen. Wir nennen ihn den Chiperone, und er kann teuflisch sein. Um Himmels willen, schauen Sie dort oben auf dem Gipfel danach aus."

Ich sollte tragische Veranlassung erhalten, an diese Bemerkung zurückzudenken. Aber im Augenblick nahm ich sie nur locker auf. Was mich viel mehr beschäftigte, waren die ständigen Hinweise auf des Forstbeamten Liebe zu den Bäumen des Mlanje, die in meinen Gesprächen mit den Behörden auftauchten. Beim Wegfahren von den Boyds kam mir die Idee, daß ich auch noch Quillan, den obersten Forstoffizier der Provinz, besuchen könne.

Bei Limbe ließ ich den Wagen auf demselben Hügelrücken am Rand der Ebene wieder anhalten. Doch wie verändert war jetzt der Berg!

Von der portugiesischen Grenze her rollten schwarze Wolken um den Fuß des Mlanje und stiegen wie vulkanische Explosionen an seiner Flanke hoch. Der höchste Gipfel hatte die dunkelste Wolke durchbohrt und schien sie triumphierend im Kreise zu wirbeln. Aber während ich noch zusah, rollte eine ganze Ansammlung von Wolken heran und machte ihn unsichtbar. Dann beobachtete ich etwas sehr Sonderbares: die Wolken rückten nicht weiter über den Berg vor, sie hatten eine Hälfte mitsamt dem höchsten Gipfel in ihrem Besitz und schienen zufrieden, hier zu bleiben, um ihre bedrohliche Stellung zu festigen. Doch die östliche Hälfte des Berges blieb erstaunlich klar und zog im fallenden Nachmittag wunderbare Farben und Töne in ihren Bereich. So sah der Berg in sich selbst gespalten aus; die eine Hälfte war dunkel und stürmisch, die andere hielt ihr schimmerndes Haupt über den Abend.

Der unverbesserliche Jackson, der mich wie hypnotisiert auf den Mlanje starren sah, fragte noch einmal:

„Bwana! Gehen wirklich auf den Mlanje?"

Wieder antwortete ich mit ja, und wieder lachte er, als habe er noch nie etwas so Komisches gehört. Noch im Weiterfahren behielt er sein Lachen.

Quillan war nicht zu Hause. Als wir wieder in Blantyre waren, sagte ich zu Alan: „Was ist denn mit euren Forstleuten los, was ich wissen müßte? Ich habe das Gefühl, als würde ich taktvoll gewarnt, daß mein Kommen ihnen nicht recht ist." Dann beschrieb ich ihm genau, wie dieses Gefühl zuerst im Gespräch mit Arbuthnot aufgekommen war und heute von Boyd bestätigt zu werden schien.

Er sagte mir, ich solle mir gar keine Sorgen machen und fügte großherzig und beruhigend hinzu, daß die „Forstjungs" und ich uns nur zu begegnen brauchten, dann werde jede Gefahr von Mißstimmungen schwinden. Es sei eben so: Njassaland sei sehr klein. Es gäbe da keine vertraulichen Mitteilungen im eigentlichen Sinne des Wortes, nur irreführendes, halbvertrauliches Geschwätz. Jedermann habe gewußt, daß ich kommen würde und hätte sich seine eigene Deutung über die Motive meines Kommens gemacht. Alan war der Meinung, daß die Forstbeamten fürchteten, ich würde entweder versuchen, ihnen den Mlanje wegzunehmen, oder aber ihre Pläne für das Gebirge unmöglich machen.

„Aber ich habe den Berg doch heute zum erstenmal gesehen. Wie könnte ich denn überhaupt!" rief ich aus, „ich habe noch gar keine Vorstellung von ihm."

Ja, das wisse er. Aber so sei es eben. Quillan und Vance seien ganz ausgezeichnete „Jungs", aber er glaube, so etwas stecke hinter ihren Gedanken. Sie seien natürlich in bezug auf den Mlanje etwas fanatisch. Ich wisse doch, wie Forstleute seien.

„Offenbar Leute, die den Wald vor Bäumen nicht sehen", unterbrach ich ihn mit einiger Heftigkeit, denn ich hasse vorwegnehmende Urteile.

Alan brach in Gelächter aus, und ich lachte mit.

„Aber im Ernst", sagte er, „warum reden Sie nicht mit Quillan. Er ist der oberste."

Daraufhin berichtete ich, daß ich Quillan auf dem Rückweg von Mlanje in seinem Büro besuchen wollte, daß er aber aus war.

„Das wundert mich nicht, er haßt Büros", sagte Alan. „Soviel wie möglich ist er draußen, weil er seine Bäume und seine Arbeit wirklich liebt."

Ich traf Quillan aber früh am folgenden Morgen doch an. Ich war so entschlossen, ihn diesmal zu sprechen, daß ich vor ihm in seinem Büro war. Wie Alan prophezeit hatte, ging alles gut. Ich hatte ihn sofort gern. Es ist nicht schwer, Menschen zu mögen, vorausgesetzt, daß in ihrem Leben etwas ist, was sie selbst gern haben. Gernhaben erzeugt Gernhaben. Die schwierigen Menschen sind die großen Kritiker, die Leute, die im Leben nichts finden, was sie gern haben können.

Peter Quillan gehörte keineswegs zu dieser Sorte. Er war ein großer, kräftiger Freiluftgeselle, dem seine Arbeit Genuß war, der das Land liebte und der, wie ich später entdecken sollte, eine Familie hatte, welcher er zärtlich zugetan war. Aber er war nicht ohne Mißtrauen mir gegenüber.

Gleich am Anfang gab es einen peinlichen Augenblick, als er brüsk erklärte: „Bevor wir beginnen, sage ich am besten gleich, daß ich hoffe, Folgendes ist Ihnen klar: der ganze Mlanje gehört uns, und wir haben die Absicht, aus ihm das beste Waldschutzgebiet im Land zu machen."

Ich sagte mit Festigkeit, daß mir nichts dergleichen klar sei, und daß es auch nicht meine Sache sei, es mir klarzumachen. Mein Auftrag bestehe darin, mir den Mlanje genau anzusehen, und da Quillans Amt ein tiefes Interesse an dem Berg nehme, auch offenbar das einzige sei, das sich je mit ihm beschäftigt habe, hätte ich gehofft, seine erfahrenen Ratschläge, wenn nicht seine Hilfe und seinen Segen zu erhalten. Ich selbst hätte keine voreingenommenen Ideen über den Berg. Ich hätte ihn nie gesehen, und mein einziger Plan bestehe darin, eine Weile mit dem Berg zu leben, auf daß sein Wesen mir, wenn überhaupt, seinen eigenen Plan eingebe. Im übrigen sei ich, obwohl kein Forstmensch, selbst auch recht auf Bäume versessen; nicht nur liebte ich sie und glaubte, die Welt und Afrika sollten ihrer mehr haben, sondern in gewissem Sinn sei ich ihnen auch tief dankbar, denn im Krieg seien die Wälder und Dschungel von Abessinien oft monatelang mein einziges Zuhause gewesen.

Daraufhin sah mich Peter Quillan, wie mir schien, einigermaßen erleichtert an und fragte: „Hätten Sie etwas dagegen, wenn ich mitkäme?"

Ich sagte, ich würde entzückt sein und könne mir gar nichts Schöneres vorstellen, als alles zusammen zu besichtigen. Außerdem wäre es die beste Art, sowohl uns als auch den Mlanje gegenseitig dauernd im Sinn zu haben.

Quillan war selig wie ein Schulbub, der unerwartet einen halben freien Tag bekommt und fragte eifrig: „Wann geht's los? Was soll ich mitbringen?"

Ich fragte, ob ihm der Donnerstag zu früh sei. Er sagte: „Mein Lieber, ich würde sofort aufbrechen. Es juckt mich seit Monaten, wieder den Fuß auf den Berg zu setzen. Und obwohl ich ihn so gut kenne wie irgend jemand, habe ich noch nie die ganze Runde gemacht. Beim Zeus! Wir werden es lustig haben!"

ELFTES KAPITEL

Von Peter Quillan ging ich vergnügter weg, als ich irgendwann seit meiner Abreise von London gewesen war. Und so machte ich mich fröhlich daran, meine Vorbereitungen für die Expedition auf den Berg zu treffen. Etwas in Afrika macht mich immer glücklich: die Stadt zu verlassen und ins Land, vor allem in unbekanntes Land, zu kommen. Das körperliche Vorhandensein Afrikas ist bei weitem das Aufregendste und Interessanteste an diesem Erdteil. Die Tragödie besteht darin, daß Afrika noch nicht die Menschen und Städte erzeugt hat, die seiner Größe würdig wären. Im Vergleich zu ihm selbst sieht alles andere blaß, gewöhnlich und vorstädtisch-spießig aus.

Es macht auch Vergnügen, die eigene Erfahrung und Phantasie gegen die rätselhaften Möglichkeiten und Verknüpfungen von Gegebenem und Notwendigem zu messen, die auf einer Reise durch Afrika entspringen können. Das ist fast, als säße man einem Gegner von gefährlichem Ruf beim Schachspiel gegenüber. Der erste Zug entscheidet schon das Ende. Während des Spiels mögen alle Bauern, Türme, Pferde und die Dame der Einbildungskraft und Initiative eingesetzt werden, — der Gegner aber schlägt nicht nur mit Berg, Strom, See, Wind, Regen und allen Elementen zurück, er benutzt auch die unvermeidlichen Verbiegungen, die man im eigenen tiefsten Innern hat, und alles im eigenen Ich, was auf Unglück und Verderben eingestellt ist.

Es ist gut, daß weder Quillan noch ich ahnten, wogegen wir diesmal ankämpfen mußten. Ich jedenfalls lief nur mit gespannter Erwartung in Blantyre von Laden zu Laden.

Zuerst bestellte ich Kisten, die eine Last von vierzig bis fünfzig Pfund für jeden Träger fassen sollten. Dann kaufte ich genügend Lebensmittel für drei Wochen ein. Quillan war der Ansicht, daß wir es in einer Woche schaffen würden, aber weil ich gegen Afrika immer mißtrauisch bin und weil weder Quillan noch sonst jemand bisher um das ganze Bergrund gekommen war, verdreifachte ich seine Schätzung.

Ich kaufte einige wunderbare Schinkenkeulen, Kränze von Ochsen- und Schweinewürsten, Büchsen Bully-beaf, was immer noch der beste Begleiter der Reisenden ist, Sardinen, Bohnen, Erbsen, einen Sack Kartoffeln, reichlich Zwieback und Kekse, Zucker, Tee, Kaffee, Kakao, Milchpulver, ein paar Büchsen Butter, eine Büchse Marmelade, ein paar Büchsen grüne Feigen und eine Büchse Kapstadter Stachelbeermarmelade. Ich erstand auch ein paar Überraschungen für Quillan und mich, und damit es auch wirklich Überraschungen würden, packte ich sie in sauberes, aber ordinäres nichtssagendes Sackleinen: das waren zwei Plumpuddings, eine zwei-Pfund-Schachtel Pralinen, mandelgefüllte Datteln und achtundzwanzig frische Jonathan-Äpfel.

Für meine Gäste packte ich eine Flasche Whisky und gegen die Kälte eine Flasche Kognak ein. Außerdem kaufte ich eine breite, aber nicht zu schwere Bratpfanne, eine Wasserflasche, Blechteller und Tassen, Messer, Gabel, Löffel, einen Büchsenöffner, eine große Taschenlampe, ein paar Sturmlaternen und eine große Rolle Manila-Seil. Mein eigenes Taschenmesser hatte ich mitgebracht, dazu eine Doppelflinte ausgeliehen, für die nun noch fünfundzwanzig Schrotpatronen und fünfundzwanzig Patronen Nummer 5 besorgt wurden. Drei warme Decken, ein Wettermantel mit extra dickem

Futter, ein Bodenbelag, dicke Socken und Strümpfe, ein dicker Polosweater, den ich seit zwanzig Jahren besaß, kamen ins Gepäck, dazu Nagelstiefel und Kletterschuhe, die ein paar Jahre zuvor in Australien angefertigt worden waren. Ich nahm auch ein Gebetbuch, einen Shakespeare, Merediths *Moderne Liebe* und — selbstverständlich — meinen Siegellack mit.

Dann kaufte ich Verbandszeug, Standardmittel und Sulfaguanidin, für mich etwas Chinin und für die Träger Paludrin. Ich war sicher, daß die Träger voll Malaria steckten und daß die kalte Bergluft sie herausbringen werde. Ich erinnerte mich auch daran, daß der Arzt während meines Aufenthaltes in Mlanje Boyd einen tödlichen Fall von Schwarzwasserfieber gemeldet hatte. Ich nahm ein paar Flaschen Wasserstoff-Superoxyd mit, weil nichts den Eingeborenen so von der guten Wirkung unserer Medizin überzeugt wie dessen harmloses, desinfizierendes Zischen auf der Haut — damit ist sein Kampf mit der Krankheit schon zum größten Teil bestanden —, außerdem noch eine große Flasche Rhizinusöl, das von allen Afrikanern geliebt wird. Ich war also gut versorgt.

Am Donnerstag sagte ich Alan bei Morgengrauen Adieu. Es regnete, und zu unserer großen Belustigung schmiegte sich Argyle, nachdem er mit uns bis zur Haustür gekommen war, einen Augenblick an meine Hose, setzte dann eine empfindliche Pfote auf die erste nasse Stufe, fuhr herum, als hätte ihn jemand gestochen, und raste ins Haus zurück.

Unterwegs machte ich bei der Bäckerei von Limbe Halt. Der griechische Bäcker war gerade dabei, seine Brote aus dem Backofen zu holen — schönes, rösches, weißes, mediterranes Brot. Der warme heimatliche Duft des Brotes, der die ältesten Erinnerungen der zivilisierten Welt ausströmt, ließ, im scharfen Gegensatz zum

Geschmack des kalten Regens und der feuchten Erde, die schlafenden Häuser der Umgebung höchst verlockend erscheinen. Ich nahm acht Laibe mit glänzenden goldenen Krusten in die Arme. Sie wärmten mich durch meine Windjacke hindurch.

In Limbe traf ich Quillan. Beladen mit weiteren Vorräten, Bettrollen, Angelruten und Sturmlaternen, schloß er sich uns begeistert an. Kurz nach acht Uhr waren wir in Likabula, dem Forst-Depot am Fuß des Berges, etwa zwölf Meilen von Boyds *boma* entfernt.

Der Sprühregen war dicht. Nur der Fuß des Bergs war sichtbar. Aber Boyd hatte Wort gehalten. Die zwanzig Träger, ein Boy für mich und ein Koch, ein zart und ästhetisch aussehender Afrikaner, der unter anderem Leonhard hieß, warteten auf uns. Sie hatten das Zelt, das Boyd mir lieh, schon in Lasten eingeteilt. Ich bemerkte mit einigem Schrecken, daß sechs Mann nötig waren, es zu tragen, und beschloß sofort, mich seiner so schnell wie möglich zu entledigen. Wir verteilten die restlichen Lasten rasch unter den Trägern und schickten sie auf den Pfad voraus. Dieser Teil unserer Reise bis zum Forst-Depot in Chambe würde nicht schwer sein, sagte Quillan. Sie könnten den Weg nicht verfehlen. Die Schwierigkeiten würden später kommen.

Während er mit seinen afrikanischen Beamten am Depot sprach, blieb ich bei ihm zurück. Obwohl ich nur ein paar Meter abseits stand, war der nahe Wasserlauf, der vom Berg herabkam, so tosend, daß ich kein Wort verstehen konnte. Der Nebel und der Sprühregen wirbelten dicht um uns herum, doch konnte ich die Gegenwart des Bergs dahinter spüren, als atme er über meiner Schulter. Ich hoffte, der Anstieg werde in diesem Wetter nicht schwierig sein, auch Quillan hatte keine Zweifel. Hier könne er seinen Weg im Dunklen finden, sagte er.

Gerade als wir aufbrechen wollten, kam ein Läufer plötzlich aus dem Nebel über den Pfad auf uns zu, grüßte Quillan und gab ihm einen Brief.

„Hier!" sagte Quillan, „ich glaube, das ist für Sie."

Es war ein Brief von Dicky Vance in einer großen, offenen, impulsiven Handschrift, die ein wenig nach hinten zog, als bremse sie ihre offensichtliche Ungeduld.

„Lieber Oberst, meine Frau und ich sind auf einige Tage hier in Chambe im Forst-Depot und freuen uns darauf, Sie zu sehen. Wir werden natürlich alles tun, um Ihnen zu helfen, und ich habe jemand abgeordnet, der, wenn Sie über den ersten Bergrand kommen, nach Ihnen ausschauen und Sie zu uns bringen soll. Mit besten Grüßen Ihr R. Vance." Das R. Vance war schnell geschrieben, nachlässig, als gebe er ungern seine Unterschrift.

Daraufhin begannen Quillan und ich den Aufstieg. Der Anfang war leicht, und dafür war ich dankbar. Denn das Sitzen in Schiffen und Zügen und Flugzeugen war für ein solches Unternehmen kein geeignetes Training gewesen.

Es war sehr still und ruhig. Die Stille war das echte Schweigen der Berge, das Schweigen, das im unbeirrbaren und bleibenden Rauschen von Bächen und fernen Wasserfällen liegt, von Windstößen, die in die Blätter eines Bambus oder eines Baums fahren. Der Himmel weiß, was für Undinge die unberechenbare Sonne Afrikas jenseits dieses Bergs von Nebel und Wolken brauen mochte, aber auf unserem Pfad wußten wir nichts davon.

Weil der Aufstieg so leicht war, redeten wir im Gehen, oder vielmehr Quillan sprach über seine Schulter zu mir zurück, während er den Weg zeigte. So oft ihm etwas wichtig war, drehte er sich um und blieb stehen. Er redete gut, mit einem großen Gefühl für die Einzelheiten der Natur. Sein Erwachsenen-Dasein hatte er im kolonialen Forstdienst in Nigeria, Njassaland, auf Zypern und nun wieder in Njassaland verbracht. Er hatte in allen möglichen Arten von Wäldern und unter den verschiedensten Verhältnissen gearbeitet, aber mir wurde schnell klar, daß seine Lieblingswälder auf diesem Berge standen, den wir jetzt bestiegen.

Offenbar war Mlanje vom Standpunkt des Forstmannes einzigartig. Weder in Afrika noch sonst in der Welt gab es etwas Ähnliches. Es war wirklich eine Welt für sich, eine sehr alte, verlorene Welt von Bäumen, die sonst nirgends wachsen. Diesen Bäumen, sagte er, hatte man den Namen Zeder gegeben, Mlanje-Zeder — denn dem Laien schienen es Zedern zu sein. Aber es waren gar keine. Es waren Koniferen einer einmaligen, sehr alten Art. Sie hatten ihre Wurzeln in der ältesten der antiken botanischen Welten Afrikas. Ich würde sie bald sehen. Das heißt, ich würde sie riechen, bevor ich sie auch nur sah. Ihr Geruch erfüllte Tag und Nacht die Bergluft, füllte sie mit einem schweren, alles durchdringenden, aber köstlichen Duft einer verlorenen Welt, von einer Zeit und einem Dasein, das es sonst nirgends mehr gab.

Ihre Farbe sei ebenso einzigartig wie ihr Geruch. Natürlich war sie grün, aber wie kein anderes Grün, es war ein Schimmern des Olivgrüns von Zypressen und etwas vom Grün des griechischen und kaukasischen Ilex darin und das Gewebe der kolumbianischen Konifere, das lebendige, elektrisierte Funkeln des afrikanischen Wacholder. In der Rinde, in den Venen und Adern dieser Bäume war ein kräftiger, gelber, harziger Saft von einer bestimmten Schwere und Dicke, die bei Koniferen ganz ungewöhnlich ist. Wenn man das Ohr an einen Baumstamm legte, war es fast, als könne man diesen dunklen, geheimnisvollen Lebensstrom aufwärts pochen hören, himmelan, vom tiefen, uralten Boden, vielleicht von der Ur-Erde Afrikas hinauf zur äußersten kleinsten Nadelspitze, die dreißig, vielleicht gar vierzig Meter hoch in der Sonne glänzte. So voll von diesem lebenspendenden Saft waren die Bäume, daß er sie sogar im Tod bewahrte: kein Insekt, kein Wurm, keine Ameise berührt auch nur das trockenste Stück ihres Holzes. Es war das einzige Holz in Afrika, das Ameisen widerstand.

Aber wenn es ins Feuer kam — das würde ich bald sehen —, dann war es so voll Leben, voll aufgespeicherter Energie aus einer anderen Welt, daß es buchstäblich in Flammen zersprang. Es verzehrte sich freudig und heiter, explodierte krachend zur Flamme ohne den finsteren Widerwillen gegn das Verbrennen von manchem anderen Holz, das Quillan hätte nennen können. Unglückseligerweise war das Feuer auch das Verhängnis der Zedern gewesen. Vor einigen hundert Jahren, als in den Ebenen um den Mlanje die ersten Menschen auftauchten, waren große Feuer über den Berg gefegt und hatten schlimme Verwüstungen in den aufnahmebereiten Zedernwäldern angerichtet. Sie, die Forstleute, waren gerade noch rechtzeitig gekommen, um die Reste zu retten.

Es war noch ein schönes Stück Wald da, genug, daß sie ihn ausbeuten konnten, um das erzielte Geld für die Verjüngung der Art zu verwenden. Aber was ich sehen würde, war eine Welt von Zedern auf dem Rückzug, eine Welt einzigartiger, unersetzlicher lebender Bäume, die in einem verzweifelten Nachhut-Gefecht gegen das Feuer und die Habgier der Menschen standen und Tag und Nacht so tapfer in den tiefsten, feuchtesten und entlegensten Gründen des Gebirges ausharrten. Ich könne doch sicher verstehen, warum sie der Bäume wegen so eifersüchtig und mißtrauisch seien.

Auf diese Weise stiegen wir eine Stunde lang bergan. Ich hatte gerade meine Strickjacke ausgezogen und nach der Uhr gesehen, als ich den ersten Jodler hörte. Es klang so, als seien wir im österreichischen Tirol oder in den Schweizer Bergen, und ich fragte Quillan, ob vielleicht noch eine Gesellschaft Europäer vor uns sei.

„O nein!" antwortete er lachend, „Europäer kommen, wenn sie es vermeiden können, nicht hierher. Das sind eingeborene Träger unserer Abteilung, die mit den gefällten Zedern herunterkommen. Sie rufen sich immer gegenseitig auf diese Weise, vor allem, wenn es neblig ist. Bald werden Sie sie erblicken. Es ist wirklich komisch, daß alle Berge einen zum Jodeln verlocken. Wir haben es diesen Kerlen nicht beigebracht. Es ist ihre eigene Idee. Es ist ihnen einfach gekommen — ein Geschenk des Bergs!"

Er erklärte, daß in Njassaland solch ein Mangel an gutem Holz herrsche, daß sie es per Hand zersägen und Stück für Stück auf den Köpfen der schwarzen Träger heruntertragen ließen.

„Es ist höllisch für sie", sagte Quillan, „aber sie haben nichts dagegen, und wir sind dazu gezwungen. Wir versuchen, es wieder gutzumachen, indem wir ihnen gut zu essen geben und soviel als möglich zahlen. Aber es gefällt uns nicht. Sobald Vance seinen Weg oben fertig hat, wollen wir es abstellen. Zur Zeit können wir mehr Träger haben als wir brauchen, weil eine halbe Hungersnot herrscht und die Leute essen wollen."

In diesem Augenblick stieg ein zweiter Jodler ganz in der Nähe gleich einem Vogel in die Luft. Ich bemerkte einen seltsamen, dicken, harzigen, würzigen, öligen Geruch, und Quillan sagte: „Bitte, gehen Sie vom Pfad herunter."

Zu unserer Rechten war offenbar ein tiefer, steiler Abgrund, also zogen wir uns an Baumschößlingen den Steilhang links des Pfades hinauf. Ich hörte, wie aus dem Nebel der Tritt schwerbeladener Füße herunter kam, dann ein schweres, heftiges Keuchen aus den letzten Lungenwinkeln, dann der Geruch von Menschenschweiß, der mit Harzduft gemischt war, und dann kam ein Eingeborener aus dem Nebel auf uns zu und balancierte einen schweren, zehn Meter langen Zedernstamm auf dem Kopf.

Mir kam es irgendwie falsch vor, daß er, beladen und keuchend wie er war, sich gezwungen fühlte, die Hand zu heben und „Morgen, Bwana!" zu sagen. Außerdem befand er sich unmittelbar am Rande des Abgrunds.

„Er bekommt am Tag vierzig Pfennig und etwas Essen, um das zu leisten", sagte Quillan. „Ich wäre verdammt, bevor ich es täte."

Von jetzt an begegneten wir Dutzenden von Trägern, die in regelmäßigen Abständen den Berg herunterliefen. Quillan achtete immer peinlich darauf, ihnen Platz zu machen. Wir redeten allmählich weniger. Der Pfad wurde steiler, und an manchen Stellen mußten wir außer den Füßen auch die Hände zu Hilfe nehmen. Ein Stück Weges führte über einen riesigen Abhang glatten Schichtfelsens, — Cyanit nannte ihn Quillan, glaube ich. Der Fels hatte über uns einen Winkel von 70 Grad. Unter uns fiel er senkrecht in den Nebel. Wir kletterten von einem unsicheren Moosstück zur nächsten Aloewurzel gefahrvoll über ihn weg.

Um halb zehn machten wir Halt, und jeder aß einen Riegel Schokolade. Es war viel kälter, und ich zog die Strickjacke wieder an. Der Nebel war dichter und schwärzer, so wie im November in England. Genau um zwölf Uhr, drei Stunden nach dem Start, als wir uns mit Händen und Füßen gerade an einem besonders steilen Bergstück mühten, hörte ich im Nebel über uns Hunde bellen.

„Das sind die Hunde von Vance", sagte Quillan, „er wird uns wohl entgegenkommen." Und im Nebel schnuppernd fragte er: „Bemerken Sie etwas?"

Es war der schwere Geruch. So oft ein Holzträger vorbeigekommen war, hatte ich ihn schon bemerkt, diesen Geruch, dem ich noch nirgends begegnet war. Aber jetzt war er viel ausgeprägter. Ich nickte.

„Die Zedern", sagte er und atmete den Duft mit tiefer Befriedigung ein, „Zedern, wie ich Ihnen gesagt habe. Wir sind fast oben."

Kaum war der Satz gesprochen, da liefen zwei lebhafte, schlanke *ridge-back*-Hündinnen[1] aus einer schwarzen Wolke auf uns zu, sprangen einmal leckend an Quillan empor — wie, war mir ein Rätsel, denn ich konnte dort kaum aufrecht stehen — und jagten wieder in ihre Wolke zurück.

Ein Knirschen wie von Armeestiefeln kam näher. Ein junger Mann unter einem alten Hut von den *Kings African Rifles*, in einem Offiziers-Pullover, Khaki-Kniehosen, dicken Strümpfen und Stiefeln tauchte auf. Er war nicht groß, sondern mehr wie ein geborener Bergsteiger gebaut, mittelhoch, mit breiten Schultern und kräftigen Beinen. Er hatte ein freies, offenes Gesicht, graue Augen, die hinter dicken Gläsern ziemlich versteckt waren, eine vorstehende Nase und ein Kinn, das aussah, als sei es eher aus Erfahrung entstanden und nicht aus der Neigung, Entschlossenheit auszudrücken. Er hatte eine tiefe, feste Stimme, die ganz zu seiner Statur paßte.

Quillan stellte uns einander vor, als befänden wir uns in einem Salon und nicht in zweitausend Meter Höhe in den Wolken.

---

[1] Eine dobermannähnliche Rasse, die auf dem Rücken einen Streifen entgegenstehender Haare hat. Anm. d. Übers.

„Sie haben kein Glück. Es ist merkwürdig, daß der Berg sich heute so benimmt", sagte Vance, und in seinem Ton war ein leiser Vorwurf, so als sei ich an dem Wetterwechsel schuld. „Ich weiß nicht, warum der Mlanje Ihnen das antut. Bis jetzt war es hier in Chambe schön. Kommen Sie zum Haus herauf."

„Zum Haus herauf" war noch eine Kletterpartie von zwanzig Minuten und dann ein Weg von drei Meilen. Aber genossen habe ich jede Minute. Vance und Quillan gingen voran und redeten über die Angelegenheiten des Bergs. Ich folgte hinterdrein. Als wir am Rand anlangten, war es halb eins; die unsichtbare Sonne strahlte ihre größte Kraft aus, und der Nebel war etwa dreihundert Meter über uns aufgestiegen. Doch die Gipfel blieben immer noch bedeckt. Aber das Tal, das sogenannte Plateau von Chambe, das wir heraufgekommen waren, kam immer besser in Sicht. Ich verstand sofort, was Arbuthnot gemeint hatte, als er sagte, es sei wie eine Schlucht in Schottland. Es war vollkommen anders als das Afrika, das wir unten gelassen hatten.

Das Tal war mit langen Korn-, Hafer- und Gerstengräsern bewachsen, deren frühe Winterfarben goldgrün und purpurn wirkten. Durch das Tal flossen von allen Seiten hinter Anhöhen, Hügeln und kleinen Erhebungen kristallklare Bäche, wahrscheinlich die Bäche mit Regenbogenforellen, von denen ich schon so viel gehört hatte.

Zuerst glaubte ich, es müßten Palmen an den Bachufern stehen, aber bald wurde mir klar, daß es riesige Baum-Farne waren, die letzten Überreste der großen Zedernwälder, die auch in diesem Tal gestanden hatten. Der Geruch der Zedern selbst war jetzt sehr stark. Bald erblickte ich sie auch, genau wie Quillan sie so lebensvoll geschildert hatte, — zuerst nur in kleinen Gruppen, die in merkwürdige, abgelegene Winkel des Tals zurückgedrängt waren. Im Weiterschreiten zeigte sich jedoch mitten im Tal selbst eine große Kluft mit einem dunstigen, brütenden, abweisenden Zedernwald. Ringsum an den Rändern waren ihre Äste schwer behangen mit langen Girlanden und Schleiern von Flechten und Moosen.

„Sind sie nicht herrlich?" fragte Vance mit seiner klaren Stimme und so stolz, als habe er sie selbst erfunden.

Er zeigte mir die Straße, die er vom Wald bis an den Rand des Plateaus anlegte, damit alle schwere Männerarbeit an dem Holz ausgeschaltet werden könne.

„Ich habe mit den Kerlen unter denselben Decken geschlafen", sagte er und deutete auf einige schwarze Träger, die, von den Stämmen auf ihren Köpfen niedergebeugt, vorbeigingen. „Ich mag sie gern und kann nicht vertragen, daß sie dies tun müssen."

„Wann war das? Im Krieg?" fragte ich.

„Ja. Oftmals in Birma", war seine Antwort. „Ich war bei der westafrikanischen Division im Bataillon Njassaland, den königlich afrikanischen Gewehrschützen. Arakan[2]! Großartige Kerle."

„Hier ist es wunderbar schön, nahezu vollkommen. Es könnte irgendwo in Europa sein", sagte ich und war mir dabei bewußt, daß ich nur eine Halbwahrheit aussprach; aber die ganze war mir noch nicht aufgegangen.

„Ja", sagte er mit einem warmen Blick übers ganze Tal. „Ja. Es ist ganz vollkommen."

Quillan rief uns zu sich hinüber. Er stand auf einer Brücke, die Vance aus abgelagerten Zedern von einem wunderschönen, pazifikähnlichen Perlgrau gebaut hatte.

„Warum haben Sie die Stämme so weit auseinander gesetzt?"

„Um Zedern zu sparen", entgegnete Vance.

„Na, ich meine, das war etwas unnütz", sagte Quillan

[2] Ein Abschnitt in Süd=Birma. Anm. d. Übers.

gar nicht unfreundlich. „Das Schiff wegen einem halben Pfennig Teer verderben[3]. Das wird schwere Stöße geben, wenn Sie Ihren Traktor heraufbekommen."

Im Gesicht von Vance veränderte sich nichts, aber in der geheimnisvollen Weise, in der ein Wechsel der inneren Stimmung menschlicher Wesen sich äußert, war zu fühlen, daß die Bemerkung ihn, außer allem Verhältnis zu ihrem Ton und Inhalt, tief gekränkt hatte.

„Ich werde es ändern, wenn Sie wünschen", sagte er mit einer gleichmäßigen, unbewegten Stimme. „Ich wollte Zedern sparen, das ist alles. Aber wenn Sie wollen, werde ich es ändern."

Im Reden hatte Vance seinen Hut abgenommen, und die helle kalte Luft im Tal bewegte sein blondes Haar. Plötzlich sah er phantastisch jung und verletzbar aus — viel zu jung für die graue, alte, vormenschliche Welt um uns. Mir war, als könne ich sehen, wie der erwachsene Teil seines Geistes sich ganz tief hinunterbeugte, niederkniete und sich um die Verletzung eines kleinen, verlassenen Buben kümmerte. Nachdem das geschehen war, richtete er sich auf. Sein erwachsenes Kinn nahm die entschlossene Haltung an, und nochmals sagte er in einem verdächtig gleichmütigen Ton: „Ich werde es ändern, wenn Sie wünschen."

„Ach, ums Himmels willen, nein! Ich habe nur an die Zukunft gedacht. Aber an Ihrer Stelle würde ich es nicht noch einmal so machen", antwortete Quillan.

„Gut! Wollen wir dann gehen." Vance schaute an uns vorbei auf die Zedern. „Ich glaube, der Nebel wird sehr bald wieder unten sein."

Ich glaube nicht, daß Quillan ahnte, was seine Bemerkung angerichtet hatte. Fröhlich schritt er weiter. Der Zwischenfall war wahrscheinlich in seinem Sinn schon ausgelöscht.

[3] Englisches Sprichwort. Anm. d. Übers.

Aber ich hatte noch einmal das Gefühl, als sei der Vorfall eine Art Warnung. Ohne mein bewußtes Zutun verknüpfte er sich mit den verschleierten Andeutungen von Arbuthnot und Boyd. Ich hatte das beunruhigende Gefühl, daß meine bloße Anwesenheit schon ein Einbruch in die privateste und intimste Sphäre eines Menschen war und daß Quillan und ich nicht auf einer neu gebauten Straße eines wilden afrikanischen Berges liefen, sondern über die Grenze hinweg und in den Traum eines anderen Menschen. Plötzlich hatte ich den Wunsch, daß ich nicht hätte kommen müssen, und mein Herz war von Vorahnung schwer.

Bis wir den Weg inspiziert und die Aussicht bewundert hatten, war es fast drei Uhr, und wir alle waren froh, auf dem kürzesten Weg zur Forsthütte zu gehen.

Sie stand auf einem grasbedeckten, goldfarbenen Hügel im mittleren Einschnitt des Tals, — ringsum ein breiter klarer Bach und ein dunklerer Kranz von riesigen Zedern. Das Nachmittagslicht färbte sich purpurn, und der Hügel sah wie ein schmuckloses Stück Sammet in einer Krone metallener Zedern aus. Auf jeder Seite des Baches waren lange Hänge mit goldenem Gras, die sich drei Meilen weit hinstreckten, wo senkrechte, harte, glattglänzende Felsen sich tausend Meter über der Talsohle reckten. Um die Spitzen der Felsklippen hingen schwer die Nebel.

Die Hütte selbst war aus einem Fachwerk von Zedernbalken und Verputz gebaut, das Dach mit Zedernschindeln gedeckt. Hinten gab es eine kleine Veranda aus Zedernholz, Böden aus Zedernbrettern und dazu ein paar rohe Zedernholz-Möbel. Zedernstämme brannten im Feuer. Ihre Flamme und ihr Rauch fügten in die kalte Luft ihre eigene Variante des allgegenwärtigen Dufts. Der Rauch stieg vielleicht hundert Meter gerade in die Höhe, wurde unsicher und bog dann langsam zurück, so daß er aussah wie ein federleichtes Fragezeichen, das auf das Dach gesteckt war.

„Wie finden Sie es?" fragte Vance und wies mit besitzstolzem Finger darauf.

„Ich muß Sie beglückwünschen, daß Sie den einzigen echten Tudorbau besitzen, den ich in Afrika gesehen habe. Es sieht entzückend aus und genau richtig", erwiderte ich und war glücklich, als das Lachen in ihm wieder die Oberhand gewann.

„Donnerwetter! Sie haben recht", sagte er, „es ist ein bißchen wie Alt-Rothenburg. Ich muß das Val sagen."

Seine Frau, Valerie Vance, sowohl von ihm wie von Quillan „Val" genannt, hatte, als wir ankamen, gerade ihr zwei Monate altes Baby Penelope gefüttert. Das Kind lag schlafend in einem Weidenkorb auf dem Tisch neben dem Feuer, dessen flackernder Schein ein faltiges kleines Gesicht mit fest geschlossenen Augen beleuchtete. Das Zimmer lag warm und fröhlich durch die Flamme und das knasternde Flackern der brennenden Zedernstämme in einer Art von Zwielicht. Meine Haut prickelte vor Wärme. Der Raum war sowohl Eßzimmer wie Küche. Es gab nur noch ein weiteres Zimmer in der Hütte. Val selbst war dabei, über einem offenen Feuer für uns Essen zu kochen.

Als sie uns, vom Feuer erhitzt, entgegenkam, dachte ich: wie sehr jung sie aussieht — kaum mehr als ein anziehendes, lebhaftes Schulmädchen. Das Licht von der Tür hinter mir lag auf ihr, als sie mir die Hand entgegenstreckte. Sie hatte klare Augen und eine Haut, die aussah, als hätte sie nie woanders als in den Bergen gelebt. Sie wirkte wie ein im tiefsten zufriedener und glücklicher Mensch, doch gab sie mir die Hand nur schüchtern und — wie ich fürchte — mit einer Art furchtsamer Zurückhaltung, die ich nicht durchdringen konnte.

Quillan begrüßte sie zuversichtlicher, aber ganz unpersönlich.

„Sie werden mir verzeihen", sagte sie in ganz sachlichem Ton, „wenn ich weiterkoche. Dicky hat seit dem Morgengrauen nichts mehr gegessen, und Sie müssen auch hungrig sein."

„Könnt ihr zwei denn nicht einen Dienstboten bekommen, der für euch kocht, Val?" meinte Quillan. „Für dich ist es zuviel. Wenn es euch nicht gelingt, werde ich zusehen, daß ich sofort jemand besorge."

Val stand vom Feuer auf, drehte sich zu ihm herum, sah ihn langsam und zwar schüchtern, aber entschlossen an und sagte: „Ich will keinen Dienstboten, danke. Dicky hat mir etliche gebracht, aber ich will sie nicht haben. Ich mag nicht, daß jemand anderes als ich für meinen Mann und mein Kind kocht. Ich will nicht einmal, daß jemand fegt oder die Betten macht. Ich möchte es selber tun. So wie es ist, ist es ganz vollkommen."

„Das ist durchaus wahr", fügte Vance hinzu, als unterstreiche er ein Naturgesetz. „Sie mag niemand anderen im Haus haben."

Wieder hatte ich das peinigende Gefühl des unerlaubten Eindringens, aber was konnte ich jetzt noch tun?

Obwohl sie mich höflich aufforderten, mit Quillan im Kaminzimmer unsere Betten aufzuschlagen, lehnte ich ab. Sobald wir etwas gegessen hatten, schlug ich mein Zelt auf einem ebenen Stück Gras etwa 70 Meter von der Hütte entfernt auf und richtete mich so unabhängig und selbstgenügsam wie möglich ein. Sie bestanden jedoch darauf, daß ich in der Hütte esse, und als Ausgleich brachte ich sie dazu, einige meiner Vorräte anzunehmen.

Am Abend verließ uns der Nebel. Er war offenbar ein reines Produkt der Sonne gewesen, der Verdunstung, welche die immense Hitze unten in den großen Ebenen erzeugt und welche sich in der kalten Luft um den Gipfeln des Mlanje verdichtet hatte. Aber sobald die Sonne verschwand, eilte der Nebel nach, und es wurde kalt.

Wir saßen alle eng um das Feuer und schauten zu, wie die wunderschönen Zedernstämme mit einem Eifer brannten, der noch der Welt angehörte, als sie jung war. Etwa um neun Uhr setzte Frost ein, und das Feuer sprühte dieselben selbständigen, kleinen, purpurnen Funken, bei denen die Farmer in England ausrufen: „Donnerwetter! Schau das Feuer an! Heut Nacht wird's aber frieren."

Wir, oder wenigstens Quillan und Vance, redeten über Bäume und Wälder und deren Probleme. Val und ich hörten zu. Ich war froh, nicht reden zu müssen, denn ich war müde; es war mir lieber, zuzuhören und zuzusehen.

Diese beiden Kinder, so kamen sie mir nämlich vor, interessierten mich ungeheuer. Ich hatte noch nie zwei Menschenwesen gesehen, die sich so ergänzten, so selbst genügten. Fast nie nahm sie ihre Augen von ihm, es sei denn, um Quillan oder mich einmal anzuschauen, um zu sehen, was für eine Wirkung seine Worte auf uns hatten. Er ließ sich von ihr bestätigen oder mitten in einer Erklärung unterbrechen und fragte: „War's nicht so, Val?" und so weiter. Nicht eine einzige Sekunde lang hörten sie auf, einer des anderen bewußt zu sein.

Als ich um zehn Uhr aufstand und „Gute Nacht" sagte, kam Vance noch ein Stück zum Zelt mit. Der Himmel war intensiv schwarz, absolut schwarz, falls es das gibt. Die Sterne waren ungewöhnlich groß und klar und so voll von Licht, als ob es — „wie in Kübeln", meinte Vance — überlaufe.

Die Nacht war von einem Knistern und Vibrieren der Sterne erfüllt, sie pochte sozusagen mit einer dringenden

Botschaft, einem schnellen, aufgeregten elektrischen Morse-Funk von Sternen.

„Es sieht aus", sagte ich zu Vance, „als ob Eure Sterne hier oben auch Zedernholz feuerten."

„Beim Zeus", gab er mit tiefem Lachen zurück, „es würde mich nicht wundern. Hab nie dran gedacht. Das muß ich Val erzählen."

Jetzt, da meine Augen sich an die Nacht gewöhnt hatten, sah ich den dunklen Umriß der Gipfel in drei Meilen Entfernung. Sie schienen viel näher zu sein. Wie kalt es war! Ich fühlte, wie Vance neben mir zitterte.

„Ich glaube, Sie sollten jetzt umkehren", sagte ich. „Es ist viel zu kalt, und ich bin schon fast da. Sehen Sie!"

Denn es war nun möglich, die Umrisse meines Zelts, das von einer Sturmlaterne schwach beleuchtet war, zu erkennen.

„Ja, es wäre wohl richtig, aber...", fing Vance an und hielt inne. Jetzt klapperten ihm auch die Zähne, und ich selbst zitterte auch.

„Ja?" sagte ich und wendete mich ihm voll zu.

„Ich hoffe, Sie haben nichts dagegen, daß ich etwas frage", sagte er mit ungestümer Schüchternheit, „ich hoffe, Sie haben nichts dagegen, aber, sehen Sie, Sie werden uns das alles doch nicht wegnehmen?"

„Wie könnte ich, warum sollte ich?" erwiderte ich.

„Ich weiß nicht", antwortete er unglücklich. „Ich weiß nicht. Aber man scheint zu glauben, daß Sie den Mlanje für etwas anderes als Forstwirtschaft benutzen könnten."

Ich beruhigte ihn so gut ich konnte. Ich sagte, daß ich den Mlanje noch nicht gesehen und noch keine voreingenommene Meinung über ihn hätte. Nach dem, was ich heute gesehen habe, sei es jedoch klar, daß sehr genaue Vorsorge für die Zedern und deren Verjüngung getroffen werden müsse, was immer sonst geschehen möge. Aber es sei doch offenbar ein riesiges Gebirge, und möglicherweise gebe es Raum für andere Dinge als die Zedern.

„Er ist groß genug", sagte er traurig ... „Er ist groß genug! Das ist das Unglück. Aber wissen Sie, alles andere, vor allem Schafe oder Kühe, würden ihn ruinieren. Sie würden nicht hingehören. Er müßte von einem Ende zum anderen wieder ganz mit Zedern bedeckt sein. So wie es einmal war."

Ich konnte im Dunkeln fast den Ernst auf seinem Gesicht sehen, und ich fühlte mich stärker berührt als ich beschreiben kann. Ich legte ihm die Hand auf die Schulter.

„Wir wollen keine Hindernisse nehmen, bevor wir sie überhaupt erreicht haben", schlug ich so sanft wie möglich vor. „Ich bin sicher, daß alles in Ordnung kommt. Auf alle Fälle werden wir dafür sorgen, daß es Ihren Zedern gut geht. Jetzt kehren Sie besser um. Es ist hier zu kalt für Sie. Ihre Zähne klappern ja wie bei einem Affen. Gute Nacht. Und, bitte, sorgen Sie sich nicht."

Ich blieb stehen und beleuchtete mit meiner Taschenlampe den Pfad für ihn, bis er wieder in der Hütte war. Ich wußte nicht warum, aber ich hatte ein banges Vorgefühl, während ich zusah, wie seine stämmige Bergsteigerfigur in der Hütte verschwand. Wieder fragte ich mich, warum früher oder später, immer wenn ich in Njassaland über den Mlanje sprach, solche Vorahnungen in mir aufstiegen.

Im Stehen war mir, als hörte ich in den nahen Zedern einen Leoparden husten. Vance hatte gesagt, daß sie auf dem Berg wimmelten, deswegen sperrte er jede Nacht seine beiden Hündinnen ein. Da war es wieder, ein erschrecktes, aufgeregtes, fast unwillkürliches Ausstoßen der Luft. Es war unverkennbar, und ich liebte es. Es ist eins der erregendsten Geräusche, die ich kenne.

Ich richtete meine Stablampe auf den Saum des Zedernwäldchens. Ich leuchtete um die festen Stämme herum und die geduldigen, aufstrebenden Längen hinauf bis in die stolzen, brütenden Kronen. Ich sah und hörte nichts, bis der Strahl fast am Wipfel eines Baumes einen Vogel aufscheuchte, der nun schweigend, wie eine Motte in Kerzenlicht, mit übertriebenem Flügelschlag aufflog. Aber ich war sicher, daß der Leopard da war und mit seinen Juwelenaugen die Nacht beobachtete. Ich hörte, wie die Hunde im Haus winselten. Auch sie waren beunruhigt. Dann kam von Vance ein tiefes „Ruhe! Legt euch, ihr beiden. Legt euch!"

Ich ging in mein Zelt, zog die Klappen zu und befestigte sie, stieg ins Bett und wurde von der Musik neuer Sphären in meinem Blut, vom Wellenschlag des Sternenlichts und vom Klirren des Frosts auf dem Zeltdach in den Schlaf gewiegt.

ZWÖLFTES KAPITEL

Den folgenden Freitag verbrachte ich damit, das Tal um die Hütte herum zu durchforschen. Das waren im ganzen etwa zwanzig Kilometer im Quadrat, und es war mir ein großer Genuß. Ich sammelte Proben von Gräsern, von Erde und von Pflanzen, und der Tag war so ausgefüllt und interessant, daß die Zeit im Flug verging. Nach Sonnenuntergang war ich wieder in der Hütte und traf die anderen vor dem Feuer an, wo sie riesige, dampfende Tassen heißen Tees tranken. Mir war, als seien Vance und seine Frau etwas weniger erschreckt und ihre Begrüßung etwas wärmer.

„Vance", sagte Quillan, „kommen Sie mit uns."

„Das ist fein", stimmte ich zu. „Aber können wir denn Ihre Frau und das Baby allein lassen?"

„Natürlich kann er", fiel Val schnell ein. „Er hat noch nicht die ganze Tour um den Berg gemacht. Er muß sie machen. Es ist ja seine Aufgabe, und er wird glücklich sein. Es ist eine wunderbare Gelegenheit. Wenn Penelope nicht da wäre, würde ich auch mitkommen."

Das hätte sie auch getan. Sie hatte ihren Mann auf all seinen Bergtouren begleitet.

Doch mir war dabei nicht wohl zumute. Ich hatte und habe kein so großes Vertrauen zu Afrika. Und das sagte ich auch. Aber alle drei waren gegen mich. Vance wollte bis zum Montag warten, weil da seine Förster von ihrem Wochenende in der Ebene zur Arbeit zurück sein würden. Dann wollten wir auf die große Tour gehen und die ganze Runde um das Gebirge machen.

Mittlerweile sahen sich Quillan und ich am Samstag und Sonntag die abseitigen, der Mitte fern liegenden

Teile des Berges an, die nicht in unsere Rundtour fielen. Wir gingen auf das größte der Bergplateaus, nach Luchenja; das war der Ort, wo die alte Dame, die „nur im Sinn von Njassaland exzentrisch war", sich einmal Kühe gehalten hatte.

Morgens um sieben Uhr dreißig zogen wir los und stiegen stetig aus unserem Tal auf, einen Grat entlang, der uns nach zwei Stunden auf einen Kamm brachte, welcher Chambe mit dem Hauptteil des Mlanje verbindet. Die Kletterei war nicht schwierig. Nur eine Stelle auf dem Kamm war unangenehm, wo wir über glatten, waagerecht geschichteten Fels klettern mußten und neben uns eine senkrechte Steilwand von gut tausend Metern hatten.

Gerade an dieser Stelle, erzählte mir Quillan, war Val auf ihrer ersten Entdeckungsreise in den Berg von einem Erschöpfungszustand befallen worden. Wodurch ihr gerade in diesem Augenblick die Müdigkeit so ins Bewußtsein gebracht worden war, würde sie nie wissen, aber der Drang, sich hinzusetzen, war derartig zwingend, daß sie gehorchen mußte. Es war dichter Nebel und Regen. Sie konnte kaum ihre eigenen Füße sehen. Doch als sie sich niederlegte, zerriß gerade ein Windstoß von den kalten Gipfeln den Nebel, und zu ihrem Entsetzen erblickte sie nur zwei Schritte von ihrem Pfad entfernt diese plötzliche, hinterhältig jähe Steilwand.

Der Rest des Kamms war leicht zu begehen, aber er war kaum einen Meter breit, — ein messerscharfer Rücken, der beiderseitig 1700 Meter tief abstürzte und die Verbindung zwischen riesenhaften Gipfeln bildete. Unser Ausflug am Samstag wurde großenteils durch Nebel verdorben. Luchenja ist ein gutes Stück höher als Chambe und daher noch stärker von Nebeln heimgesucht. Wir fanden einige wunderhübsche wilde Blumen in verschiedenen geschützten Einschnitten und

Tälern und brachten Arme voll zurück: weiße, scharlachrote, orangefarbene und purpurne Gladiolen, wunderschöne schneeweiße Glockenheide und dunkelpurpurfarbene Lobelien.

Zwei Erinnerungen an den Heimweg durch den Nebel werden mir immer bleiben.

Die erste: wie dunkel, kriegerisch und grollend der Schatten in den Zedernhainen war, durch die wir gehen mußten. Nachdem die Augen sich an das Licht gewöhnt hatten, waren überall die roten, blutenden, zerrissenen Stellen in ihrer Rinde zu sehen, wo die Leoparden alltäglich ihre Klauen schärften.

Und die zweite: unser Blick auf Chambe, als wir kurz vor Sonnenuntergang aus dem Nebel über den Grat kamen. In diesem Licht sah Chambe mit dem tiefen Rund seines Tales aus wie die riesige Glocke eines gestrandeten Schiffs auf einem entschwundenen Strandstück der Zeit, und wie eine Glocke sammelte es seine Geräusche und sein Schweigen und warf sie in einer ständig zum Himmel steigenden Spirale vor und rückwärts von einer grauen Wand zur anderen. So kamen sie am Grat, auf dem wir standen, vergrößert und verstärkt an. Sie hatten auf der weiten Entfernung, über die sie gekommen waren, nichts an Intensität verloren.

Plötzlich hörten Quillan und ich Stimmen, europäische Stimmen. Obwohl wir keine Worte unterscheiden konnten, war das Gespräch so nah, daß wir stehen blieben und uns umsahen. Zuerst war nichts zu sehen. Aber die Stimmen tönten weiter und klangen wie ein glückliches, ungestörtes, häusliches Samstag-Nachmittagsgespräch. Ich traute kaum meinen Sinnen, aber es waren die Stimmen der beiden Vance unten im Tal. Sie waren fast zwei Kilometer entfernt, bei der Brücke, an der Quillan vorgestern den Abstand zwischen den Zedernbalken bemängelt hatte. Natürlich konnten wir das, was sie sagten, nicht verstehen, aber das stetige Summen ihrer Unterhaltung, der Rhythmus ihrer Stimmen, die sich mit dem fernen Ton fallenden und fließenden Wassers vermischten, klang, als sei dies ein makelloser, in sich gerundeter Augenblick ihres Lebens. Nach einer Weile hängte Val sich im Arm von Vance ein. Sie gingen, immer weiter redend, zur Hütte zurück. Sie sahen wirklich aus, als spazierten sie am Samstagnachmittag allein in Kensington Gardens und nicht auf einem wilden Berg in Zentralafrika. Ich muß gestehen, daß es für mich ein ganz ungereimter Anblick war, und ich sagte zu Quillan:

„Wissen Sie, die benehmen sich so, als sei Chambe ihre private, persönliche Gartenvorstadt."

„Ja, ich weiß", antwortete er lächelnd. „Sie sehen wirklich vollkommen wie zuhause aus. Man möchte kaum glauben, daß die Frau vor kaum einem Jahr Afrika noch nie gesehen hatte und daß er es kaum kannte. Sie ist geradewegs aus ihrem Quäkerheim in Yorkshire hierher gekommen. Wir haben ihn davor gewarnt, eine Frau mitzubringen, weil wir kein Haus für sie hatten und er sein Leben in einer Hütte beginnen mußte. Er hat sich geweigert, ohne sie zu kommen. Ich muß gestehen, ich habe nicht geglaubt, daß dabei etwas Gutes herauskommen könne. Aber ich freue mich, daß ich nicht Recht hatte. Es hätte gar nicht besser ausfallen können, wie Sie selber sehen können. Erst heute morgen hat Val mich gebeten, sie nie woandershin zu versetzen. Als ich sagte, in zwei Jahren würde es doch sein müssen, wenn Dicky befördert wird, entgegnete sie verachtungsvoll: ‚Ach, was! Wir wollen nicht befördert werden. Dicky und ich haben es schon oft besprochen, und wir wollen auf immer hier bleiben.' Das ist doch ganz wunderbar, finden Sie nicht?"

Jawohl, ich fand es auch wunderbar. Und doch konnte ich nicht ganz zustimmen, weniger vielleicht wegen Vance als in bezug auf die Unberechenbarkeit Afrikas. Ich bin im Herzen zu sehr ein Nomade, um für die Liebe zu nur einem einzigen Ort, noch dazu einem afrikanischen Ort, Zutrauen zu haben oder sie verstehen zu können. Zwar bin ich sicher, daß man das Leben gar nicht genug lieben kann, aber ich glaube auch, daß man die Liebe für das Leben nicht mit der Liebe für bestimmte Dinge im Leben verwechseln darf. Es ist nicht möglich, nach Belieben den Augenblick und den Ort auszuwählen und zu sagen: „Verweile! Das ist alles, was ich haben will. So soll es immerfort bleiben." Diese Art von Gegenwart ist ein Verrat an Vergangenheit und Zukunft. Das Leben ist selbst eine Reise; in ihm ist Wechsel und Bewegung schon beschlossen; wer versucht, die Wandlung aufzuhalten, tut das auf eigene, ewige Gefahr. Während ich Quillan zuhörte, hatte ich den inständigen Wunsch, daß dieser so ganz unvorstädtische Berg derselben Auffassung sein möge wie die beiden Vance.

„Wenn man hier lange leben würde", sagte ich ihm, „dann müßte man, glaube ich, im großen etwas unternehmen, um den Zorn des Bergs zu besänftigen. Ich glaube, man müßte eine Art von Druide werden, Altäre aus Stein bauen, und lebendige Leoparden auf Zedernkohlen für die Geister des Berges opfern."

Quillan brüllte vor Lachen und sagte, er habe in den Wäldern von Zypern oft gemeint, er brauche nur den Hirten die Stiefel auszuziehen, um nicht auf Menschen-, sondern auf Bocksfüße zu stoßen. In dieser Stimmung kehrten wir zur Hütte und zu den Vances zurück.

Am Sonntag verbrachten wir den Vormittag im größten Zedernwald des Tals. Nachmittags gingen wir fischen. Quillan fing sieben Regenbogenforellen, jede ungefähr ein Pfund schwer. Die Bäche waren ganz klar, und es war fesselnd, zu sehen, wie die Forellen erst so taten, als sähen sie die Fliege nicht, um dann mit unglaublicher Geschwindigkeit aufzusteigen und anzubeißen. Wir vergaßen darüber ganz die Zeit.

Es wurde kalt, und das brachte mir erst zum Bewußtsein, wie spät es sein müsse. Aufblickend merkte ich, daß die Sonne gerade untergegangen war und daß die Dunkelheit aus den Ebenen in der Tiefe heraufsprang. Wir liefen mit der Kälte und der Dunkelheit ein Wettrennen bis zur Hütte, doch verloren wir es von Anfang an. Es war schon dunkel, als wir halberfroren bei der Hütte ankamen. Die Hunde bellten von weitem unseren eiligen Schritten entgegen. Die Vances saßen beide vor einem riesigen Feuer mit trocknenden Windeln.

„Ich freue mich, daß die Leoparden Sie nicht aufgefressen haben", sagte Vance mit einem Lächeln.

„Warum gerade heute?" fragte Quillan.

„Weil einer der Förster heute abend zurückgekommen ist und sagt, er habe mitten auf dem Pfad durch den Zedernwald einem Leoparden Angesicht zu Angesicht gegenübergestanden", gab Vance zur Antwort.

„Was ist passiert?" fragte ich.

„Das übliche", antwortete Vance mit tiefem Lachen. „Sie haben sich beide auf vorbereitete Stellungen zurückgezogen. Auf deutsch: sie sind gerannt wie die Teufel."

Stolz überreichten wir Val unsere Fische. Sie tat einen kleinen Schrei des Staunens, sagte „wie schön" und briet sie dann auf Mlanje-Art in Schweineschmalz, mit großen, durchwachsenen Speckschnitten und Bratkartoffeln.

Dieser Sonntagabend am Feuer wirkte sehr warm, gesegnet und freundschaftlich. Dinge wie Feuer und Essen, Wärme und ein Dach über dem Kopf bekommen bei solchen Gelegenheiten wieder ihre ursprüngliche Bedeutung und Kraft. Wir alle aßen zu viel und tranken literweise heißen, süßen Tee; wir erzählten einander komische Geschichten und lachten, als hätten wir keine Sorge in der Welt. Aber die Nacht war die kälteste, die wir bis dahin erlebt hatten.

„Es wird nun eine Weile Schönwetter sein", sagte Vance, als er mit mir zur Tür ging. „Schauen Sie den Orion an; ich habe den alten Jäger noch nie so klar gesehen."

DREIZEHNTES KAPITEL

Am anderen Morgen in der Frühe versammelten wir unsere Träger. Es waren jetzt im ganzen dreißig, mit einem alten Förster als Führer. Unmittelbar nach dem Frühstück brachen wir auf. Das Letzte, was ich tat, war, Val Vance mein Gewehr samt Munition zu übergeben, weil es mir nicht gefallen wollte, sie unbewaffnet allein zu lassen. Sie wurde rot dabei, war sichtlich verlegen und nahm das Gewehr ungern und nur deshalb, weil ich darauf bestand. Dann begleitete sie uns, umtanzt von den beiden Hündinnen, bis zum Bach.

Es war unser erster wirklich sonniger Morgen. Wir schickten die Träger mit dem Führer voraus. Ich gab Leonhard, meinem Koch, meine Schlüssel und sagte ihm, er solle, wenn wir am Abend im Camp anlangten, Tee bereit haben. Wir warteten, bis alle Träger jenseits des Berges und schön auf dem steilen Pfad drüben verteilt waren, dann brachen auch wir auf, Quillan und ich voraus, als letzter Vance mit dem Gewehrträger.

Vance blieb stehen, um seiner Frau Adieu zu sagen. Sie waren wohl sehr schüchtern und waren ja auch noch so jung; aber ohne hinzusehen oder hinsehen zu wollen, hatte man das Gefühl, daß es nicht die Art Abschied war, die sie eigentlich meinten; es war eine verlegene, schroffe, befangene Geste, die nichts von ihren Gefühlen ausdrückte.

Es ging mich ja nichts an, doch war mir plötzlich das Herz schwer, und ich sagte zu mir selbst: „Lieber Gott, ich hoffe so sehr, es passiert nichts, daß diese Kinder ihren unvollkommenen Abschied bereuen werden."

Ich schreibe das nieder, obwohl ich weiß, daß dem, der es behaglich, kalten Bluts in vielen tausend Meilen Entfernung liest, diese Regung merkwürdig vorkommen mag, ja vielleicht sogar wie ein nachträgliches Besserwissen. Aber ich kann nur wahrheitsgemäß wiederholen, daß dies in meiner klaren Erinnerung meine Befürchtungen waren, um acht Uhr morgens am Montag, dem 23. Mai, zweitausendzweihundert Meter hoch im Tal von Chambe, auf dem großen Mlanje-Hochland in Njassaland.

Genau das war meine Reaktion, und jetzt, da ich zurückschaue, bestärkt sie den Verdacht, der in langen Jahren aus meinen eigenen Schwierigkeiten und verhängnisvollen Fehlentscheidungen im geheimnisvollen Geschäft des Lebens erwachsen ist. Ohne darauf aus zu sein, und ganz entgegen den Einflüssen meiner Jugend und allem, was ich gelernt habe, mußte ich immer stärker einsehen, wie wenig unser bewußtes Wissen die Grenzen unseres Nicht-Wissens zurückschieben kann. Im Vordergrund unseres Jahrhunderts steht die ganze Parade unserer Wissenschaft, diese große und glänzende Sammlung von erweisbaren und erforschbaren Tatsachen, — und doch kommt durch sie kein größeres Licht in unsere Ur-Dunkelheit, als ein helles Vancesches Zedernfeuer auf die Nacht um die Gipfel des Mlanje werfen kann.

Es gibt aber eine Art Erfahrung, die gleichzeitig unterhalb und oberhalb der Bewußtseinsebene des Erkennens liegt. Es gibt einen Weg, auf dem das kollektive Wissen der Menschheit sich im einzelnen durch das bloße tägliche Leben ausdrückt: so daß das Leben selbst zum reinen Wissen wird. Für mich jedenfalls ist dies das Leben: ein Mysterium in jeder Form seines Seins, ein restloses, vollkommenes Mysterium. Ich nehme es auch gern als solches hin, denn dieses Hinnehmen erhält meine Demut, hält mich in meinen Schranken; es verhindert, daß ich mich — wie wir uns im Krieg ausdrückten — zu weit außerhalb der Stellung überraschen lasse.

Und die Zukunft? Meine Erziehung hat mich gelehrt, sie als etwas anzusehen, das vor mir liegt, in den kommenden Tagen, und das stimmt ja auch ganz offenbar. Aber es gibt ein Bewußtsein, wonach sie auch hinter uns ist und auch im „jetzt" liegt. Ich kann nur wiederholen, daß ich, ohne irgendwie danach Ausschau zu halten oder zu suchen, ohne daß ich geistig oder theoretisch irgendein Sonderinteresse zu verfolgen gehabt hätte, damals, als Vance seiner Frau Lebewohl sagte, um beide verzweifelte Angst hatte. Mehr kann ich für den Augenblick nicht sagen.

Val stieg leicht und frei den Hang zur Hütte zurück; das Sonnenlicht lag lustig auf ihrem Haar, die Hündinnen machten ihre Kreise um sie, — und Vance folgte uns den langen, steilen Hang aus dem Tal herauf.

Wir kletterten langsam den Weg hinauf, den Quillan und ich am Samstag gegangen waren. Zum erstenmal seit meiner Ankunft tauchte der ganze Mlanje im vollen, hellen Licht eines klaren Wintertages auf. Der Blick von oben war ungeheuer.

Wir sahen auf den Chilwa-See und darüber hinweg über mehr als hundert Meilen auf einen blauen Gebirgsrücken in Portugiesisch-Ost-Afrika. Wir sahen das Plateau von Zomba, den massiven Chirudzulu, die Hügel von Blantyre und dahinter den eleganten purpurnen Kamm der Kirkberge. Dann kamen wir über denselben schmalen Kamm, wo Val so nah dem Verhängnis entgangen war, von der Chambe-Seite auf die Seite des Mlanje hinüber. Wir kehrten den Ebenen den Rücken und konzentrierten uns ganz auf den Mlanje.

Langsam stiegen wir zu einem großen grauen Gipfel auf. Wieder wunderte ich mich, daß der Mlanje ein Plateau genannt wird, denn von dieser erhöhten Sicht aus wirkte er wie eine Ansammlung enger Simse und Täler, die auf Felsklippen von 2000 bis 2300 Metern balancieren und von einer langen Reihe kolossaler grauer Gipfel beherrscht werden. Wir kletterten zwei Stunden lang. Unsere Träger waren vor uns über die lange, stetig und steil aufsteigende Linie verstreut.

Wie sie mit ihren Lasten fertig werden konnten, kann ich nicht begreifen, denn mir war es unbeladen gerade nur möglich, hinaufzugelangen. Am meisten staunte ich über meinen Koch Leonhard, einen zerbrechlich und asketisch aussehenden Afrikaner aus den Malariaebenen. Mit einem Kochtopf, einer Bratpfanne, dem Kessel und einem Sack Mehl über den Schultern, nahm er klappernd und ratternd so sicher den Weg in die Höhe wie alle anderen.

Gerade unter der Spitze der grauen Gipfel stiegen wir über eine schmale Schulter und langsam auf einen Vorsprung, der sich zwanzig Meilen weit vor uns im Schutz einer langen Reihe massiver Bergspitzen aus geschichtetem Fels ausdehnte. Um uns zu unterhalten, versuchten wir, ihnen Namen zu geben: Nelsonsäule, kleines Schwein-mit-so-glattem-Rücken-Gipfel, Mach-eine-lange-Nase-Gipfel, Bier-Faß-Punkt, Admirals-Hut, großer Pfeife-rauchender-Sioux-Häuptling, gefallener Backfisch, denn, sagte Quillan: wenn dieser Backfisch einmal fiele, dann würde er, wie das Backfische eben tun, weit fallen und endgültig fallen. Zuletzt hatten wir noch ein Löwenherz und einen Elefantenkopf.

Auf diese Weise kamen wir über eine tiefe, angeschwollene Flußbiegung, liefen durch dichte Zederngehölze und kletterten unentwegt hinauf und hinunter. Um drei Uhr dreißig, gerade als die Sonne sich hinter die höchsten Gipfel verzog, langten wir bei einer Forsthütte, einem Platz namens Tuchila, ungefähr dreizehn Meilen von Chambe entfernt, an.

Ein uralter eingeborener Förster waltete hier seines Amtes. Es war ein sehr denkwürdiger alter Herr mit wunderschönen Manieren und einem so serenen und gelösten Gesichtsausdruck, wie ich ihn sonst noch nie gesehen habe. Er sagte uns, daß wir — Vance abgerechnet — die dritte Gruppe von Europäern seien, die er in seinen dreißig Jahren hier begrüßt habe. Er lebte ganz allein. Er hatte schon längst aufgehört, seine Nachkommenschaft unten in der Ebene zu besuchen. Sie kamen auch nie zu ihm herauf. Seine Lebenswerte hatten sich endgültig festgelegt. Laut Vance kümmerte er sich kaum mehr um seine Bezahlung. Einmal in vier oder fünf Monaten kam er nach Chambe herüber, um seine Vorräte zu holen. Im übrigen blieb er in Tuchila, arbeitete in seinem Garten, pflanzte Kartoffeln und war in sich restlos glücklich. Der alte Mann wußte etwas, was wirklich wissenswert ist, und ich wünschte, ich hätte vermocht, ihm meinen Respekt zu zeigen.

Am frühen Morgen geleitete er uns einen anderen großen Gipfel, den Elefantenkopf, hinauf. Wir stiegen zwischen den hellerleuchteten Kerzen des riesigen, scharlachroten Aloes geradenwegs in einen blauen Himmel hinein. Zwei Stunden lang ging es aufwärts, dann waren wir auf einer abschüssigen Halde. Hier stellte sich der alte Mann, ohne jedes Zieren, zum Photographieren; dann verabschiedete er sich mit großer Würde und hob seine Hand im römischen Gruß über den Kopf. Während wir mit unseren Trägern ausruhten (die uns nun allmählich kannten und anfingen, mit uns nicht wie mit weißen Freunden, sondern Anführern ihrer Mannschaft zu reden), schauten wir zu, wie der alte Mann ohne einen einzigen Blick zurück zu seinem Heim am Rande eines 1300 Meter tiefen Abgrundes hinunterging. Der Berg sah sehr groß aus und er sehr klein, und ich fand, daß er unglaublich heroisch sei.

Von hier aus kamen wir in ein tiefes Tal, das der Führer Großer Ruo nannte. Wir traten fast auf eine Kap-Antilope, die offenbar an diese Art Invasion nicht gewöhnt und deshalb unvorbereitet war. Mit der Leichtigkeit und Geschwindigkeit eines elektrischen Hasen flitzte sie den Berg hinauf.

Dann ging es talabwärts in die Tiefe. Sie war voll Rauch, denn die Förster von Vance brannten hier Schutzgürtel um die Zedern aus. Wir überquerten die jenseitige Schulter und kletterten in ein neues Tal, das Sombanital, hinunter. Nach sechs Stunden ununterbrochenen und raschen Laufens und Kletterns unter der heißen Sonne schlugen wir unser Camp in einer geräumigen Höhle auf, die den großen Einschnitt von Fort Lister in den südlichen Hügeln von Njassaland überblickte. Bei den Eingeborenen hieß die Höhle „Fels vom Gott der Wunder".

Wir waren neunundzwanzig Kilometer gegangen und geklettert. Es war nun bitterkalt, und wir ließen die ganze Nacht ein großes Feuer im Eingang. Ich übergab Leonhard die erste Überraschung — einen Plumpudding — zur Feier des Empire Day. Es war zwar um einen Tag zu spät, daß wir seiner gedachten, aber das konnte unseren Genuß an dem Pudding, auf dem etwas von Quillans portugiesischem Branntwein brannte, nicht beeinträchtigen.

Am nächsten Tag gingen wir durch das Sombanital, durchquerten dann ein überkreuzendes Tal namens Malosa, alles unter der Aufsicht derselben riesigen, grauen, geschichteten Felswesen. Sie hatten Brauen wie ältere Staatsmänner und wirkten ganz vertieft in die geduldige Diplomatie der Elemente und der Zeit. Wir sollten bald erfahren, was passieren kann, wenn sie und die Wolken ihre Köpfe zusammenstecken. Alle waren einverstanden, als ich sie „Die grauen Eminenzen" taufte. Sie hatten in dieser Zeit für uns so viel Realität angenommen, daß ich versucht war, beim Taufakt meinen Hut abzunehmen und mich höflich vor ihnen zu verbeugen.

Einige Stunden lang wanderten wir unter diesen salomonischen Häuptern das breite Tal abwärts. Es war bisher unser schönster Tag. Etliche Meilen weit begleitete uns ein breiter blauer Bach; sein Wasser war ein vollkommener Spiegel der Sonne und des Himmels. Nie hatte ich den Berg freimütiger und offener gesehen, freundschaftlich mit uns wie mit der Natur. Für mich war es ein sehr glücklicher Morgen. Ich war ganz zufrieden, hinter Quillan und Vance herzulaufen, die wie immer mit nie erlahmendem Eifer über Wälder, Bäume und Berge sprachen. Wir vertrugen uns zwar sehr gut, aber es wurde mir klar, daß ich mich nur am Rande ihrer Gedanken befinden konnte.

Kurz vor Mittag erkletterten wir die unvermeidliche gegenüberliegende Schulter eines Gipfels und überquerten sie unter einem zerfurchten, ausgewaschenen, verkniffenen alten Berggesicht, um bald in ein zweites Tal namens Kleiner Ruo hinüberzukommen. Oh diese menschenlosen, entlegenen Mlanje-Täler, die an einem sonnigen Tag ihre besten Manieren aufweisen: ihre sprudelnden, blitzenden Bäche; ihre andächtigen Gemeinden dunkler Zedern, die zu Füßen der großen, nahen Klippen in Anbetung verharren und ihre vormenschliche, wortlose Hymne anstimmen! Man muß sie erlebt haben, um an sie zu glauben.

Wir veranstalteten bis zum steilen Westrand des Tals ein Wettrennen mit der Sonne, langten fast so schnell wie sie an und blickten im langen, waagerechten Licht des frühen Abends auf eine weitere ferne Grenzlinie des Mlanje. Hier am Rande des Tals stand — aus Gras und Holz gegen einen überhängenden Fels gebaut — die Hütte eines der Feuerwächter von Vance.

Um Atem zu schöpfen, machten wir Halt und betrachteten die Hütte. Der Mann war nicht zu Hause, aber die Welt um ihn war so ganz sein Eigen, daß er seinen kostbaren Bogen und fünf zart befiederte Pfeile mit Stahlspitzen nachlässig an den Eingang gelehnt hatte stehen lassen. Seitwärts war eine roh gefügte Steinfalle mit Körnern für die Vögel aufgestellt. Plötzlich zog Vance die Spreize heraus, so daß der Stein herunterfiel.

„Er wird heimkommen und tagelang darüber grübeln, was zum Teufel damit passiert ist", sagte Vance mit einem schadenfroh vergnügten Schulbubenlachen, und Quillan schloß sich ihm mit einem leichten Grinsen an.

Mir kam das nicht nur gedankenlos vor, sondern, wenn auch unbeabsichtigt, wie ein Verrat am Vertrauen des unbekannten Wächters; es stieß mich, ganz außer Verhältnis zu dem, was es bedeutete, vor den Kopf. Selbstverständlich konnte aus der geöffneten Falle kein großer Schaden entstehen, und doch war mir der Vorfall unerträglich. Irgend etwas war bei uns nicht in Ordnung; wir waren von der Wahrheit abgekommen, wenn wir uns so benahmen. Mein Gefühl hatte nichts mit der Moral der Sache zu tun. Es war die Dissonanz, die mich in Unruhe versetzte. Ich glaube, wie eine erste Fehlzündung dem Ohr des Ingenieurs anzeigt, daß in einer gleichmäßig laufenden Maschine ein Fehler ist, so hat mir dieser Vorfall weh getan.

Gerade wollte ich auf die Falle zutreten, um sie wieder in Ordnung zu bringen, als ein staunendes „Ich sage, schauen Sie nur einmal!" von Quillan mich unterbrach.

Dieser Wächter hatte vor seiner Türe eine der ganz großen Aussichten der Welt. Seine Hütte befand sich wenigstens 2600 Meter über dem Meeresspiegel und fast 2300 Meter über der Ebene. Da der Berg senkrecht zur Ebene abfiel, lag ganz Portugiesisch-Ost-Afrika ihm zu Füßen. Was aber Quillans Interesse erregt hatte, war nicht dieser prächtige Blick, sondern ein erbitterter Kampf, der im sanften Abendlicht zwischen einem Adler und einem Bussard ausgetragen wurde.

Als ich die Vögel erblickte, waren sie ungefähr dreihundert Meter über uns, ineinander gekrallt und rasch fallend. Wo sie im Kampf aufeinander gestoßen waren, wirbelte ein Puff Federn in der blaugoldenen Luft wie eine explodierende Flakgranate. Die Vögel fielen von oben herab und waren fast auf unserer Höhe, als sie ihre Klauen lockerten und sich wieder auf ihre gesträubten Flügel verließen. Dann stiegen sie, sich gegenseitig wachsam umkreisend, wieder hoch. In dem kalten, weicher werdenden Licht standen wir alle, auch die Träger, mit angehaltenem Atem in einer seltsamen Erregung, während sie sich in die Höhe schraubten. Der Bussard war der erste, der die erwünschte Höhe erreicht hatte. Plötzlich schoß er hoch, zog eine Schleife und stieß mit aller Kraft, mit Schnabel, Flügeln und Klauen auf den Adler herab.

Wieder stoben die Federn, als die Vögel herunterfielen. Sie schossen mit riesiger Geschwindigkeit an uns vorbei; tief unter uns machte sich der Adler frei und flüchtete. Der Bussard machte keine Anstrengung, ihn zu verfolgen. Er stieg auf einem der starken Luftströme aus der Ebene eindrucksvoll in eine große Höhe auf und schwebte dann auf ruhigen, bewegungslosen Flügeln über den grauen Bergspitzen hinter uns.

Wir hatten keine Ahnung und auch keine Meinung darüber, worum der Kampf gegangen war. Aber von einem bin ich überzeugt: wenn wir die alten Griechen gewesen wären, für deren Mannheit weder Tränen noch das Ausgießen von Opfergaben für die Götter Schande bedeutete, so hätten wir die Begegnung anders angesehen. Ich konnte geradezu die homerischen Worte hören: „Und darauf entsandte Zeus, der Allmächtige, einen Bussard, um den Adler im Kampf zu besiegen, auf daß der schwergeprüfte Odysseus erfahre, daß noch größere Gefahren vor ihm lägen", und so weiter. Doch wir hatten keinen Sinn für diese Vorstellungswelt. Da wir zwanzig Meilen gelaufen und geklettert waren, stießen wir auf der anderen Seite des Berges so schnell wie möglich zu unserem Ruheziel vor, und für den Augenblick hatte ich den Wächter der Feuer und seine zugesprungene Falle ganz vergessen.

Genau unter uns, auf einer der Streben, die aus der Ebene wie Schwibbögen unter dem riesigen gotischen Körper des Bergs aufragten, war der dichteste und dunkelste Klumpen Zedernwald, den wir bisher gesehen hatten. Das Sonnenlicht schlug kalte, stählerne Funken aus ihren aufrechten Spitzen. Sie schienen sogar dem Absinken eines noblen und gutherzigen Abends gegenüber mißtrauisch zu sein, denn sobald wir unter ihnen waren, wurde es ganz dunkel. Quillan, Vance und ich faßten uns bei den Händen und konnten viele der Stämme mit den Armen doch kaum halb umspannen. Es war nichts mehr von dem blauen Abendlicht in der Höhe zu sehen.

Kaum waren wir in den Wald gekommen, als ich aus der Ferne den harten, kratzenden Klang mechanischer Sägen hörte. Es war wirklich ein herzzerreißender Ton; er zerstörte mit seiner gewaltsamen Hysterie die wunderbare Ausgeglichenheit jenes abendlichen Augenblicks. Vance und Quillan waren beide beschämt und beeilten sich, Entschuldigungen vorzubringen.

Sie sagten, es sei ihnen unmöglich gewesen, das Abholzen zu verhindern. Dieser Teil des Bergs sei ihrer Kontrolle entzogen worden. Der Holzmangel im Lande sei so groß, daß die Regierung einigen Europäern aus der Ebene hier die Konzession zum Holzschlagen erteilt habe. Das einzige, was man dafür anführen könne, sei, daß damit zusätzlich Geld hereinkomme, womit die Wälder andernorts auf dem Berg verjüngt werden könnten. Aber beide waren sehr dagegen und wünschten, daß es aufhöre.

Beim Zuhören hatte ich die Überzeugung, daß die Bäume wußten, was ihrem Geschlecht hier angetan wurde. Der Lärm war so offenbar die Stimme der Zerstörung, und außerdem lag der Tod auch schon in der bloßen Luft, die sie durch ihre schmalen, dunklen Nadeln einsogen. Der ihnen eigene Duft, der so schwer in der Luft lag, hatte hier noch einen besonderen Beigeschmack, den Geruch des Safts, die honiggoldene Essenz der frischgefällten, noch warm zersägten, blutenden Zedern.

In dieser Nacht schliefen wir in der winzigen Blockhütte des Inspektors des Unternehmens. Er war ein Mischling. Kein Europäer hätte das einsame Bergleben auf sich genommen, es sei denn gegen unerhört hohe Bezahlung; kein Eingeborener war dafür gebildet und sachverständig genug. Also stellte, wie so oft in Afrika, der Halbblütige den unvermeidlichen Ausweg dar.

Dieser Mischling war jedoch von ungewöhnlicher Art. Er war ein hochgewachsener, hübscher Bursche mit ebenmäßigen, empfindsamen Zügen und großen, schön liegenden Augen. Sein Name war Fitz David St. Leger. Über ganz unnegroiden Lippen trug er einen kleinen, sorgfältig geschnittenen Kavalleristenschnurrbart. Man erzählte mir, daß sein Vater, ein früherer Offizier des „Grauen Regiments", noch unten in der Ebene mit einer schwarzen Frau und einer großen Schar schokoladenfarbiger Kinder lebe. Er war, wie jedermann erklärte, ein Mann von großem Charme und vornehmer Erscheinung. Vor etwa zwanzig Jahren hatte er das Kalkutta-Rennen gewonnen und versucht, noch einmal in Europa sein Leben neu zu gestalten. Er hatte sogar eine Europäerin geheiratet. Aber kein Wunder an Geld konnte ihn vor Afrika retten. Innerhalb weniger Monate war er wieder da und schwor, daß er keine Bleichgesichter ertragen könne, vor allem keine bleichgesichtigen Frauen.

Dieser Sohn mußte nach dem Vater oder einer anderen Ahnherrenerinnerung geraten sein. Er wirkte wie ein intelligenter, begabter junger Bursche, der in seiner Haltung etwas vom jüngeren Kavalleristen hat, aber so verletzbar, so ungerecht und zutiefst verletzbar, daß ich mir nicht vorstellen konnte, wie er je seine Fähigkeiten in der britisch-afrikanischen Welt würde auswerten können. Man sah schon, wie er für den Rest seines Lebens aus einem ermüdenden Kompromiß in den anderen hinüberwechseln und eine Art Zwielichtexistenz zwischen zwei Welten führen würde.

Er war viel freundlicher mit uns als wir verdienten. Als wir ankamen, räumte er uns seine Hütte. Schnell hatte er sein Bettzeug zusammengerollt und uns erlaubt, eine riesige eiserne Badewanne zu benutzen, die er den Berg heraufgeschafft hatte. Ich versuchte, ihn zu bewegen, bei uns zu bleiben und mit uns zu essen. Doch vergeblich. Er zog seinen schmutzigen weißen Tropenhelm, höflich und seltsam, wünschte altmodisch „Gute Nacht" und ging, um die Nacht in einer Hütte mit seinen Eingeborenen zu verbringen.

Ich glaube, mir war diese Nacht weniger angenehm als irgendeine der vorangegangenen. Wie wir da in unseren Mänteln um einen armseligen Tisch aus Benzinkanistern gekauert saßen, fehlte nicht viel und wir hätten uns gestritten. Zuweilen hatte ich das Gefühl, als versuche eine äußere Macht, die uns nicht unmittelbar bewußt war, mit voller Absicht uns zum Streiten zu bringen. Außerdem stand die Hütte direkt neben einem riesigen Haufen goldenen Zedern-Sägmehls, und der Geruch des warmen Zedernharzes war so überwältigend, daß ich ein Gefühl des Erstickens hatte. Lange Zeit konnte ich nicht einschlafen, und meine Gedanken kreisten unaufhörlich um die geringfügigen Dissonanzen des Tages.

Der Anbruch des Tages erleichterte mich. Zum ersten, was ich tat, gehörte ein Gang zu Fitz David St. Leger, um ihm für seine Gastfreundschaft zu danken. Ich war bestürzt zu sehen, daß er den Arm zurückzog, als ich ihm die Hand reichte. Unter seiner dunklen Haut wurde er rot und sagte: „Ich bin nicht sauber genug." Als wir uns schließlich doch die Hände schüttelten, tat er es ungeschickt, als ob seine eigenen brennen würden. Quillan und Vance schauten, wie ich bemerkte, geniert zu und folgten meinem Beispiel nicht.

VIERZEHNTES KAPITEL

An jenem Freitag, dem 27. Mai, kletterten wir, ungefähr 2600 Meter hoch, auf den höchsten Rand über dem Kleinen Ruo-Tal. Dort beschlossen Quillan und Vance, den Weg zu unserem nächsten Ruheplatz stark abzukürzen. Die Träger sollten mit unserem Führer auf den langen, bequemen und bekannten Weg außenherum geschickt werden. Das geschah, weil vor uns eine unbekannte Gegend lag, die wir ihrer Meinung nach sehen sollten. Als wir noch in einem kalten Wind unter der grauen Morgensonne auf dem Grat standen und darüber redeten, sah ich, daß in der Ebene hinter dem Holzfällerlager die Spitze des Mount Chiperone von Wolken bedeckt war. Der Wind blies sie vom Berg weg auf uns zu, und das Wetter paßte sich ihnen schnell an.

Blitzartig fiel mir ein, wie Boyd mich in seinem Haus in Mlanje gewarnt hatte: „Um Gottes willen, geben Sie acht, wenn das auf der Bergspitze passiert."

Also sagte ich zu Quillan und Vance: „Mir sieht es so aus, als sei ein Chiperone unterwegs. Wir wollen lieber nichts riskieren. Ich mag Abkürzungen sowieso nicht. Ich habe in den Bergen die Erfahrung gemacht, daß der längste Umweg auch der kürzeste Weg ist, um ans Ziel zu kommen."

Sie drehten sich um, betrachteten einen Moment lang den Chiperone ernsthaft, dann sahen sie sich gegenseitig an und nickten. Quillan sagte: „Es ist nur ein leichter Frühnebel. Er wird schnell vergehen. Wir sind in ein oder zwei Stunden im Camp und können den Rest des Nachmittags ausruhen."

Weil sie die Sachverständigen auf dem Berg waren, weil es ihr Berg war und das Wetter ihres Berges, und weil ich erzogen worden bin, dem, was vernünftig scheint, die Vorhand zu lassen, unterdrückte ich mein Gefühl und sagte nichts weiter.

Unsere Entscheidung war eine schlechte Entscheidung. Es war die falsche Entscheidung. Falsches erzeugt Falsches und bringt eine Kette von Unglücksfällen und Zwist in Gang, unter Verhältnissen, die schnell ihrem eigenen Willen folgen. Diese Verhältnisse fordern dann ihren eigenen logischen Tribut und müssen bis zum bitteren Ende ihre Zeit ablaufen, bis der einzelne sich wieder von ihnen freimachen kann.

Wir schickten unsere Träger auf ihren Weg, behielten nur den Gewehrträger von Vance bei uns, stiegen rasch in das untere Tal, durchquerten einen breiten Wasserlauf und wandten uns der anderen Seite zu. Dann stiegen wir fest und rasch aufwärts. Es war genau elf Uhr, als wir in fast zweitausendsiebenhundert Meter Höhe oben auf dem Grat ankamen. Wir aßen ein Stück Schokolade und setzten uns, um die Aussicht zu bewundern.

Fast genau unter uns war die größte der vielen dunklen Schluchten des Mlanje, die Schlucht des Großen Ruo. Das Wasser des Großen Ruo-Flusses stürzte am obersten Ende der Schlucht herunter, in wildem, verzweifelt schäumendem Fall in einen Abgrund von ungezählten Metern. Wir konnten seinen Grund nicht sehen. Auf beiden Seiten war er von schwarzen, feuchtglänzenden, zweitausend Meter hohen Klippen flankiert, die oben in zweitausendsiebenhundert Meter Höhe zu grauen Zacken wurden. Die ganze Schlucht rauschte, flüsterte und murmelte vom Brausen fallender Wasser, das bei jedem Wechsel in den Berglüften mit dem Lärm eines kommenden Hagelsturmes über uns hereinbrach.

„Sehen Sie die Zederngruppe genau hinter dem Wasserfall", sagte Vance. „Dort ist unser Lager. In einer Stunde werden wir da sein."

Während er noch sprach, senkte sich der Nebel über uns. Er und Quillan sagten, er werde sich bald wieder verziehen. Wir warteten also. Uns wurde kalt und kälter. Der Nebel verdichtete sich rasch. Es fing an, fein zu regnen. Um elf Uhr dreißig beschlossen wir, das Bestmögliche zu unternehmen. Die Sonne war verschwunden. Der Wind hatte sich gelegt. Weder Vance, noch Quillan, noch ich, noch überhaupt irgendein anderes menschliches Wesen hatte je zuvor da gestanden, wo wir jetzt standen. Schon im Sonnenlicht war ein Stein dem andern sehr ähnlich; im Nebel des Mlanje waren sie nicht mehr zu unterscheiden.

Wegen der fürchterlichen Schlucht konnten wir nicht weiter absteigen, bevor wir den Wasserfall passiert hatten. Kein Ton kam zu uns herauf. So machten wir uns entlang den Bergspitzen auf den Weg und hielten uns so nah als möglich an ihre Kämme.

Das Schlimmste war, daß der Nebel wie eine Decke über dem Lärm des Wasserfalls lag. Kein Ton drang mehr zu uns. Nicht einmal ein leises Wispern führte uns. Das Schweigen war wirklich vollkommen, — abgesehen von unserem Atem und dem Knatschen der Schuhe auf dem nassen Gras und Moos oder auf knirschendem Stein.

Von elf Uhr dreißig bis vier Uhr dreißig — und wir waren doch schon seit sieben ohne Ruhepause unterwegs — kletterten wir einen Gipfel hinauf und wieder in die Tiefe hinunter und auf der anderen Seite wieder hinauf und hinunter.

Um halb fünf Uhr sagte der Gewehrträger: „Es nutzt nichts, Bwana. Wir haben uns verirrt. Wir wollen Feuer machen und warten, bis es klar wird."

Ich sagte Nein. Ich wußte, daß es kein Nebel war: es war der Chiperone. Wie Boyd gesagt hatte, kam er in Zyklen von fünf mal fünf Tagen. Bevor es sich aufgeklärt haben würde, wären wir vor Kälte umgekommen. Ich fügte hinzu: „Auf alle Fälle müssen wir jetzt hinunterkommen. Die Nacht ist nicht fern. Wir müssen in ein Tal kommen, und dann können wir über unseren nächsten Schritt beraten."

Also stiegen wir langsam hinunter, über die steilen, unebenen Hänge des Mlanje, und lauschten aufmerksam auf das fallende Wasser. Aber der ganze Berg war verstummt und wie tot.

Wir rutschten und schlitterten auf höchst unsichere und unvorsichtige Weise herunter. Plötzlich, um fünf Uhr, wurde der Nebel dünner. Der Gewehrträger stieß einen lauten Ruf aus. Ein warmer goldener Schein kam uns entgegen, und in wenigen Minuten waren wir auf dem gelbbraunen Grasgrund des Großen Ruo selbst, drei Meilen oberhalb der Schlucht und vier Meilen von unserem Lagerplatz entfernt. Beim Einbruch der Nacht hatten wir das Lager erreicht, und der Nebel hatte sich in einen schweren, stetigen, trommelnden Regenguß verwandelt. Die Träger waren schon da, und Leonhard hatte unsere kleine Eingeborenenhütte aus Lehm und Stroh gerichtet. Wir legten uns in der Mitte der Hütte neben das Feuer und waren von einem warmen Gefühl des Dankes erfüllt. Nach einer halben Stunde waren wir zu müde, um weiter zu reden und hörten nur noch der Heftigkeit des Regens zu.

„Das ist jetzt wirklich ein Chiperone", sagte Vance. „Die Frage ist: wie lange wird er anhalten?"

Unser Lager war ein verlassenes, unbenutztes Holzfällerlager. Seine Hütten hatten einst eingeborene Holzträger beherbergt. Wieder, wie so oft in Afrika, dankte ich der Vorsehung für die eingeborenen Hüttenbauer. Diese unscheinbaren braunen Bienenkorbhütten, an denen man in Afrika im Auto oder Zug vorübersaust, sind erstaunlich. Im Hinblick auf das schlechte Material, den Mangel an wissenschaftlicher Ausstattung, die fehlende Ausbildung ihrer bescheidenen Erbauer, sind es geniale Werke. Obwohl der Regen jetzt so gewaltig herunterschlug, kam nicht ein Tropfen durch ihre alten Strohdächer.

Nachdem wir uns einigermaßen erholt hatten, sahen wir uns nach unseren Trägern um und fanden auch sie unter trockenen Dächern. Sie waren dabei, vor knisterndem Zedernfeuer ihr Essen zu kochen. Das war ein glücklicher und aufmunternder Anblick.

Wir sagten Leonhard, er solle im Trockenen bei ihnen bleiben. Wir wollten nicht, daß er draußen in der Nässe herumpatschte und versuchte, uns zu bedienen. Wir gingen zurück, trockneten uns gründlich und kochten für uns selbst. Ich machte einen Kessel voll heißen Kaffee, und wir tranken ihn sehr süß und mit meinem Medizin-Kognak freigebig versetzt. Der Kognak war viel besser als der portugiesische Branntwein und eine willkommene Überraschung. Die Vorfreude auf Augenblicke wie diesen hatte ja das Einkaufen in Blantyre zu einem solchen Vergnügen gemacht, und ich empfing aus dieser kleinen Bestätigung meines Planens einen Strahl von Beruhigung.

Wir aßen schweigend. Ich selbst war von einem allzu unsäglichen Gefühl des Wohlseins erfüllt, um zu reden. Ich glaubte, die anderen hatten vielleicht etwas anderes als ein Wohlgefühl; denn beide, vor allem Vance, sahen aus, als empfänden sie die Erfahrung dieses Tages wie einen Tadel. Dann streckten wir uns schweigend am Feuer aus, um zufriedenen Herzens zu schlafen.

Aber ich war zu müde, um gleich einzuschlafen. Mein

Ohr lag auf der Erde, und ich hörte zu, wie der Regen auf den Berg trommelte. Zwischen den unermeßlichen Gipfeln gab es kein anderes Geräusch als dieses unaufhörliche, heftige Niederströmen des Regens. Es gab kein Sternenlicht, keinen Widerschein eines fernen Städtchens oder Dorfs, nur die ersterbende Glut der Zeder aus einer sterbenden Welt von Bäumen. Die Nacht, der Berg und der Regen waren dicht in eine dunkle, vormenschliche Gemeinschaft absoluten Einsseins verwoben. Kein Leopard oder Wildschwein, keine Antilope oder behende Berggazelle wagte sich in einer Nacht wie dieser hinaus. Gerade für Augenblicke wie diesen begraben die Leoparden ein Stück Vogel, Buschaffen oder Schwein in der Nähe ihres Lochs oder ihrer Höhle. Der Ruf, der mit solcher verzweifelten Eile über den Berg ritt, galt nicht dem Herz von Tier oder Mensch. Es war, als beginne die Erde unter meinem Haupt langsam auf dieses trommelnde, eindringliche Schlagen des Regens zu hören, als nehme sie den Rhythmus des Regens auf, als beantworte sie dieses unaufhörliche Klopfen an ihrer geheimsten Tür, als öffne sie sich diesem riesigen Orchester ihrer eigenen urtümlichen Elemente, als fange ihr geduldiger Puls schneller an zu schlagen und als vollführe sie in ihrem Innern, im Kern ihres Herzens aus steinernem Berg ihren eigenen Step-Tanz. Sooft ich in der Nacht aufstand, um das Feuer in Gang zu halten, weste dieser Regen und dieses Lied des Regens, und wenn ich mich wieder niederlegte, weste die tiefe Empfängnis der Erde.

Um fünf Uhr wachten wir schließlich ganz auf und besprachen den kommenden Tagesablauf, während wir auf das Kochen des Wassers warteten. Es war ursprünglich unser Plan gewesen, über die Bergspitze in die Richtung von Chambe zu gehen. Aber wir fanden, daß unser Erlebnis am gestrigen Tag zwischen den Bergspitzen jenseits des Großen Ruo-Tals bei jedem von uns in der

Nacht nachgewirkt und jeden gegen weitere Abenteuer in den Wolken eingenommen hatte, solange noch der Chiperone herrschte. Auf diese Weise bestimmte der vorangegangene Tag unser Verhalten. Unser Führer kannte den Weg oben hinüber gut. Wenn die Abkürzung nicht gewesen wäre, hätten wir, glaube ich, unsere Pläne nicht umgestoßen.

Vance sagte, er kenne einen leichten Weg bergab, der unten auf eine große Teeplantage führe. Quillan sagte, er kenne ihn auch. Es sei der alte Pfad der Holzträger. Er sei steil, aber in die Seite der Schlucht des Großen Ruo eingehauen und gut zu finden. Wir könnten nicht fehl gehen. Nur bedeute es den Verzicht auf den letzten Teil unserer Tour, und das, meinte er, sei meinetwegen schade. Ich sagte mit Entschiedenheit: „Verzichten." Vance beschloß, zur Teeplantage vorauszugehen, um einen Lastwagen zu holen, der uns auf der Straße bis Likabula bringen könne. Wenn wir Glück hätten, meinte er, könnten wir alle noch an diesem Abend in Chambe sein.

Aus unseren letzten Eiern machte ich ihm zum Frühstück schnell ein Omelett und entließ ihn in den Regen. Quillan und ich folgten mit den Trägern langsam nach.

Wir brachen um acht Uhr auf, aber der Regen war so dicht und heftig, daß nur ein schwaches Dämmerlicht um uns herrschte. Wir gingen langsam. Die Spur war steil und sehr gefährlich. Zu unserer Linken, nur etwa einen Meter entfernt, war die tiefe Kluft hinunter in die Schlucht des Ruo. Auch die Träger hatten mit ihren Lasten große Mühe. Sie mußten sich von einer Höhe zur anderen an Zedernwurzeln herunterlassen und sich gegenseitig an gefährlichen Erdhängen helfen.

Beim Abstieg wurde der Lärm der fallenden Wasser ringsum betäubend. Sooft der Regen oder der Nebel sich eine Spur aufhellten, wurde das Dämmerlicht und die schweflige Düsternis des Bergs plötzlich erleuchtet durch das breite, lebhafte Blitzen schäumenden weißen Wassers, das über viele meterhohe, glatte schwarze Felsklippen heruntertobte. An manchen Stellen mußten wir schreien, um uns miteinander zu verständigen.

Darüberhinaus fing der Berg selbst, die Steine, auf die wir traten, der Schmutz, in dem wir schlitterten, scheinbar an, unter diesem schrecklichen Schlagen des Wassers zu wanken und zu zittern. In den Augenblicken, in denen wir uns ausruhten, stieß der Boden wie der Schmierstand im Maschinenraum eines großen Dampfers. Diese Bewegung unter den Füßen, zusammen mit der Bewegung des blitzenden, springenden, schäumenden Wassers in unseren Augen, dem niederfahrenden Regen und den wirbelnden Nebeln verlieh unserer Welt ein verheerendes Gefühl der Unbeständigkeit. Je weiter wir hinunterkamen, desto schlimmer wurde es, bis ich zuletzt fürchtete, der ganze Pfad würde plötzlich wie ein Krokodil unter meinen Füßen fortglitschen, so daß ich auf immer unter dem Regen und den sintflutartigen Wassern des Mlanje weiterfallen müsse. Es bedurfte einer bewußten Willensanstrengung, mich aufrecht zu halten, und das war um so schwieriger, als sich eine neue Verwicklung zeigte. Ich hatte allmählich das Gefühl, als verlören sogar meine Sinne ihren Halt an ihrem Ankerplatz in meinem Inneren.

Glücklicherweise dauerte dieser Teil unserer Reise nicht allzulange. Nach zweieinviertel Stunden wurde unser Pfad plötzlich leichter und breiter.

Quillan sagte: „Jetzt werden wir bald vom Berg herunter sein."

Wir kamen um eine Biegung, und da war, zu unserem Erstaunen, Vance. Er saß neben einem schnellen Wasserlauf, der über den Pfad strömte und ihn offenbar aufgehalten hatte. Er war dabei, einige Längen Schlinggewächse, sogenanntes Affenseil, aneinanderzufügen.

„Ich möchte dieses Wasser nicht ohne Seil durchqueren", sagte er. „Ich bin schon, so weit möglich, stromauf und stromab gegangen. Dieses ist die beste Stelle für den Versuch. Es sieht nicht schwierig aus. Glauben Sie, daß dies halten wird?" Er gab mir sein Seil aus Schlingpflanzen. „Nein, bestimmt nicht", erwiderte ich und sah mir den Wasserlauf an.

In der Höhe verlor er sich in Nebel und Regen, tauchte plötzlich etwa hundert Meter über uns aus der Düsternis auf, schoß in steilem Winkel auf uns zu und stürzte schließlich unmittelbar, bevor er uns erreichte, einen riesigen Felsen hinunter, der tief in die Seite der Schlucht eingebettet war. Irgendwo hinter diesem Fels sammelte er sein zerstobenes Selbst und kam ganz glatt fließend wieder hervor. Etwa zwanzig Meter weit sah er wie ein stiller, manierlicher Fluß aus, aber zu unserer Linken, am Rand des Pfades, nahm er erneut seinen Fall kopfüber in die schreckliche Hauptschlucht des Ruo unter uns auf. Ich ging nun an diesen Rand, aber das fallende Wasser verschwand rasch in der Düsternis, ohne Aufschluß zu geben. Nur der Boden zitterte unter dem Aufstoß, — während meine Augen und mein Kopf von dem Lärm schmerzten.

Ich kam zurück und traf Quillan beim Feueranmachen.

„Unsere Träger sind vor Kälte fast tot", erklärte er. „Sie werden zusammenbrechen, wenn wir nicht etwas unternehmen. Zwei Holzfällerkerle haben hier vor zwei Jahren den Tod durch Erfrieren gefunden. Aber wenn ich im Schutz des Felsens das Feuer für sie zum Brennen bringe, werden unsere Burschen wieder ganz in Ordnung kommen."

Der Regen kam noch schwerer herunter als vorher, und es sah noch finsterer aus. Die zitternden Neger, der vom Regen niedergebeugte Bambus, die schwarzen Felsen waren wie Figuren und Dinge, die sich im Zwielicht eines bösen Traumes bewegen.

Wieder machte ich mich auf und betrachtete den Wasserlauf weiter oben. Vance hatte offenbar richtig gewählt. Der Strom war zwar angeschwollen, aber er sah an diesem Punkt nicht gefährlich aus, vor allem in Anbetracht eines festen Seils. Weiter oben wäre es hoffnungslos gewesen.

„Ich will Ihnen was sagen, Dicky", sagte ich. (Es war das erstemal, daß ich ihn beim Vornamen nannte, und ich weiß nicht, warum, außer daß wir uns plötzlich alle sehr nah zu sein schienen.) „Ich sage Ihnen was, Dicky. Wir werden alle unsere Seile nehmen, sie zusammenknüpfen, und dann gehe ich durch. Ich bin größer als Sie."

„Ich glaube nicht, daß das nötig ist", sagte er. „Ich kenne den Weg, Sie nicht, und mit einem Seil wird es leicht sein."

Wir verknoteten das Seil und prüften es auf jede Weise, indem wir an ihm zogen und uns dranhingen. Es schien fest und kräftig. Wir nahmen die Lederriemen vom Vanceschen Koffer und brachten sie für alle Fälle am Ende an. Dann legte ich es mit einem Knoten, der nicht aufgehen konnte, um die Brust von Vance. Ich sicherte es dagegen, sich zusammenzuziehen und seine Atmung zu behindern.

Während ich es festmachte, sagte ich: „Dicky, sind Sie sicher, daß Sie sich bei diesem Vorhaben wohlfühlen und es fertigbringen werden? Wenn nicht, würde ich es viel lieber selber tun."

„Natürlich kann ich es", antwortete er mit einem tiefen Lachen. „Ich habe es Dutzende von Malen in Burma gemacht. Und ich muß mich beeilen. Ich möchte die armen schwarzen Teufel so schnell wie möglich unter Dach kriegen."

„Also, denken Sie daran", sagte ich, „immer mit dem Gesicht gegen die Strömung, lehnen Sie sich geradezu dagegen. Gehen Sie vorsichtig hinein und fühlen Sie mit dem Stock gut vor, bevor Sie sich weiterbewegen."

Er nahm den festen Stock, den wir ihm geschnitten hatten. Ich rief Quillan und zwei der Träger. Quillan und ich hielten das Seil. Ich stemmte für alle Fälle meine Füße gegen einen Baum am Rande des Wassers, aber ich war gar nicht ängstlich.

Vance watete hinein. Das Wasser ging ihm ungefähr bis zum Nabel. Er watete ein Stück weit gleichmäßig voran, dann kehrte er zu meiner Bestürzung der Strömung ein wenig den Rücken. Das war die erste Abweichung vom Plan.

Er tat noch ein oder zwei Schritte, blieb stehen, warf plötzlich seinen Stock weg und schrie uns zu: „Gebt mehr Seil!"

Das war die zweite Abweichung vom Plan. Ich war entsetzt. Was, zum Teufel, hatte er vor? Bevor wir noch recht erfaßten, was er wollte, hatte er sich ins Wasser geworfen und schwamm mit Brustschlägen. Es war unvermeidlich, daß die Strömung ihn sofort ergriff und schnell dahin trieb, wo sie wie ein Wasserfall über den Rand des Pfades schäumte und sprudelte. Die unerwartete Schnelligkeit, mit der das alles geschehen war, war das Allerschrecklichste. Auch so war aber Vance bis knapp einen halben Meter vor das jenseitige Ufer gekommen und im Begriff, es zu erreichen, als das Wasser ihn über den Rand schwemmte und — er aus unserer Sicht verschwunden war.

Quillan und ich hatten uns auf das Fortgerissenwerden vorbereitet. Als wir es kommen sahen, riefen wir beide nach den Trägern, die allesamt zu unserer Hilfe rannten. Das Seil spannte sich blitzschnell. Die Spannung war ungeheuer. Der Körper von Vance, jetzt nicht mehr vom Wasser getragen, sondern außer Sicht und unter dem Felsrand frei hängend, wozu noch das Gewicht des auf ihn stürzenden Wassers kam, spannte das Seil aufs äußerste. Doch es hielt.

Ich glaube, es würde auch noch weiter gehalten haben, aber der Winkel des angespannten Seils und der heftige Aufschlag des Wassers auf den Körper trieben Vance nun mit unglaublicher Geschwindigkeit den scharfen Rand der Felsen entlang und von der anderen Seite in unsere Richtung, so daß das Seil bös aufgescheuert wurde. Trotzdem hielt es immer noch ein oder zwei Sekunden lang. Wir arbeiteten uns an ihn heran, waren nur noch zwei Meter von ihm entfernt, — da riß das Seil.

In diesem Augenblick wußten wir, daß er tot war. Wer immer mit uns in dem schwarzen Regen, zwischen diesen schwarzen Felsen, in dieser Welt stürmenden, fallenden, rasenden, blinden Wassers gestanden hätte, der hätte gewußt, daß Vance tot war. Quillan drehte sich zu mir, mit einem Gesicht, das vor Jammer nackt und bloß war, und sagte heiser: „Was ist jetzt zu tun? Er ist ja tot, das wissen Sie!"

Ich nickte und sagte: „Bitte, unternehmen Sie so weit wie möglich eine Suchaktion und schauen Sie, was Sie tun können."

Er zog sofort los. Ich rief Leonhard und einige Träger und fing an, unser Gepäck auszupacken. Es war klar, daß wir nun nicht mehr hinüber gelangen konnten. Wir hatten unser ganzes Seil verloren. Wir hatten mit dem Seil einen Leib verloren. Wir konnten nicht riskieren, noch einen ohne Seil zu verlieren. Doch konnten wir auch nicht hierbleiben.

Quillan war gleich wieder zurück. Das wunderte mich nicht. Wir waren, wie ich schon gesagt habe, am Rand der Großen Ruo-Schlucht.

Er schüttelte den Kopf: „Kein Zeichen, keine Hoffnung. Er ist tot, und das Einzige, was wir jetzt tun können, ist, dafür zu sorgen, daß diese Kerle uns nicht abkratzen."

Er wies auf die Träger.

Wir riefen sie zusammen. Sie waren kalt und durch den Tod von Vance fürchterlich erschüttert. Ein alter Mann weinte, und alle hatten Schüttelfrost von Malaria. Wir sagten ihnen, sie sollten ihre Lasten aufeinander häufen und zu den Hütten zurückkehren, in denen wir die vergangene Nacht verbracht hatten. Ein Wehklagen der Verzweiflung kam aus ihnen. Sie sagten, sie wollten am Fluß sitzen, ein Feuer machen und auf die Sonne warten. Aber ich wußte, daß das nur hieß, daß sie den Mut verloren und die Hoffnung aufgegeben hatten und sich damit abfinden wollten, nichts anderes zu tun als sich niederzusetzen und in Ruhe zu sterben.

Und in diesem Augenblick stand Leonhard, der kümmerliche Mann aus der Ebene, der aufgeklärte Stadtmensch, auf und züchtigte sie unaufgefordert mit seiner Zunge. Ich weiß nicht, was er sagte, aber er beleidigte sie so, daß sie wieder etwas Rückgrat bekamen.

Wir verteilten unsere ganzen Kleider, auch die von Vance, unter sie. Das heiterte sie auf. Sie fingen an zu lachen und sich gegenseitig zu necken beim Anblick ihrer Gefährten in Tennishemden, grauen Strickjacken, die ihnen zu groß waren, grün, blau, rot und grau gestreiften Pyjamas und meinen eigenen grünen Dschungelhemden, auf denen immer noch die Abzeichen des 15. Korps rot leuchteten.

Es war wohl ein verrückter Anblick in dieser Welt von Regen, fallendem Wasser und schwarzem, unpersönlichem Fels, aber ich fand ihn gar nicht komisch. Mir war, als bringe er unseren Kelch voll Jammer noch zum Überfließen. Ich dachte, daß die Götter, die auf diesem afrikanischen Olymp sitzen mochten, es vielleicht amüsant fanden, einen jungen Mann von achtundzwanzig Jahren zu töten, damit ein paar von den unterdrückten, allgegenwärtigen Geächteten ihres afrikanischen Königreichs sich im strömenden Regen in seidene Pyjamas kleiden konnten. Für mich war der Totschlag schlimm genug; ihn verhöhnt zu sehen, aber eine unerträgliche Perfektion der Tragödie. Ich war nahe daran, ebenso Quillan, in Tränen auszubrechen, aber glücklicherweise war ich auch wütend, so wütend, daß ich — wäre meine Kraft meiner Wut gleichgekommen — wohl fähig gewesen wäre, den ganzen Mlanje hochzuheben und über den Rand der Welt in den Abgrund der Zeit selbst zu werfen.

Ich ging in einem Zorn, wie ich ihn noch nie erlebt hatte, zu den Trägern hinüber und sagte ihnen mit Blick und Geste, sie möchten sich zum Teufel den Berg hinaufscheren. In dieser Stimmung trieben Quillan und ich sie die steilen, rutschigen Seiten der Schlucht, über die wir gerade erst heruntergekommen waren, wieder hinauf.

Um halb eins waren wir in unserem Lager vom Vorabend. Wir machten ein großes, glühendes Feuer an und trockneten uns. Die Wärme und der Anblick des Feuers bewirkten unter den Afrikanern ein fabelhaftes Wiedererwachen des Muts. Ich besprach mit Quillan einen Plan, wonach ich selbst durch die Senke von Fort Lister nach Hilfe gehen wollte, während er, der die Sprache beherrschte, mit den Trägern zurückbleiben sollte. Da erhob der alte Förster die Stimme und sagte: „Das kannst du nicht tun, Bwana. Es ist zu weit, aber ich kenne einen kurzen Weg oben rüber, der uns bis Sonnenuntergang sicher nach Chambe bringt."

Quillan fragte alle, ob sie gehört hätten, was der Förster gesagt habe, ob sie es verstünden und ihm zustimmten und bereit wären, unbedingt zu folgen? Sie sagten alle entschieden: „Ja!" Es war das Einzige, was möglich war, und sie wollten es tun.

Um eins kletterten wir schon wieder hinter unserem Lagerplatz die Berggipfel hinauf, in Wolken und in einem Regen, der heftiger zu sein schien als je zuvor.

Peter Quillan war großartig. Er war mit den Trägern fest und doch geduldig und trieb sie immer voran; aber es kann ihm nicht leicht gefallen sein. Sein Herz war gebrochen. Von Zeit zu Zeit konnte ich sehen, daß er in Tränen war. Er hatte sehr an Vance gehangen und machte sich nun bittere Vorwürfe über das Unglück. Ich tat, was ich konnte, um ihn zu trösten: ich könne nicht einsehen, sagte ich, warum ihn überhaupt irgendwelche Schuld treffen solle, — und wenn ihn, wie war es dann mit mir? Ihn hatte doch immerhin keine Vorahnung geplagt. Er war es nicht gewesen, der nachts wachgelegen und sich halb erstickt gefühlt hatte von einem Gefühl des Todes und vom Zuhören, wie der dunkle Trommler von Afrika das Wetter um den Mlanje zusammentrommelte. Aber während ich ihn tröstete und während wir beide die Träger langsam auf die schwarzen Bergkämme vor uns hinauftrieben, war auch mein Herz krank, und ich war zum Verzweifeln müde.

Ohne vorausgehendes Training war ich nun neun Tage lang von Sonnenaufgang bis -untergang um diese monsterhaften Gipfel gekrabbelt, und jetzt war ich kaum mehr fähig, die Beine zu heben. Der Himmel weiß, daß ich mich in guter Verfassung befand, meine Lungen, mein Geist waren in Ordnung und meine Wut auf den Berg und seine Schlucht spornten mich an. Die Schwierigkeit war rein mechanisch. Meine Beine und Füße waren so malträtiert, daß die Muskeln rebellierten und nicht mehr unwillkürlich reagieren wollten. Es kam mir vor, als hätten alle meine Reflexe ausgesetzt. Jeden

Schritt mußte ich in der Bewegung meines Körpers als gesonderte mechanische Einheit behandeln. Ich konnte mich nur mit einem vorsätzlichen, berechneten, bewußten und entschlossenen Willensaufwand rühren. Einen Augenblick lang dachte ich ernsthaft daran, mich in die Hütten zurückzuziehen, für den Fall, daß ich nicht weiterkäme und auf diese Weise das Unheil über die anderen herunterbrächte.

Quillan war erstaunlich. Seine Förstermuskulatur war intakt. Mit Wort und Beispiel munterte er mich auf und half mir weiter. Als wir später den Leuten von dieser Reise über den höchsten und wildesten Teil des Mlanje erzählt haben, wollten sie es kaum glauben; aber am Todestage von Vance sind wir fast zweiunddreißig Kilometer geklettert. Ich hoffe, nie wieder so etwas unternehmen zu müssen.

Zwei Stunden nachdem wir die Hütte verlassen hatten, kletterten wir immerfort aufwärts, im steilsten Winkel und in immer dichtere Wolken und tieferen Regen hinein. Unser Führer, ein alter Förster, war, in seinen Fetzen und Lumpen von Wasser triefend, ganz unglaublich. Er kletterte an der Spitze und hielt seinen Stock in einer Hand vor sich. Hie und da zerteilte er damit die Gräser und starrte sie angestrengt an, oder er beklopfte einen Stein und horchte aufmerksam auf dessen Ton. Dann wechselte er nach links oder rechts die Richtung; aber er zögerte nie. Wieder und wieder verbargen Regen und Nebel ihn ganz und gar vor mir. Es war dunkel. Es war schwarz. Selbst in den lichtesten Augenblicken war immer noch alles um uns grau.

Nach zwei Stunden hatte es, soweit das im Nebel zu beurteilen war, den Anschein, als seien wir genau über die oberste Bergspitze gekommen. Unser Kurs ging langsam bergab. Für meine Muskeln war es höchste Zeit, daß die Erlösung kam.

Quillan bot mir etwas Whisky und Wasser an. Normalerweise trinke ich keinen Alkohol; aber jetzt nahm ich ihn dankbar an und schritt mit erneuter Energie weiter. Um vier Uhr kamen wir plötzlich aus dem Nebel und Regen heraus. Wir liefen wie durch eine Wand; in der einen Minute regnete es; in der nächsten waren wir im Sonnenschein und schauten auf den weiten Vorsprung von Tuchila hinunter.

Wir kletterten so schnell abwärts, wie wir konnten. Wir hatten bis zu dem messerscharfen Kamm noch elf Kilometer zu laufen und mußten vor der Dunkelheit hinkommen, weil wir sonst nicht mehr hinüber und in den Schutz von Chambe gelangt wären.

Hinunter ging es leicht genug; aber der Aufstieg und dann das Hinunter in die Einschnitte der Flüsse und dann nochmals hinauf auf die hohe Schulter bei Chambe war für mich eine bittere und langhingezogene Qual. Doch wir erreichten den Grat, wo Val Vance einmal fast umgekommen war, unmittelbar bevor die Sonne unterging.

Es war ein erschreckender Sonnenuntergang, eine Art komisches Gespaltensein von Licht und Dunkelheit. Auf unserer Linken war jene riesige, dunkle Masse von Regen, die sich unaufhörlich über dem Massiv des Mlanje drehte und wälzte, und zwar mit so phantastischen Windungen in den Figuren der Wolken, daß es meinen müden Augen vorkam, als ritten die Teufel des Todes auf skelettenen Schlachtrossen zum Angriff auf diese Gipfel hinauf und hinunter. Doch zu unserer Rechten lag Chambe, vom goldenen Nachklang der Sonne überglänzt, unberührt und heiter, als habe es nie Tod oder Unheil irgendwelcher Art erfahren. Knapp vierzehn Tage vorher hatte ich von weitem den Mlanje zur selben Stunde genau mit dem gleichen Muster aus Gut und Bös, hell und dunkel erblickt. Hatte dieses Muster auch in mir selbst gelegen?

FÜNFZEHNTES KAPITEL

Die Träger, die dieses eine Mal ohne Lasten jeglicher Art kletterten, waren uns weit voraus. Es war uns klar gewesen, daß das so kommen würde, und wir hatten ihnen gesagt, sie dürften nicht vor uns bei Vals Hütte sein. Wir hatten Angst, daß ihre Mienen Val unsere Tragödie verraten könnten. Nun stießen wir auf sie, wie sie zusammengedrängt und still auf dem Hang über dem Bach auf der Talsohle des Chambe auf uns warteten. Das Gefühl der Tragik bedrückte auch sie finster, und als wir bei ihnen anlangten, drängten sie sich schweigend um Quillan und mich und starrten uns besorgt an. Wir sagten ihnen, sie sollten ganz leise bleiben und sich uns von rückwärts anschließen.

Die ersten Sterne tauchten am Himmel auf. Die nächtliche Symphonie von Chambe begann.

„Ach, ich hoffe nur", sagte Quillan in großer Qual, „daß die Hunde nicht bellen und Val herausholen werden."

Aber die Hunde bellten nicht. Die Hütte war totenstill. Sie hätte verlassen ausgesehen, wenn nicht eine dunkle Fahne von zedernduftendem Rauch in den Himmel gestiegen, wenn nicht ein flackernder Schein hinter dem Fenster gewesen wäre. Als wir an ihm vorbeigingen, erblickten wir Val, die zwischen Penelopes Windeln vor dem Feuer saß und die Hände im Schoß hatte. Im Rahmen dieses kleinen Fensters sah es aus wie ein holländisches Interieur voller Wärme, Sicherheit und häuslicher Ruhe. Sie hatte die Lampen noch nicht angezündet, saß da im Licht des Feuers und träumte ihren eigenen Traum.

Wir machten die Türe auf. Val sprang auf, kam uns mit einem Blick froher Überraschung entgegen und sagte glückselig: „Oh, wie schön! Irgendwie habe ich Dicky heute nacht noch nicht erwartet."

Auf dem Berg hatte Quillan gesagt, er glaube, er müsse Val die Kunde bringen; denn Vance sei doch sein Beamter gewesen. Aber dies war zu viel für seine zerschmetterte Seele. Er brach zusammen und vergrub das Gesicht in den Händen, während die beiden Hündinnen um ihn herumsprangen und ihm Hals und Kopf leckten.

Also nahm ich Val am Arm und sagte: „Val, meine Liebe! Halten Sie sich ein wenig an mir fest und hören Sie bitte aufmerksam auf das, was ich sage: Dicky ist tot. Er ist heute früh getötet worden."

„O nein!" sagte sie. „O nein! O nein!" „Doch, Val", erwiderte ich, „er ist tot. Ich bin so traurig, so furchtbar traurig, aber es gibt keine Möglichkeit eines Irrtums. Er ist tot. Wir haben gesehen, wie er getötet wurde."

Sie schaute mich an, und es war, als sähe ich in der Tiefe ihrer Augen, wie alle ihre gemeinsamen Tage verloschen, einer nach dem anderen, wie eine Reihe von Kerzen. Das Bild des lebenden Dicky schien sie zu verlassen; es wurde ihr ausgerissen wie das oberste Blatt eines Baumes von einem heftigen Windstoß, das dann vergebens flattert, um in der Höhe zu bleiben, und doch endgültig herunterfällt, hinunter, hinunter, auf immer dem Sonnenlicht ihres Geistes entschwunden.

Einen Augenblick lang war dann, das glaube ich wirklich, auch sie gestorben, und das Leben, wie wir es gewöhnlich kennen, hörte plötzlich in ihr auf. Es war, als blickte ich plötzlich in ein Herz, das jeden Sinnes entleert worden war. Ich sah, wie etwas gerundetes Ganzes sich plötzlich in ein so reines, äußerstes und schwarzes Nichts verwandelte, daß mein eigener Puls vor Entsetzen aussetzte. Und dann strömten die Tränen herauf und liefen über. Ich weiß nicht, was ich getan hätte, wenn Val nicht geweint hätte. Ich dankte Gott für diese Tränen, die so dringend Not waren. Ich dankte Gott, und als sie so bitter weinte wie ein Kind bei der Geburt, da schien sie wieder zum Leben zu kommen. Ich setzte sie sanft in einen Stuhl ans Feuer, damit die Flammen dieser alten Zedern, die älter noch als menschliche Tränen sind, ihre Wärme um sie hüllten.

In dieser Nacht ließen Quillan und ich sie keinen Augenblick allein. Wir legten Matratzen vor das Feuer und richteten Betten für uns drei. Als sie eine Weile zu weinen aufhörte, begannen wir mit ihr zu reden. Zuerst erzählte ich Val im einzelnen, was geschehen war, während Quillan unsere Sachen trocknete; denn wir waren durch und durch naß und halb erfroren. Dann kochte er Essen, das niemand essen mochte, und drang darauf, daß Val Penelope fütterte, und wechselte selbst dem Baby die Windeln. Dann kam er herbei und erzählte Val alles, was geschehen war, und ich kümmerte mich um die Häuslichkeit.

Nach einer Weile legten wir uns alle vor das Feuer, Val zwischen uns; aber keiner schlief. Wir redeten unaufhörlich mit Val; denn sobald wir aufhörten, wurde sie in Stößen von tränenlosem Schluchzen geschüttelt, wie es Menschen geht, die körperlich zu erschöpft sind, um noch weinen zu können.

Das Reden war gut, und sie stellte viele Fragen. Ich sagte ihr die Wahrheit, so wie ich sie sah, ohne Vorbehalte oder Beschönigungen. Ich ersparte ihr da, wo sie danach fragte, keine Schwierigkeiten; ich respektierte in ihren Fragen die Keime eines selbsttätigen Heilungsprozesses, gleichgültig wie brutal die Antworten meinem Verstande vorkommen mochten.

Etwas vom Pathetischsten an uns Menschen ist unser rührender Glaube, daß es Zeiten gibt, in denen die

Wahrheit für uns nicht gut genug ist, und daß man die Wahrheit bessern könne. Wir müssen vollkommen zerbrochen werden, bevor wir zu erkennen vermögen, daß es unmöglich ist, etwas Besseres als die Wahrheit zu finden. Es ist ja gerade die Wahrheit, die wir leugnen, die so zart und verzeihend die zerbrochenen Stücke aufhebt und wieder zusammensetzt. Unglücklich wie ich war, faßte ich mir doch ein Herz angesichts Vals Instinkt, vor keinem Aspekt des Horrors, der sich mit uns im Gebirge vollzogen hatte, zurückzuschrecken.

Ja, dieser Instinkt war in ihr so ausgeprägt, daß sie in dieser Nacht versuchte, mit uns jede Seite ihres Verhältnisses zu Vance noch einmal zu durchleben. Zum Beispiel wendete sie sich mir zu und fragte still wie ein sehr kleines Mädchen:

„Finden Sie, daß Dicky schön war?"

„Nein, Val!" gab ich zur Antwort. „Nicht schön, was die meisten Leute schön nennen; aber er hatte ein sehr nettes Gesicht."

„Was verstehen Sie unter einem sehr netten Gesicht?" Das war nicht ungeduldig gesagt, sondern mit einem offenbaren Verlangen nach Genauigkeit.

„Nun, seine Augen waren groß und gut gestellt." Sie nickte, und ich fuhr fort: „Und sie hatten einen offenen, ehrlichen, aber etwas verletzten und sich quälenden Ausdruck."

„Das haben Sie also auch gemerkt", sagte sie mit einem trostlosen Bruch in der Stimme. „Wissen Sie, man hat ihm als Kind so weh getan. Es hat sich niemand um ihn gekümmert. Die Leute haben ihn als Versager angesehen. Sie waren scheußlich. Sogar hier auf dem Berg haben winzige Dinge ihm furchtbar weh tun können. Aber ich habe alles für ihn in Ordnung bringen wollen. Er hat schon gesagt, daß es viel besser sei.

Ich habe gewollt, daß ihm nie mehr weh getan wird..."
und sie fing wieder an zu weinen.

Ich redete schnell weiter. „Dann hat er sehr gute Brauen gehabt, Val, und eine breite Stirne, und einen angenehmen Teint. Seine Nase und sein Kinn waren etwas zu lang und zu entschlossen, um seinen Zügen die Regelmäßigkeit zu geben, die wir schön nennen. Aber der Gesamteindruck war sehr angenehm und jungenhaft sympathisch."

„Ja! Aber Sie haben nichts über seine Zähne gesagt", fiel sie ein, „sie waren nicht eigentlich gut. Und wie steht's mit seiner Figur?"

„Er war nicht hochgewachsen genug, um Eindruck zu machen, aber er war handfest und kräftig und wohl proportioniert, und ich habe seine Stimme sehr gern gehabt."

„Ich weiß nicht, ob Sie ganz Recht haben", sagte sie langsam und wie aus weiten Fernen der Zeit und ihres Geistes gesprochen. „Er hat eigentlich ein komisches Gesicht gehabt, und einen komischen, merkwürdig knabenhaften Körper. Aber, wissen Sie, es hat nichts an ihm gegeben, nicht ein Haar auf seinem Kopf, und nicht einen Zahn in seinem Mund, was ich irgendwie anders hätte haben wollen. Ich habe jedes bißchen an ihm genau so geliebt wie es war. Oh Dicky!" Und da war sie wieder in der Gegenwart und schluchzte bitter. Dann hielt sie inne und sagte:

„Oh! Sie hätten uns hier zusammen auf dem Berg sehen sollen. Wir waren so glücklich."

„Aber ich habe euch doch gesehen", erwiderte ich.

„Nein, das haben Sie nicht", sagte sie wild, „Sie haben uns nur gesehen, wenn auch andere da waren. Und damit war alles verdorben, auch wir beide. Oh, ich könnte Ihnen ein Jahr lang erzählen von den wunderschönen Dingen, die wir allein hier oben getan haben, an stillen, geschützten Stellen auf diesem Berge." Sie machte eine Pause. „Wir haben nie jemand anderes haben wollen außer Penelope."

Sie schaute hinauf zu Penelopes Korb, der immer noch auf dem Tisch stand. Es war das erste Mal, daß sie Penelope erwähnte, und mein Herz frohlockte bei diesem Zeichen. „Wissen Sie, was Frauen über das Gebären sagen? Ich verstehe es einfach nicht. Ich habe nie ein solches Entzücken gekannt wie bei Penelopes Geburt. Es hat nicht einen Augenblick, nicht eine Sekunde während ihrer Geburt gegeben, die für mich nicht reine, vollkommene Freude war. Ich wollte nur immer weiter mehr und mehr Kinder für Dicky haben. Wir waren zusammen so eins. Oh Gott, wie kann ich mich je damit abfinden, den Rest meines Lebens nur noch eine Hälfte zu sein?"

Ich hätte gewünscht, daß ein paar Riesenintellekte, ein paar der großen Anbeter der reinen Vernunft da gewesen wären. Dieses Zeitalter, das ausschließlich von ihnen geschaffen worden ist, hat für alles eine Antwort. Aber ich muß gestehen, daß ich keine wußte, die dem Intellekt akzeptabel gewesen wäre. Ich hatte nur einen blinden Glauben in Vals, wie in unser aller Tränen, nur ein blindes Vertrauen darauf, daß wir eng zusammenhielten, wie Schafe in der bittersten Nacht des Winters, und daß wir unser hilfloses Wissen in Demut dem tiefen Geheimnis des Lebens hingaben.

Um drei Uhr morgens waren unsere Kehlen vom Reden und von der allgemeinen Anspannung so ausgetrocknet, daß Worte sich kaum mehr bilden wollten. Val war so erschöpft, daß sie, glaube ich, wenn wir nur ein einziges Aspirin für sie gehabt hätten, eingeschlafen wäre. Aber sie hatte keines. Es war so bezeichnend für sie und Vance und ihr absolutes Vertrauen in den Berg, daß sie in der Hütte keinerlei Medizin hatten, nicht einmal ein Aspirin für sich selbst oder Fencheltee für Penelope. Meine eigene Medizin lag ja mit allem übrigen Gepäck aufgehäuft im Grund der Großen Ruo-Schlucht. Lange nachher sagte mir Quillan, als er von seiner vergeblichen Medizinsuche in der Hütte sprach: „Selbst ich würde Afrika und dem Mlanje nicht so weit trauen."

Nachdem ich wieder nach Medizin gesucht hatte, ging ich für einen Augenblick in die Nacht hinaus. Über uns waren hell die Sterne, vor allem der Orion, Vances „Alter Jäger", der über dem Gipfel von Chambe, mit erhobenem Knüppel am Himmel nach schnellem Wild jagte. Aber gegen Westen, über der Schlucht, waren keine Sterne, nur die drehende, kreisende, diabolische Welt der Wolke. Es war einer jener schwebenden Augenblicke in der Wirklichkeit, wenn das Pendel des Weltganzen sich verlangsamt und die Sekunden nicht vergehen wollen. Ich hätte, wenn es von Nutzen gewesen wäre, die letzte Bitte des verdammten Faust umgekehrt und die Rosse der Nacht angerufen. Sie sollten eilen und eilen, eine rosenfingrige Dämmerung heranzubringen.

Als ich wieder hineinging, war Val immer noch fürchterlich ruhig und wach in ihrer Qual.

Gegen halbfünf ging Quillan zu den Forsthütten hinunter, um mir einen Führer zu holen. Wir waren übereingekommen, daß er bei Val bleiben und von den Eingeborenen ihr Gepäck und mein Zelt zusammenpacken lassen solle, während ich Hilfe holte. Val war jetzt so müde, daß sie nicht einmal mein Lebewohl hörte.

Ich drängte die Hunde zurück, die mit mir kommen sollten, streichelte ihnen den Kopf, machte die Türe zu und ging hinaus. Nur ein blasses Licht war am Himmel gerade hinter dem Gipfel von Chambe.

Es war bitter kalt. Wir schritten forsch aus. Glücklicherweise brauchte mein Körper keinen Schlaf, um sich auszuruhen. Wir überquerten den Fluß, schritten dabei über das Spiegelbild des Orion und der Milchstraße und waren schnell an den Zedern vorbei, die in ihrer alten Abneigung und tiefen Verachtung für Menschen und deren Mission ohne das leiseste Rauschen oder Rascheln ganz still dastanden.

Wir gingen so rasch wie möglich über Vances Straße, über seine Brücke, über den jenseitigen Bergrand den Pfad hinunter. Das Morgengrauen machte über dem Mlanje dasselbe Schisma von Hell und Dunkel schön und böse sichtbar. Auf halbem Weg hörten wir den ersten Jodler und begegneten bald den Trägern, die für ihre Tageslasten heraufkamen.

Um acht Uhr klopften wir an der Haustür von Mrs. Carmichael, einer Freundin der Vances. Sie besaß eine kleine Teeplantage neben dem Forstdepot von Likabula. Hier unten lag schon der Sonnenschein auf ihrem Garten, und ich werde nie das Scharlachrot der Poinzettien im frühen Licht vergessen. Am Ende ihrer langen, goldenen Stiele knallten sie in das Blau und Gold des stillen Morgens wie Pistolenschüsse und bildeten mehr eine Auflösung als eine Erfüllung des hellsten, strahlenden Rots.

Ein Eingeborener in einer blütenweißen Jacke, so weiß, daß sie meinen müden Augen weh tat, kam zur Tür, führte mich in ein Zimmer voller Bücher und sagte, Mrs. Carmichael komme sofort.

Während ich so dasaß, fegte plötzlich durch die offenen Türen und Fenster eine Reihe von Katzen aller Größen, Formen und Farben in das Zimmer. Das war wie ein Schock, der mich hochriß. Zuerst glaubte ich, ich sei eingeschlafen und träume, aber als ich einunddreißig Katzen gezählt hatte und sie alle um meine

Aufmerksamkeit buhlten und anfingen zu jaulen, zu miauen, Buckel zu machen, ihre Flanken an meinen Beinen zu reiben, auf meinen Stuhl zu hupfen und die Schwänze unter meiner Nase zu wedeln, wurde mir klar, daß ich wach sein müsse.

Was meine müden Augen sahen, war keine Verwirrung meiner überdrehten Sinne, keine Mitternachtsphantasie, sondern der Frühmorgen auf einer Teeplantage am Fuß des Mlanje. Und das kam mir wie eine unnötige, höhnische Dreingabe zu den Anpassungen vor, die mein Wirklichkeitssinn sowieso schon vornehmen mußte. Ich war dreißig Stunden lang im Gebirge unterwegs gewesen. In dieser Zeit war ich den Berg hinuntergestiegen, in jene Schlucht, dann wieder hinauf, dann zwanzig Meilen über seine Spitze und nun nochmals zwanzig Meilen herunter, alles ohne Schlaf. Plötzlich hatte ich auf die Katzen Wut. Ich mußte mich aufs äußerste beherrschen, um nicht aufzuspringen und ihnen Fußtritte zu versetzen. Verzweifelt blickte ich über die Katzenbuckel und wehenden Schwänze hinweg auf die Bücher. Das erste Regal begann mit sämtlichen Bänden von Havelock Ellis *Psychology of Sex* und endete mit einem Buch über Geschlechtssymbolik von Kraft Ebing.

Mein Herz wurde schwach. Ich sagte vor mich hin: „Lieber Gott! Alles was du wünschst, nur das nicht: Bitte schicke mir heute Leute, die normal sind. Feste junge Männer in Tweedanzügen, mit gedrehten Schnurrbärten, die, wenn sie sich plötzlich in Kubla Khans Harem befinden sollten, erst ihre *Times* lesen und dann ihre Pfeife zu Ende rauchen würden, bevor sie auch nur ein Auge auf die verschämten Schönheiten werfen würden!"

Glücklicherweise kam in diesem Augenblick Mrs. Carmichael herein. Sie war offenbar eben erst aufgestanden und immer noch in einem dunkelblauen Morgenrock.

Ihr Anblick beruhigte mich. Die Katzen hörten sofort auf zu miauen. Ich erzählte ihr gleich, was passiert war.

„Mein Gott, das hatte ich befürchtet", sagte sie. Sie war sehr bewegt. „Ich habe gewußt, daß es geschehen werde. Ich habe es gewußt. Sie haben einfach etwas in sich gehabt."

Ihre Bemerkungen halfen mir ungeheuer. Damals wußte ich noch nicht warum; aber an den folgenden Tagen dachte ich oft an das, was sie gesagt hatte.

In fünf Minuten war sie angezogen, und wir befanden uns in ihrem großen amerikanischen Auto. Am Depot hielt ich genügend lange, um einige Förster mit einer Tragbahre den Berg hinaufzuschicken, damit sie Val Vance abholten. Dann fuhren wir eiligst zur *boma* in Mlanje. Eine Meile von Likabula entfernt kamen wir wieder durch die Wand des Chiperone, und von da an waren wir nochmals im Regen und im wirbelnden Nebel.

Boyd hatte Mlanje verlassen. Aber sein Nachfolger telefonierte sofort. Der Arzt wurde zu Val Vance hinaufgeschickt. Während ich mich rasierte, wurde die Polizei aufgerufen. Diese kleinen europäischen Gemeinden halten im Augenblick eines Unglücks ohne Hintergedanken oder Zögern fest zusammen. Jeder hörte auf zu arbeiten.

Um neun Uhr war ich schon mit einer Suchkolonne durch den Eingang zur Großen Ruo-Schlucht unterwegs. Um elf Uhr waren wir am Ufer des Wassers, das Vance vor vierundzwanzig Stunden vergeblich zu durchqueren versucht hatte. Da lag auf dem jenseitigen Ufer, schwarz vom Regen, unser verlassenes Gepäck, das Seil aus Schlinggewächsen, das Vance auf meinen Wunsch weggeworfen hatte, und die ausgebrannte Asche von Quillans Feuer.

Es war erstaunlich, welchen Unterschied es im Bewußtsein ausmachte, auf der diesseitigen Böschung zu stehen und eine sichere Rückzugslinie hinter sich zu haben. Einen kurzen Augenblick erhellte sich, während wir dastanden, der Himmel, und der Ort nahm die falsche, konzentrierte und übertriebene Unschuld des wirklich Bösen an. Aber als ich meine Augen zu den dunklen Hängen dahinter und zu den verborgenen Gipfeln erhob und dem lärmenden Stürmen des fallenden Wassers zuhörte, da wußte ich, daß der Berg unverändert und gleichgültig geblieben war. Es schien, als sei der ganze Mlanje entkörperlicht und in eine Art von Tartarenmusik verwandelt, die hoch und breit und diabolisch schön über die finsteren Steppen des Himmels ritt.

Ich kehrte ihm zum letzten Mal und ohne Bedauern den Rücken und beteiligte mich an der Suche nach Vances Leiche. Wie ich und Quillan erwartet hatten, fanden wir nichts. Nach langem, hoffnungslosen Suchen kehrte ich nach Blantyre zurück. Spät nachts war ich bei Argyle und Alan.

Den Sonntag verbrachte ich damit, Peter Quillan beim Ordnen von Val Vances Angelegenheiten zu helfen. Ich buchte für sie die sofortige Luftreise nach England. Das war nicht schwierig; denn jeder wollte helfen. Val wohnte bei den Quillans. Mary Quillan erzählte mir, daß der Arzt ihr in der ersten Nacht drei Einspritzungen hatte machen müssen, bevor sie eingeschlafen war. Sie war ein tapferes Mädchen.

Als ich zu Val ging, um ihr Adieu zu sagen, und ihr berichtete, daß wir Dickys Körper nicht gefunden hatten, sagte sie sofort: „Ich bin so froh. Ich möchte ihn lieber immer dort wissen. Er hat dazu und dorthin gehört."

„Und Sie, Val, wenn Sie nach Hause kommen, was werden Sie tun?" fragte ich.

Sie antwortete nicht sofort. Sie blickte Penelope auf ihrem Schoß an, berührte leicht deren Wange, und dann, durchs Fenster in Regen und Nebel starrend, sagte sie mit einer entfernten Stimme: „Ein wenig dort bleiben und dann zum Berg zurückkommen."

Da wußte ich, daß sie das gefährlichste Stück Weges hinter sich hatte.

Den ganzen Montagmorgen wendete ich an Vals Korrespondenz. Das war die einzige Gelegenheit; denn am Dienstag bei Tagesgrauen mußte ich meine eigene Reise fortsetzen.

Nachmittags und abends saß ich in Alans Studienzimmer am Feuer und schrieb einen langen Sachverständigenbericht über meine Expedition auf den Mlanje. Das Feuer war aus Holz von Blantyre, und es brannte kummervoll, ganz anders als die heitere Teufel-komm-raus-Flamme der Zedern.

Ich empfahl in meinem Bericht, daß der Mlanje sich selbst, seinen Nebeln, seinem gespaltenen Wetter und seinen Zedern überlassen bleiben solle. Ich wußte, daß selbst wenn sie davon Kenntnis erhielten, diese dunklen, ablehnenden, verzweifelten Bäume, die um ihr antikes Dasein kämpften, mir nicht danken würden. Aber ich wußte, daß Vance es getan hätte.

IV. Teil

JENSEITS DER BERGE

„Es scheint mir, daß das private und persönliche Leben der Menschen noch nie so wichtig war wie jetzt. Für mich hängt die ganze Zukunft mehr davon ab, wie die Menschen ihr persönliches als wie sie ihr kollektives Leben leben. Es ist eine Sache von dringendster Notwendigkeit. Wenn wir alle unsere privaten und persönlichen Probleme zu Ende gelebt haben, können wir den nächsten, den kollektiven Schritt, ins Auge fassen. Das wird dann leicht sein. Vorher wird es nicht einmal möglich sein."

Aus einem Brief von INGARET GIFFARD

SECHZEHNTES KAPITEL

Um auf den Schauplatz meiner nächsten Aufgabe zu gelangen, mußte ich fast 1600 Kilometer nordwärts reisen, vom einen Ende Njassalands zum anderen. Ich hatte eigentlich auf dem Landweg fahren wollen; aber bei der Rückkehr vom Mlanje erfuhr ich, daß die Leute, die die Verantwortung für meine Reiseangelegenheiten trugen, mir einen Platz in einem Flugzeug belegt hatten, das für die Reise zweier hochstehender älterer Offiziere nach dem Norden geheuert worden war. Ich war, wie ausgemacht, am Dienstag früh bei Morgengrauen auf und startbereit, aber als ich dem Regen zuhörte und die Nebel um Alans Wicken wirbeln sah, wußte ich, daß wir an diesem Tag nicht fortkommen würden.

Das Wetter, das mit solch unnötiger und teuflischer Freigebigkeit zum Tod von Vance beigetragen hatte, wurde immer schlimmer. Es breitete sich vom Mlanje weit über die umliegende Gegend aus. Bei meiner Rückkehr wurde mir gesagt, daß sich die Wolken fünfundvierzig Tage lang nicht geteilt hätten. Wenn wir, wie der Gewehrträger von Vance empfohlen hatte, am Donnerstag auf das Abziehen des Chiperone gewartet und in der Ruo-Schlucht ein Feuer gemacht hätten, oder wenn wir das am Freitag getan hätten, wie unsere eigenen Träger wünschten, dann wären wir alle unzweifelhaft in den Tod gegangen.

Das Flugzeug flog weder am Dienstag, noch am Mittwoch, noch am Donnerstag, und als ich am Donnerstag wieder aus- und einpackte, war ich die komische Figur des Haushalts. Doch so stark es mich auch fortzog, mein müder Körper war für die Ruhe dankbar, und ich war über die Gelegenheit froh, mich mit dem Tod von Vance auseinandersetzen zu können.

Ich bemerkte, daß ich, um Trost zu finden, immer wieder zu zwei Dingen zurückkehrte: Mrs. Carmichaels Bemerkung: „Es lag in ihnen", und das, was Val mir über die Kindheit von Vance erzählt hatte, als wir in jener Nacht vor dem Feuer die widerwillig schleichenden Sekunden mit Reden hinbrachten. Ich möchte auf alledem nicht unnötig herumreiten; aber es war mir wichtig, und ich kann es nicht einfach übergehen.

Seit dem Tod von Vance hatte ich mir bittere Vorwürfe gemacht, wenn auch nicht in bezug auf den eigentlichen Unfall. Es ist, glaube ich, klar, daß es einen Punkt gibt, an dem alle von außen kommende Verantwortung für einen einzelnen endet und das abschließende Ereignis ihn und sein Schicksal allein angeht. Vance war achtundzwanzig, ein Soldat, der in den Heeresberichten aus Burma erwähnt worden war, und ein Kenner des Berges. Ich glaube nicht, daß wir etwas Unverantwortliches taten, als wir ihm erlaubten, den Wasserlauf zu durchqueren. In dem Augenblick, als er ins Wasser trat, begann das Spiel zwischen ihm und dem Berg, den er liebte.

Für mein Gefühl lag mein Teil der Verantwortung darin, daß wir überhaupt dort waren. Erstens würde Vance, wenn ich nicht nach Afrika gekommen wäre, mit aller Wahrscheinlichkeit noch auf dem Berg sein. Zweitens: wenn ich verhindert hätte, daß unsere Gruppe die Abkürzung vom Holzfällerlager machte, dann wären wir auch nicht in der Schlucht gewesen. Außerdem hatte ich doch auch die ganze Zeit ein unangenehmes Gefühl in bezug auf diese Reise gehabt. Ich hatte England in grollender Stimmung verlassen und war, was Afrika anging, immer in einem Zustand der Spaltung gewesen. Angenommen, Afrika, mein eigener Konflikt, wäre gelöst gewesen, hätte ich mich dann je in eine so verhängnisvolle Reihe von Umständen wie die am Mlanje verstricken können?

Mein Instinkt sagte „Nein" und war überzeugt, daß eine Spaltung in uns selbst auch eine Spaltung in unserem Leben hervorbringt; daß sie diese Wunde in der Mitte erzeugt, diese tiefe, dunkle Schlucht des Mlanje, durch die das Unheil rast und der Teufel reitet. Unheil und Verhängnis in der Außenwelt nähren sich vom Unheil und Verhängnis im Inneren. Die Struktur unseres äußeren Lebens, die kleinste Einzelheit wie das Atom, das wir in unsere neueste Bombe legen, spiegelt unsere tiefsten und privatesten Absichten wider und bestätigt sie.

Ich will nur ein Beispiel geben. In der Welt wurde nach meiner Ansicht nie ausgezeichneter gedacht als heute. Ich nehme kaum eine Zeitung, Zeitschrift oder ein Buch auf, ob auf Japanisch, Französisch, Javanisch, Russisch, Englisch oder Twi[1], ohne von den herrlichen Gedanken, idealistischen Gefühlen und noblen Ansichten, die sie ausdrücken, berührt zu sein. Aber, obwohl alle mitarbeitenden Schriftsteller Vermittler der besten Gefühle des Menschen zu sein scheinen, besteht die Frage, ob es je eine Epoche gegeben hat, die, gemessen an ihrer Erleuchtung, Schlimmeres vollbracht hat als die unsere aus ihrem Klassen- und Rassenhaß, ihren Vorurteilen gegenüber Farbigen, ihren Weltkriegen und Konzentrationslagern. Hat es schon ein Zeitalter gegeben, das, obwohl es so genau wußte, was richtig ist, doch so konsistent das Falsche getan hat?

Ich zweifle daran. Und weil ich zweifle, glaube ich, daß es so wichtig ist wie noch nie, uns unseren privaten Anteil am Gespalten-Sein so klar zu machen wie mög-

---

[1] Die gebräuchlichste Sprache an der Goldküste. Anm. d. Übers.

lich und, soweit möglich, die Kluft in uns selbst in jeder Einzelheit unseres Lebens zu schließen.

Es hatte auf dem Berg noch eine merkwürdige Sache gegeben. Ich hatte Angst gehabt, und zwar war es Val Vance gewesen, um die ich Angst hatte und Vorsorge trug. Aber alle meine Wachsamkeit wäre für uns selber nötig gewesen; auf unserer Seite, nicht auf ihrer, kam das Unheil heraufgekrochen. Das war offenbar auch typisch für unser Zeitalter und seine Erben. Entsprach es nicht genau unserer öffentlichen Leidenschaft, bei anderen das zu bessern, was bei uns selbst der Besserung so bedürftig ist? Das industrielle England hatte einst die Leidenschaft gehabt, die Afrikaner in Njassaland zum christlichen Leben zu bekehren, welche Leidenschaft sich fast im mathematischen Verhältnis zum unchristlichen Zustand der Sklaverei in seinen eigenen Fabriken vermehrt hatte.

Ich konnte mich nicht des Gefühls erwehren, daß, wenn ich ein durchaus ganzer Mensch gewesen wäre, jener Tag in der Schlucht nicht möglich gewesen wäre.

Und wieder: als Mrs. Carmichael gesagt hatte: „Ich habe es in den Knochen gefühlt, daß das geschehen müsse; es lag in ihnen", — hatte sie ein neues Licht auf die innere Lage geworfen, ebenso wie Val es getan hatte, als sie mir von der Vergangenheit ihres Mannes erzählte. Jetzt erkannte ich die wahre Bedeutung von Vals Bemerkungen über Vances Kindheit. Er war nie glücklich gewesen, hatte sich auch nie nur zeitenweise mit seinem Zuhause eins gefühlt. Er hatte immer das Gefühl gehabt, daß man auf ihn herabsehe. Das hatte sich Val nicht erst als Erwachsene ausgedacht. Sie hatte Vance als Kind gekannt und wußte noch, daß auch damals die Leute ihn nie wirklich verstanden oder seine Fähigkeiten gewürdigt hatten. Es hatte sie immer wütend gemacht, zu sehen, wie gering er geschätzt und durch das Urteil von untergeordneten Männern gehemmt worden war.

Nach dem Krieg war er zurückgekehrt, um sie zu heiraten, was er schon immer vorgehabt hatte, und er hatte sie sofort zum Mlanje mitgenommen. Da schien er zum erstenmal aufzublühen und auf seine eigene Weise frei zu leben. Deswegen waren sie dort so glücklich und — wie sie andeutete — so gerne allein. Die Anwesenheit von Außenstehenden, so angenehm sie sein mochten, trug dazu bei, in ihrem Leben das Bild einer Vergangenheit wiederaufleben zu lassen, das sie überwunden zu haben hofften. Es brachte Antworten und Reaktionen einer verachteten Unterlegenheit neu hervor, die nicht mehr die ihre war. Denn auch Val hatte bis zu ihrer Ehe nicht das allerglücklichste Leben geführt.

Auf dem Berg war es dagegen vollkommen. Dort und in sich selbst hatten sie alles gefunden, was sie sich je gewünscht hatten; und in dieser Vollkommenheit wollten sie bis ans Ende leben. Sie machten auf mich fast den Eindruck, als seien sie Flüchtlinge vor ihrer eigenen Vergangenheit gewesen, im Glauben, sie könnten sich vom Problem ihres Lebens durch einen Ortswechsel befreien, hoffend, daß sie nur weit genug fortgehen müßten, um ihre Schwierigkeiten hinter sich zu lassen. Wie wenig wußten diese unglücklichen Kinder des Lebens vom Spürhund unerfüllter Natur im Blut, der immer auf der Lauer ist und bereit, den dunklen äußeren Mächten Helfer und Diener zu sein.

Jetzt werde ich nie mehr Einzelheiten aus dem Leben dieses mutigen, aufrichtigen jungen Mannes erfahren. Aber nach dem, was ich schon weiß, scheint mir sicher, daß es früher oder später zwischen ihm und seiner Natur eine Abrechnung geben mußte, auf die ich keinen Einfluß hatte, es sei denn als Instrument des Unvermeidlichen. Am Freitag um zehn Uhr dreißig kamen in der

Großen Ruo-Schlucht des Mlanje das Unberechenbare in ihm und das Unberechenbare im Berg, das Gespalten-Sein in ihm und der dunkle Spalt im Mlanje zusammen und wurden eins.

Als meine Gedanken bis zu diesem Punkt gelangt waren, fühlte ich mich wohler. Ich behaupte nicht, daß damit alles endgültig gelöst sei; ich bin sicher, daß es für ein Herz und ein Bewußtsein, das weniger umwölkt ist als das meinige, viel mehr zu verstehen gäbe; aber ich selbst konnte die Lösung nicht weiter vorantreiben. Schließlich kommt man ja nie weit genug. Wenn man Glück hat, bringt man die Dinge so weit wie möglich voran. Das habe ich getan und eine begrenzte Beruhigung ist mir zuteil geworden. Die habe ich auch gebraucht; ja, ich werde sie immer brauchen. Jener Augenblick in der Schlucht ist ein Teil von mir geworden. Ich werde bis ans Ende meines Daseins mit ihm leben müssen. Er ist auch nicht der einzige seiner Art. Es hat eine ganze Reihe anderer Augenblicke gegeben, die ebenso böse waren. Von ihnen brauche ich jetzt nichts weiter zu sagen, außer vielleicht, daß sie die Gewohnheit haben, sich allesamt in den unerwartetsten Momenten aufzutürmen und vor meine Sinne zu treten, indem sie mich um Mitternacht aufwecken oder mich plötzlich beim Überqueren einer Straße unsicher machen, oder vielleicht auch nur bewirken, daß ich den Hund eines Nachbarn mit ungewöhnlicher Zärtlichkeit streichle.

Wenn sie so auftauchen, ist es notwendig, sie auf irgendeine Weise nochmals zu leben, ihnen gerade ins Auge zu schauen, sie mit einer traurigen Freundschaftserklärung bei der Hand zu nehmen und zu sagen: „Wie geht es jetzt? Besser? Gibt es noch etwas, was ich für euch tun kann?", und beim düsteren Kopfschütteln vor dem Weitergehen ermutigend zu sagen: „Vielleicht wird es das nächste Mal besser sein. Vielleicht geht es vorüber." Das klingt nicht nach viel. Aber es ist das einzige, was man tun kann. Und es lindert, auch wenn es nicht heilt.

Wenigstens war ich, als ich mit meinen Gedanken so weit gekommen war, imstande einzuschlafen. Ich hatte seit längerer Zeit meine erste gute Nacht.

Als ich aufwachte, regnete es immer noch. Um halb zehn Uhr wurde ich plötzlich zum Flugplatz bestellt. Angeblich wurde in zwölf Meilen Entfernung der Himmel heller, obwohl um mich herum noch nichts davon zu merken war.

In Chileka fand ich den Piloten in einer Beratung mit dem Wetterbeamten des Flugplatzes. Archie Gordon, ein junger Südafrikaner aus Grahamstown, war sehr besorgt. Er hatte schon drei Tage Verspätung. Er bekam zornige Botschaften von seinen Vorgesetzten in Salisbury. Sie, das heißt diese Charterfirma, war ein junges Unternehmen, das noch um die Existenz kämpfte und es sich nicht leisten konnte, seine Kunden zu ärgern. Außerdem waren die beiden hochstehenden Offiziere unangenehm geworden und hatten ihn bedrängt, keine weitere Sekunde zu warten.

Das gefiel dem Piloten offenbar gar nicht. Er erzählte mir, daß er am Montag auf dem Weg von Rhodesien schon ein scheußliches Erlebnis gehabt hatte. Schon an diesem Tage hatte er der „Firma", wie er sie anständigerweise nannte, zuliebe ein schweres Risiko auf sich genommen. Das hatte ihm jedoch nichts ausgemacht, weil er allein war.

Als er sich Blantyre näherte, hatte er diese außergewöhnliche Säule gesehen, diese dunkle, drehende, kreisende Säule über dem Mlanje und dem umliegenden Land. In fast 3200 Meter Höhe hatte er mit seiner kleinen Ein-Propellermaschine den Versuch aufgegeben, über die Wolken zu steigen. Er bekam aus Chileka keine Bodenlenkung für die Landung. Er hatte beschlossen, bei seiner Berechnung auf sein Glück zu vertrauen und war also mit der Spitze in die Wolke getaucht. Er berichtete, daß es schwarz wie die Nacht und stürmisch wie die Hölle gewesen sei. Aber sein Glück blieb ihm treu, und er landete auf den Punkt genau auf dem Flugplatz. Doch war das Ganze ein Risiko, das er nie wieder übernehmen wolle.

Während ich das alles anhörte, hatte ich wieder das ungeheuerliche Gefühl, daß ich in der Werkstatt des Schicksals sei, und als er sich um Hilfe an mich wendete und in meinem einheimischen Afrikaans fragte, was ich davon halte, sagte ich klar: „Schauen Sie, Sie dürfen unter keinen Umständen ein zu großes Risiko auf sich nehmen. Wenn Sie als Sachkenner glauben, daß das Risiko zu groß ist, würde ich an Ihrer Stelle keiner Macht auf Erden erlauben, mich umzustimmen."

„Aber haben sie es nicht alle sehr eilig?" sagte er und war, wie mir schien, erleichtert.

„Ich habe es nicht eilig, zu töten oder getötet zu werden", antwortete ich. „Ob Sie nun finden, wir sollten fliegen oder nicht, ich vertraue Ihnen restlos. Ich werde jeden Entschluß, den Sie fassen, durchaus unterstützen."

Das ermutigte ihn sehr, und er sagte, er wolle nur für fünf Minuten aufsteigen und schauen wie es sich „ganz oben" anfühle.

Während er in der Luft war, riefen die beiden Generäle von Blantyre aus an. Sie waren im Hotel. Würde es einen Flug geben oder nicht? Wenn nicht, warum nicht?

Der Beamte vom Dienst antwortete, er sei noch nicht sicher. Also, schön, sie würden im Hotel bleiben und verlangten, daß der Pilot sie anrufe, sobald er wieder unten sei.

„Es gefällt mir gar nicht", sagte Gordon, als er an den Apparat ging. „Für den Augenblick ist es hier ganz schön, aber ringsum türmt es sich auf und kommt auf uns zu."

Er sprach ins Telefon und sagte dann mit einem sehr sauren afrikanischen Schulbubengesicht, das mein Herz gewann: „Den beiden alten Donners[2] gefällt es nicht. Sie wollen fliegen, und sie wollen mich sofort sehen."

„Macht nichts", sagte ich. „Tun Sie nur genau, was Sie für richtig halten, und es wird alles gut gehen. Außerdem ist der Krieg vorbei, und niemand wird Ihnen dafür Dank sagen, wenn Sie zwei so berühmte Soldaten umbringen, obwohl man vielleicht bereit wäre, über den Tod eines halben Obersten hinwegzusehen."

In Blantyre regnete es immer noch. Die beiden Generäle saßen in der Hotelhalle vor dem Feuer. Sie sahen nicht erfreut aus. Der eine war General Brere-Adams, den ich von Ostasien kannte und für den ich die größte Bewunderung und Zuneigung habe; der andere General Braidie, den ich kaum kannte. Das Warten war ihnen auf die Nerven gegangen, und keiner zeigte sich von seiner besten Seite.

Während der Pilot ihnen höflich und mit großem — wie ich fand, mit übertriebenem — Respekt erklärte, daß er es nicht für vernünftig halte, zu fliegen, stand General Braidie, der General, den ich nicht kannte, auf, steckte seine Hände tief in die Taschen, trat mit dem Fuß ungeduldig auf, schaute gerade am Piloten vorbei und sagte mit einem Glanz im Auge: „Ach ja! Genau das hat man mir gesagt: der Whisky in Blantyre ist besser als der in Salisbury. Und es gibt genug davon."

General Brere-Adams, der, den ich kannte, milderte

---

[2] Afrikaans für „Bastard", Saukerl, kann eine Bezeichnung großer Liebe oder äußerster Beschimpfung sein. In dieser Situation war es, glaube ich, kein Zeichen der Zuneigung. Anm. d. Autors.

seine Bemerkung mit einem Lächeln und mit einem schlauen Blick aus seinen im Grunde freundlichen Augen, als er sagte: „Ist sie denn gar so hübsch? Ist sie blond oder brünett?" Aber beide meinten dasselbe.

Ich wurde über all das in steigendem Maße zornig und sagte, daß sie nach meiner Meinung mit dem Piloten äußerst ungerecht seien. Es falle ihm nicht leicht, zwei so hochstehenden Leuten, denen er offenbar zu Diensten sein wolle, „Nein" zu sagen, und was er brauche, sei nicht ihre Lehnstuhlweisheit, sondern Verständnis. Außerdem war ich auf dem Flugplatz gewesen, hatte selbst mit dem Wetterbeamten gesprochen, und es bestehe kein Zweifel, daß ein Flug, gleichviel wohin, eine riskante Sache sein würde. Ich sprach mit einiger Wärme und ärgerte General Braidie, der bei jedem Satz, den ich sagte, grunzte und nachher sehr grob mit mir war. Aber wir flogen nicht.

Beim Mittagessen sagte ich den beiden Generälen, sie sollten mit meinem Anteil am Flug nicht mehr rechnen. Ich würde sofort Vorbereitungen treffen, per Straße nordwärts zu fahren. Ich sprach es nicht aus, aber ich hatte für den Tag genug von den Betrachtungen, den leichtfertigen, ganz außer Zusammenhang stehenden Betrachtungen, die einen Flug dieser Art bestimmen konnten. Afrika reißt den Europäer aus seinem wahren Zentrum und macht ihn anfällig für Unfälle. Ich war froh, daß ich nichts mehr damit zu tun hatte.

Zu meiner Überraschung meinte General Braidie, er habe auch vom Fliegen genug, und ob er sich mir anschließen könne. Zusammen brachten wir es fertig, einen Wagen zu bestellen, der uns am nächsten Morgen nach dem Norden fahren sollte. Zum erstenmal fühlte ich mich ganz frei von der Zwangsfolge der Ereignisse, welche eine Woche zuvor mit der unglücklichen Abkürzung über das Ruo-Tal des Mlanje begonnen hatte.

SIEBZEHNTES KAPITEL

Der Hauptverbindungsweg von Blantyre nordwärts nach Fort Hill und Tanganjika ist lang, breit und meistens staubig, aber an diesem Sonntagmorgen gab es an seinem Südende wenig Staub, als wir unsere ganze Ausrüstung in einen Kombiwagen luden und losfuhren. Unsere Gesellschaft bestand aus General Braidie, einem Vorarbeiter für die Schreinerei eines großen Aufschließungsunternehmens im Norden, einem Maurervorarbeiter und mir.

Der Wagen war stark überladen und tanzte wie ein erschrecktes Pferd von einer Seite des glitschigen Wegs auf die andere. Der schwarze Fahrer hieß Lincoln. Er wurde sofort von dem Maurermeister, der gerade erst aus der Besatzungsarmee in Deutschland entlassen worden war, Abraham getauft. Dieser Fahrer verlor schnell die Nerven und fragte in klagendem Suaheli, ob ich nicht ans Steuer wolle. Das tat ich.

Etwa fünfzig Meilen hinter Blantyre entkamen wir glücklicherweise dem Regen und Nebel. Wir sahen, wie die Wolken gleich einer Mauer zu unserer Rechten standen. Der Wagen behielt aber beim Steuern seine Mucken, auch hatte ich keine Zeit, mich umzusehen. Doch war der Gesamteindruck des Landes beim Schauen durch die Windschutzscheibe oder bei einem kurzen Blick rechts und links sehr schön.

Afrika überträgt auf den Menschen sein großes Gefühl der Erleichterung, wenn es die Städte abgeschüttelt hat. Die Leichtigkeit, mit der es jetzt eine große Vista von Busch, Tal, Hügel und Ebene nach der anderen entfaltete, war höchst aufheiternd. Ich hätte am liebsten gesungen, und auch der General schien geneigt, aus seiner spezialisierten Meinung über sich und andere herauszutreten.

Um halb ein Uhr kamen wir aus dem großen Shire-Tal, der Senkung, in die der Njassa-See sein überschüssiges Wasser ergießt, in die Höhe. Wir durchfuhren genau um ein Uhr Ncheo am Hang der langen, blauen, eleganten Kirkhügelreihe. Es war Markttag und die Bazare voller Eingeborener, die sich mit ihren leuchtendsten Farben feingemacht hatten. Es gibt keine Haut in der Welt, die Farbe so zur Wirkung bringt wie eine schwarze; und diese Leute aus den Vorbergen sind nicht nur schwarz geboren, sie werden von der unerträglichen, fanatischen Sonne der Sommer in Njassaland noch schwärzer gebrannt.

Es kam mir vor, als hätte ich selten rot so rot, gelb so gelb und grün so grün gesehen wie in dieser Kleidung, die die Eingeborenen von Ncheo um sich hüllten als sei sie eine römische Toga.

Die Frauen liefen gesetzt hinter ihren Männern her, mit der tranceartigen Bewegung, die nötig ist, um schwere irdene Töpfe auf dem Kopf zu balancieren. Sie waren lebhafte, begierige Geschöpfe. Die schlauen Blicke, die sie im Vorbeigehen seitlich auf uns warfen, waren heiter und fröhlich im Wissen um ihr Geschlecht.

„Potztausend, Sir", hörte ich den Schreinermeister zu General Braidie sagen, „es ist ein Glück, daß die Sonne nicht scheint, sonst würden diese Farben einen ja blind machen."

Hinter Ncheo fuhren wir auf eine der höchsten Erhebungen der Kirkberge, hielten neben einer großen, schirmartigen Akazie und aßen Mittag.

Es war sehr sehr schön. Wir blickten auf den südlichen Teil des Njassa-Sees, der wie das Meer aussah: mit einem Anfang, aber ohne Ende. Wir sahen den ganzen

Malombe-See und die riesige Shire-Senkung, die in eine tiefe Flut winterblauen Lichts getaucht war. Es war eine Instrumentation von verschiedenem Blau, fast wie das Battersea-Blau von Whistler. Es sah ganz menschenleer und den Menschen gegenüber auch völlig gleichgültig aus.

Der Weg führte uns dann auf die weiten, hochliegenden Ebenen des Angoni-Hochlands. Hier patrouillierten Spiralen von kreiselndem Staub, die ein kalter Südwestwind aufwirbelte, die Straßen und Pfade. Wieder war der Hintergrund ein riesiges, verlorenes Blau, der Vordergrund löwenfarben. Viele schwarze Gestalten in Lumpen und Fetzen waren von nirgendwoher an kein ersichtliches Ziel unterwegs. Sie sahen so heimatlos aus, daß der Anblick schnell die verlorene, verlassene Atmosphäre der Senkung unterhalb von Ncheo ausstrahlte.

Auf diesen Ebenen erlebe ich immer meine Enttäuschung. Die Leute, die sie bewohnen, stammen von den Zulus ab und sind Nachkommen von einem der schrecklichen Impis von Chaka. Sie haben einen Aufstand inszeniert, sind auf eigene Faust im Norden eingefallen und haben eine riesige Strecke Afrikas von Zululand bis zum Südufer des Njassa-Sees leergeplündert. Sie sind ganz anders als unsere heutigen Zulus im Süden und haben nichts von deren leiblicher und seelischer Robustheit; sie wirken eingeschrumpft und schreckhaft, als hätte auch ihnen dieser Teil Afrikas nicht Freude, sondern nur Enttäuschung gebracht.

Hier waren auch unsere ersten *koppies*, die Nachzügler jener einzelstehenden Steinhügel, die so ganz zum unermeßlichen Zentralplateau Afrikas gehören. Sie fügten der Szene ihre eigene Note des Abseitigen hinzu. Und es wurde kalt, sehr kalt.

Wir fuhren um den Fuß der wunderlichen Ausläufer des Mount Detza, wagten aber nicht, das Dorf zu besuchen, weil es spät wurde. Mit der größten Geschwindigkeit, die der tanzende Kombiwagen erlaubte, kamen wir gerade im Hotel der kleinen ländlichen Hauptstadt von Lilongwe an, als die Sonne rosa und kalt hinter einer langen Reihe grüner und weißer Dornbüsche unterging.

Am Sonntagmorgen bogen wir zur Dämmerstunde wieder auf die Straße nach Norden ein. Frischer, frostiger Tau funkelte auf dem ausgebleichten Gras; Heiligenscheine von Honiggold hingen über den Akazienwipfeln. Die Szene hatte sich kaum verändert. Bemerkenswert war nur die Eigenschaft der „Endlosigkeit".

Man fährt eine Anhöhe hinauf und um einen Hügel herum oder man durchquert einen Fluß in der Erwartung, daß es jetzt anders werden müsse; denn seit Hunderten von Meilen hat alles immer gleich ausgesehen, aber es hat sich nur alles mit derselben blauen melancholischen Selbstzufriedenheit wiederholt.

Wir begegneten keinem Auto und sahen keinen Europäer mit Ausnahme eines griechischen Pflanzers, der mit dem Gewehr in der Hand auf einer Brücke saß. Er sah vor Fieber gelb und ziemlich verzweifelt krank aus und erzählte uns, daß in der Gegend viel Schlafkrankheit sei.

So fuhren wir von der Dämmerung bis vier Uhr nachmittags. Die ganze Zeit schienen meine Gefährten sich zu verändern; sie spürten offenbar instinktiv das Überragende, den absoluten Vorrang des physischen Seins von Afrika und die relative Unwichtigkeit menschlicher Wesen im hiesigen Weltplan. Sie wurden sehr still und niedergedrückt und starrten dauernd mit abwehrenden Augen auf eine Landschaft, die keine angenehme Beruhigung ausströmte. In dieser Stimmung kamen wir, genau um vier Uhr, in Mzimba, der Hauptstadt der nördlichsten Provinz von Njassaland an.

Wir verbrachten die Nacht bei Charles Drackersby, dem Provinzkommissar von Mzimba. Er war bei unserer Ankunft nicht da; aber Jack Standing, der dort wohnhafte Ingenieur des großen Tung-Ausbeutungsunternehmens im Vipya-Hochland bei Msusi, wohin der General fuhr, kam uns mit den beiden für uns bestimmten Jeeps entgegen und brachte uns gleich ins Haus des Provinzkommissars. Von ihm erfuhr ich, daß in Msusi keiner von uns besonders willkommen sei. John Grantham, sein Manager, hatte, als er von unserem Kommen hörte, mit Bestimmtheit gesagt, daß er sich keine Eingriffe von London mehr gefallen lassen werde.

An diesem blauen Sonntag in Mzimba klang mir alles sehr deprimierend. Falls John Grantham wirklich nicht helfen wollte, sah es für mich schlecht aus. Ich hätte die vielen hundert Meilen bis Blantyre zurückfahren, neu planen und von vorne anfangen müssen. Es gab ganz offensichtlich in Mzimba keine andere Möglichkeit. Die sogenannten Städte auf der Landkarte, die wie Perlen auf einer roten und schwarzen Halskette aufgereiht waren, liegen in immer größeren Abständen und waren außerdem noch hoffnungslos klein geworden.

Mzimba war eigentlich gar keine Perle, eher ein Samenkorn, ein Senfkorn aus Verwaltungsglauben auf einer schnell dahinschwindenden Kette der Zivilisation. Es bestand aus nicht mehr als einem halben Dutzend europäischer Bungalows, die eilig aus ungebrannten Ziegeln gebaut worden waren, dazu ein paar indische Läden und eine alte *boma*, die vor dem schwarzen Busch eine herausfordernd leuchtende Union-Jack-Flagge schwenkte; dann ein altes Kommissariat, vor dem, um es abzuheben, einige freche Poinsettien und purpurfarbene Bougainvillen standen, die aber selbst nur wie eine kleine Abwandlung in dem herrschenden winterlichen Blau der atmosphärischen Farbskala wirkten. Im übrigen wäre es töricht gewesen, zu leugnen, daß Afrika mit zunehmendem Selbstvertrauen und einer Art von finsterem, mürrischen Triumph wieder die Oberhand gewann.

Inzwischen überlegte ich mir, was Drackersby tun könne, um mir zu helfen. Er kam um fünf Uhr heim. Offenbar verbrachte er so viel Zeit wie möglich im Busch. Er war durch etliche Jahre Dienst unter der Sonne Njassalands schwarz gebrannt und hatte ein drahtiges Freiluftaussehen. Bevor er zu uns herüberkam, machte er langsam die Haube seines Wagens auf, zog einen kleinen toten Bock heraus und warf ihn auf der Veranda seines Bungalows nieder. Abgesehen von einem höflichen Gruß redete er, bis er seine Gewehre gesäubert hatte, kaum mit uns. Danach war er unübertrefflich liebenswürdig und interessant.

Was mich anging, sagte Drackersby allerdings nichts Ermutigendes. Er brachte dieselben Klagen über mangelndes Verständnis in der Hauptstadt vor und hatte denselben Groll darüber, daß von Leuten wie Grantham und ihm zuviel verlangt werde. Was der Teufel hatte sich London eingebildet, als es mich aussandte? Wußten die Leute dort nicht, daß es in Afrika kalt ist?

„Sie werden keine Eingeborenen finden, die mit Ihnen auf den Njika steigen werden, und wenn es Ihnen doch gelingen sollte, werden Sie wahrscheinlich die Leute und sich selber umbringen."

Das traf mich innerlich sehr. Ich selbst hatte ihm von der Tragödie am Mlanje erzählt. Ich glaube, er wußte nicht, wie tief er mich gekränkt hatte. Für einen Augenblick war jener ganze tragische Freitag wieder in mir, und ich konnte nur ruhig sagen: „Sicher ist die Kälte nur relativ. Ich habe in Afrika immer die Kälte lieber als den Schmutz."

Ich glaube ehrlich, daß er daran noch nie gedacht hatte und darauf nichts zu sagen wußte. Einen Augenblick lang schaute er mich verblüfft an und sagte dann kurz: „Jedenfalls, relativ oder nicht, werden Sie keine Afrikaner finden, die mit Ihnen gehen werden."

Über Nacht mußte er es sich aber anders überlegt haben, denn er gab mir am nächsten Morgen einen Brief an den Häuptling der Katumbi, dessen Volk am Fuß des großen Njika-Plateaus lebt. Der Brief war sehr energisch und forderte den Häuptling im Namen der Regierung einfach auf, mir zu helfen.

„Er wird Ihnen Träger besorgen, falls das irgend jemand kann. Aber bauen Sie nicht darauf."

Ich verließ Mzimba um zehn Uhr und fuhr geradeswegs in einen weiteren kalten, bedeckten Tag von durchdringender Bläue. Etwa zwanzig Meilen außerhalb hörte der Busch auf, und der Weg schlängelte sich zwischen grauen, eleganten Hügeln hin, die nur mit Gras bewachsen waren. Für das Auge war das ein herrliches Ausruhen. Fast hundert Meilen weit fuhr uns der Jeep, schnurrend wie eine Katze, durch das Hochland, das etwas Schottisches an sich hatte, aber doch unverkennbar afrikanisch war mit seinen dunklen Tälern und den schwarzen, flechtenbehangenen, rissigen Bäumen.

Nachdem ich fünfzig Meilen weit gefahren war, sah ich ein rotes Backsteinhaus mit Gutsgebäuden, die offenbar europäisch waren. Ich fand, daß diese Siedlung schrecklich eingeengt aussah, sozusagen von Afrika festgenagelt. Ich fragte mich, wie sie je diese Art von Belagerung werde aushalten können.

Auf dem Weiterweg fuhr ich an dem dazugehörenden Vieh vorbei und stellte fest, daß es in geschlossenen Formationen weidete, während stämmige schwarze Männer mit langen, breiten Speeren ringsum Wache standen. Sie und ihre Herren waren die einzigen Lebewesen, die ich im Umkreis von fünfzig Meilen gesehen hatte, eine Insel gefährdeten Tierlebens in einem Meer von Bäumen, Stein und grauen Hügelrücken.

Ich fuhr fast noch einmal fünfzig Meilen, bevor ich die nächste lebende Seele oder eine menschliche Behausung sah. Hätte nicht ein einsamer Bussard mit geometrischer Präzision langsam am grauen Himmel seine Kreise gezogen, so hätte ich angenommen, daß das Land auch bar aller Tiere sei.

Als ich um vier Uhr vor Granthams Haus in Msusi vorfuhr, standen John Grantham, der General und John Standing davor und unterhielten sich. Ohne den schwarzen, mit Flechten überdeckten Dschungel im Umkreis hätte ich leicht glauben können, daß die Lichtung, die Msusi darstellte, irgendwo in England liege. Granthams kleines Haus und die vier anderen Häuser waren alle aus rötlichem Backstein mit hohen, schrägen Strohdächern. Rankende Rosen wuchsen an der Veranda von Granthams Haus herauf, Veilchen standen vor den Mauern, und vorn war ein Garten mit Lupinen, Fingerhut, Antirrhinum, Federnelken, Schattensteinbrech und Nelken. Der graue Nebel, der im Winter dort auf den Höhen des Vipya-Hochlands alles dunstig macht, erhöhte diesen Eindruck noch.

Grantham selbst konnten nur die britischen Inseln hervorgebracht haben. Zu meinem Erstaunen streckte er sofort die Hand aus und sagte mit einer angenehmen, kultivierten Stimme: „Kommen Sie herein. Ich habe etwas zu essen für Sie aufgehoben. Ich glaube, Sie sind ein Mensch, mit dem ich wirklich über Afrika reden kann, ohne mißverstanden zu werden."

Die folgenden sechsunddreißig Stunden gehören für mich zu den angenehmsten, die ich in Njassaland verbracht habe. Wir entdeckten, daß wir uns vor vielen Jahren gekannt hatten, als er frisch aus der Luftwaffe des ersten Weltkrieges und aus Cambridge gekommen war, um in Zululand Baumwolle zu pflanzen. Das letzte, was er von mir gehört hatte, war eine Meldung, daß ich im Kampf gegen die Japaner gefallen sei.

In den ersten vierundzwanzig Jahren hatte John Grantham vieles angefangen. Aber während er mit Papillon, einem Spaniel, auf den Knien vor dem Feuer saß, sagte er, daß alle die Jahre, so verschieden sie waren und so abweichend von dem, was er geplant hatte, doch dieselbe Wirkung gehabt hatten: ihn immer tiefer ins Innere Afrikas zu führen.

Das Baumwollexperiment war, wie ich wußte, ein totaler Reinfall gewesen. Dann hatte er sich als Farmer in Süd-Rhodesien versucht. Das war gut gegangen, bis das Mädchen, das er hatte heiraten wollen, eines Tages auf seiner Farm ein *koppie* erkletterte, sich das Knie auf einem Fels aufgeritzt hatte und sechsundzwanzig Stunden später an Blutvergiftung gestorben war.

Danach war alles schiefgegangen. Einige Jahre war er Rancher in Nord-Rhodesien. Eine Reihe von Dürrejahren hatte dieser Phase seines Lebens ein Ende gesetzt. Sein Kapital war erschöpft. Die Zukunft war schwarz.

Dann brach der Krieg aus, und natürlich meldete er sich, wie wir alle, stieg zur schwindelhaften Höhe eines Regimentsfeldwebels in einer Aufklärungseinheit auf und wurde schließlich mit seinem Panzerauto von einer Mine in Nordafrika in die Luft gesprengt, so daß er die Armee verlassen mußte. Dann forderte die Regierung von Njassaland seine Dienste an. Als Folge wurde er ausgesandt, um im Herzen des nebligen, menschenleeren Vipya das große Tung-Experiment in Gang zu setzen. Das war eine Aufgabe nach seinem Herzen. Er war, abgesehen von den schwarzen Arbeitskräften, die er anheuern konnte, allein. Die Afrikaner kannten ihn, mochten ihn, vertrauten ihm und kamen bereitwillig zu ihm — mehr als er brauchen konnte. Die Lichtung im Busch, die ganze achtzig Meilen lange Straße über den Berg und durch Tal und Dschungel waren sein eigenstes Werk. Er hatte das Dasein hier genossen, aber jetzt wurde ihm der Ort zu voll. Es waren schon drei andere Europäer da. Weitere sollten kommen. Das konnte er nicht aushalten. In Afrika wollte er leben und sterben, wenn — murrte er — es nicht zu überfüllt würde.

Und doch war in dem allen ein riesiger Widerspruch. Soweit die Tatsachen meiner Reise von innen her ein Thema aufdrängten, ist dieser Widerspruch für sie sehr wichtig. Deswegen habe ich Grantham hier so eingehend beschrieben.

Die ganze Struktur seines Denkens, die Webart seiner Seele, überhaupt der Traum, den er hier auf dem Vipya, diesem hohen Land, das, wie der Eingeborenenname besagt, vor Nebel raucht, lebte, war durch und durch europäisch.

Jede Einzelheit in dem Zimmer, in dem wir saßen, bewies das. Über dem Kamin hingen Ansichtskarten von Suffolk und seinen Dörfern, dann ein altes Billett für die Einfriedung, die am Rennplatz Newmarket für die Mitglieder reserviert ist, und ein abgerissenes Londoner Theaterbillett. Die sauberen, glänzenden Gewehre in ihrem Ständer; die Angelruten mit ihren vielen Fliegen und Dutzende weitere Fliegen von den britischen Inseln, alle zart und zurückhaltend gefärbt; der Portwein, die Sherry-Karaffen, die mit Bristol Cream[1] gefüllt waren; die Barometer, der Feldstecher, die Bücher, der Geruch von Hunden — das war alles der Inbegriff europäischen Lebens.

Der Witz der Sache war meines Erachtens der: Leute wie Grantham konnten Europa nicht mehr aushalten;

[1] Eine vorzügliche Sherry-Sorte. Anm. d. Übers.

sie brauchten auf eine Weise, deren Sinn ich noch nicht
erkenne, die Unterstützung Afrikas. Die Anwesenheit
schwarzer Gesichter und schwarzer Naturen bestätigt
ihre Vision, ihren alten, im Wesen europäischen Traum.
Es ist, als ob sie, indem sie sich in Afrika verlieren, die
Stabilität und Bedeutung des Europäers in sich selbst
wieder herstellen können.

Was die Hilfe für meine Reise im einzelnen anging,
habe ich entdeckt, daß Grantham fünf Jahre lang zu
Füßen des Njika, des Plateaus, das ich untersuchen sollte,
gelebt hatte. Er war nie oben gewesen — „eine höllische
Expedition", sagte er; aber er kannte allen Eingeborenen-
klatsch darüber. Die Menschen hatten große Angst vor
dem Gebirge. Es war hoch, es war neblig, es hatte ungeheure Begegnungen mit Regen und Donner. Es war
kalt und galt als ganz unbewohnt und finster.

Wenn man zuhörte, wie die Eingeborenen über den
Njika sprachen, bekam man immer irgendeine Tragödie
zu hören, die damit verbunden war. Sie erzählten zum
Beispiel: „Kennen Sie den alten Bathikutha? Nun, er
lebt nicht mehr. Er hat drei Tage nach dem letzten Mond
versucht, über den Njika zu gehen. Die Wolken sind
heruntergekommen, und seitdem ist er nicht mehr gesehen worden."

Sie glaubten auch, daß eine große Schlange in einem
kleinen See auf seinem Gipfel lebte. Wenn man ihren
Schwanz berühren konnte, solange man krank war,
wurde man sofort geheilt. Aber wenn man ohne guten
Grund hinging, wurde man von der Schlange ergriffen
und auf den Boden des Sees geholt. Und doch gingen
die Leute manchmal bei Tag in den Randgebieten des
Plateaus auf Jagd. Es sei voller Wild.

Grantham meinte, er könne mir Träger von Katumbis
Leuten beschaffen. Er werde mir auch einen Brief an
Katumbi mitgeben. Was mehr war, er wollte mir seinen

eigenen Jeep mitgeben und Peaches, seinen eingeborenen Fahrer, und seinen Jagdboy Patrick, einen von Katumbis eigenen Leuten, der mir Träger anheuern werde. Seine Vorräte seien fast erschöpft, da der letzte Dampfer, der sie nach Nkata Bay brachte, das etwa 70 Meilen entfernt liegt, schon längst überfällig war. Aber was er habe, stehe zu meiner Verfügung. Er wünschte nur, daß er selbst mitkommen könne, aber bei einem solchen Haufen Leute habe er keine Zeit. Das würde ich doch verstehen? Und nun: Wann war ich zuletzt in Zululand gewesen?

ACHTZEHNTES KAPITEL

Ich verließ Msusi im Jeep, sechsunddreißig Stunden nach meiner Ankunft am Dienstag, bei dickem blauem Nebel. Wir saßen alle vorn. Als wir wieder auf der Straße nach Fort Hill waren, fuhren wir wirklich schnell. Wir durchquerten einige kleine Eingeborenensiedlungen. Überall stand die Bevölkerung sozusagen still, während wir vorbeifuhren; entweder verbeugten sie sich, wenn sie alt waren, oder sie nahmen den Hut ab, wenn sie einen hatten, und ließen ihn dann respektvoll an ihrer Seite hängen.

Ein harter kalter Wind fegte hinter Enkwendeni die Straße herunter. Wir fuhren mit 75 km Geschwindigkeit gerade in ihn hinein und wirbelten eine hohe Staubsäule hinter uns auf. Jetzt befanden wir uns nicht mehr im Hochland, sondern wir hatten die Auswüchse der Natur wie den Vipya hinter uns gelassen. Wieder regierte das vorherrschende Thema Afrikas: Busch, Ebene, Fluß und einsame blaue Hügel, — bis ich plötzlich aus etwa 100 Kilometer Entfernung den Njika sah.

Aus einer derartigen Entfernung sieht alles klein aus, und doch fühlte ich meinen Puls bei diesem Augenblick schneller schlagen. Es war etwas von Rider Haggard[1] und seinen Bergwerken des Königs Salomon, etwas von der Königin von Saba daran. Ein massiver, langer blauer Sockel, eine Mauer von festem, ungebrochenem Berg stieg senkrecht aus dem Land auf und verlor sich in den Wolken. Die Mauer wurde größer, genauer, aber sie veränderte sich nicht. Immer noch stand ihr wolkenbewehrtes Blau ohne Bruch oder Riß vor unseren Augen. Erst

[1] Siehe Anmerkung Seite 114.

in Njakwa — noch eine Eingeborenenstadt etwa siebzig Meilen weiter landeinwärts — waren wir endlich in der Nähe ihres Fußes angelangt.

Gleich neben Njakwa fuhren wir über den rauschenden Rumpi. Das war meine erste Begegnung mit einem Fluß, der irgendwo oben in den Wolken auf dem Njika entsprang. Er machte einen tiefen Einschnitt in die fünfhundert Meter hohen Berge um Njakwa. Auf seiner Nordseite fuhren wir gerade herauf und dann weiter nach Katumbi. Hier waren wir den Vorbergen zu nahe, um die große Wand des Njika noch sehen zu können; aber für unsere Sinne war seine Gegenwart im Hintergrund immer fühlbar. Unsere Augen erkannten ihn an der Farbe und dem Stoff der dichten Wolkenmasse im Norden, unser Geruchssinn durch ein Prickeln in der Nase, unser Gehör durch ein Summen im Trommelfell, — ein Ton, fast wie das Schnurren einer großen, nahen Purpurkatze — und unsere Körper durch eine steigende Erregung im Blut. So gebannt waren wir davon, daß wir mittags beinahe einen eleganten, nackten Körper überfahren hätten, der in der Mitte des Wegs ausgestreckt lag.

Ich sah ihn zuerst und schrie Peaches an, er solle halten. Unmittelbar vor den Füßen des Leibes brachte er es noch zustande. Nichts bewegte sich. Wir schauten alle drei erstaunt über unsere Windschutzscheibe: es war ein wunderschöner junger schwarzer weiblicher Körper — splitternackt. Zuerst befürchtete ich, er sei tot, dann bemerkte ich, daß er tief atmete und im Schlaf lag. Peaches, der wie ein Löwe brüllte, sprang aus dem Jeep und schüttelte ihn wütend. Langsam setzte er sich auf und rieb sich die Augen, und aus ihnen blickte eine junge Frau, die Peaches ganz unerschrocken Avancen machte. Patrick und er mußten sie von der Straße heruntertragen, wo sie uns immer noch mit Blicken, Lächeln, Sich-Schlängeln und anderen Gesten einlud, zu ihr zu kommen. Ich habe nie eine Angehörige ihres Geschlechts zu dieser Tageszeit so vollkommen und so selig betrunken gesehen.

Patrick erklärte, daß Ernte sei und die Leute bei der Ernte immer so tränken. Er schüttelte den Kopf. Vielleicht würde es doch schwierig sein, Träger zu bekommen.

Als wir in die Eingeborenenstadt Katumbi einfuhren und vor dem Gerichtshaus des Häuptlings hielten, ließ die ganze Einwohnerschaft alles stehen und liegen, strömte aus den Hütten und lief auf uns zu. Ihre Neugierde war ohne jede Scham, aber sehr freundlich. Sie bekamen nicht jeden Tag ein weißes Gesicht zu sehen und waren entschlossen, aus dem meinigen soviel wie möglich herauszuschlagen. Sie drängten sich um den Jeep und besprachen mein Äußeres. „Hast du je Haar von solcher Farbe gesehen?" „Wie groß seine Nase ist!" „Schau seine Augen an. Seine Backen sind sehr sehr rot! Ob er zornig ist?" „Wieviel hat wohl seine Jacke gekostet?" und endlos so weiter.

Inzwischen sandte ich Patrick aus. Er solle nachsehen, ob der Häuptling, der Umfumo, da sei. Er kam mit einem Patrick Kawonga zurück, dem ersten Schreiber am Hof des Umfumo. Das war ein schöner junger Mann, liebenswürdig, höflich, aber wieder mit solch einem melancholischen Gesichtsausdruck, daß ich wußte, er müsse sehr gebildet sein. Ich hatte mich nicht getäuscht. Er sagte mir in klarem, präzisen Englisch, daß der Umfumo fort sei, daß er aber tun werde, was er könne. Ich dankte ihm und beschloß sofort, nicht nach Msusi oder Mzimba zurückzukehren, sondern geradeswegs nach Karonga, der nördlichen Provinz von Njassaland, durchzufahren und Patrick zurückzulassen. Ich war schon darauf vorbereitet gewesen, wenn nötig so zu handeln. Ich hatte auch einen Brief an den dortigen Provinzkommissar mit, und Alan hatte mir gesagt, ich solle seinen dortigen Veterinärbeamten, einen Michael Dowler, aufsuchen, der mir helfen werde.

Ich holte meine Karte heraus und studierte sie sorgfältig. Angaben, zuverlässige Angaben gibt es auf Karten von diesem Teil Afrikas selten und nur in großen Abständen. Karonga war für diesen Tag zu weit entfernt, und so richtete ich mein Augenmerk auf Nchena-Chena, die Landwirtschaftliche Versuchsanstalt am Fuße des Njika, etwa dreißig Meilen von der Rumpi-Schlucht entfernt. Oberst Henderson, der dortige leitende Beamte, war ein alter Freund von Grantham. Sollte er nicht da sein, wollte ich entweder auf der Straße schlafen, oder mir in Livingstonia, der größten Missionsstation in Njassaland, die weitere zwanzig bis dreißig Meilen entfernt war, eine Schlafstätte erbetteln.

Um halb sechs Uhr fuhr der Wagen vor dem Haus Oberst Hendersons vor, das im Stil des Njassaländer Arbeitsamts gebaut war. Der Abend brach schnell herein. Hinter dem Haus, fast noch auf der Küchentreppe, faßte sich das Land steil zusammen und stieg, waldbedeckt wie eine dunkle, blaugrüne Wand, über zweitausend Meter hoch gerade in die Wolken. Ringsum war allenthalben das Rauschen von fallendem und fließendem Wasser, und nun hatte ich noch stärker als vorher das Gefühl, daß hinter der Mauer des Bergs und über der Wolke eine purpurfarbene Katze mit unheilbarer, geschniegelter Selbstzufriedenheit schnurre und schnurre.

Bei dieser ersten nahen Berührung mit dem Njika konnte ich mir nicht vorstellen, warum man ihn für finster hielt. Der Mlanje war mir durch seine Eigenschaft schlecht unterdrückten, prähistorischen Zorns von Anfang an unheimlich gewesen. Hier war die Empfindung anders, nicht freundlich, nur durchaus sich-selbst-genügend und zufrieden.

Ich hätte Henderson, wo immer ich ihm begegnet wäre, als das erkannt, was er war: ein Soldat, der im Krieg von 1914—18 geformt worden war. Er war schon als Knabe im ersten Jahrzehnt unseres Jahrhunderts nach Sandhurst[2] gegangen und hatte den Ehrgeiz gehabt, Berufssoldat zu werden. Davon hatte ihn der Krieg geheilt. Er war in die Landwirtschaftsabteilung von Njassaland eingetreten. Hier hatte er es fertiggebracht, daß zwei Grashalme wuchsen, wo einst nur einer gewachsen war, — ich benutze dieses Wort absichtlich, denn der Satz von Swift, aus dem es stammt, war wie eine Flagge auf die Wand hinter seinem Schreibtisch genagelt.

Henderson kannte auch den Njika. Er hatte vor Jahren genau hinter seinem Haus in zweitausendfünfhundert Meter Höhe ein Versuchsfeld mit Pyrethrum am Rande des Plateaus angelegt. Der Boden war fruchtbar. Er hatte Ernten gehabt, die den besten der Welt gleichkamen. Zum Schluß aber hatte er die Arbeit einschlafen lassen, weil er die Afrikaner, für die sie geleistet wurde, nicht dazu bringen konnte, hinaufzugehen.

„Ich weiß nicht, woran es liegt", sagte er, „aber sie wollen um keinen Preis auf dem Njika leben. Er ist, soviel wir wissen, völlig unbewohnt."

Meine Aussichten, Träger zu finden, beurteilte er düster. Die Ernte war im Gang. Es war kalt, — die alte Geschichte. Er meinte, ich würde auf der Fahrt nach Karonga nur Zeit verlieren; die Leute aus den heißen Ebenen würden am allerwenigsten mit mir gehen.

Ich schlug in dieser Nacht mein Feldbett in Hendersons Büro auf. Bevor ich schlafen ging, trat ich noch einmal hinaus, um hinter dem Haus die Berge anzusehen. Zwar konnte ich sie nicht sehen, aber wieder spürte ich ihre Gegenwart tief in meiner Seele. Ich saß

[2] Die englische Offiziersschule. Anm. d. Übers.

eine Weile auf einem Stein, fühlte die Berge und hörte dem Rauschen des unaufhörlich fallenden Wassers zu. Dann hörte ich zum erstenmal seit meiner Ankunft in Njassaland, wie afrikanische Trommeln sich langsam erwärmten. Ich sah keine Feuer, aber überall im schwarzen Busch ringsum fing das Trommeln an. Das Rum-da-rum, Rum-da-da-rum brach an einer Stelle aus und wurde dann fern und nah an zehn anderen aufgenommen. Im Verlauf der Nacht nahm das Trommeln an Geschwindigkeit, Dichte und Kraft zu. Die Dunkelheit war von seinem Drängen durchzittert. Dieser Klang, das Schnurren der großen Purpurkatze hinter den Wolken und das Klopfen meines eigenen Herzens stimmten so gut überein, daß ich schnell fest einschlief.

In der Frühe des nächsten Tages brachen wir auf. Der Weg führte am Fuß des Njika entlang. Auf unserer Linken stand diese gerade Mauer aus Berg. Ihr Haupt war in Wolken gehüllt; auf unserer Rechten eine tiefe Senke, welche die Flüsse Rumpi und Rukuru eingeschnitten hatten, und auf deren anderer Seite wieder eine Kette massiger Berge. Überall stand eine feste, unbeugsame, ungebrochene Front, die ganz unglaublich war. Ich sah keinen einleuchtenden Weg nach oben, — es sah tatsächlich so aus, als könne es keinen geben, und doch galt meine Aufgabe dem unbekannten Gipfel. Ich stellte fest, daß die Eingeborenen bei ihrer Bodenbearbeitung kaum die Ränder des Fußes am Njika berührten. Er war selbst für die Hacken der Eingeborenen zu steil und zu dicht mit regenschwerem Wald bedeckt.

Eine Stunde später fuhren wir einen flachen Hügel von etwa 1300 Metern Höhe hinauf, der uns plötzlich den Weg nach Osten versperrte. Wir kamen aus zwei tiefen Tälern, die in diesem Berg vom Rumpi — einem zweiten Rumpi — und dem Mwanana Rumpi eingeschnitten waren, wieder in die Höhe und langten in einer

Reihe steiler Haarnadelkurven oben an. Dort ließ ich Peaches halten, um zurückzuschauen.

Jetzt waren wir hoch oben, und der Njika sah doppelt so groß aus wie von unten. Um die Größe dieser Berge richtig zu ermessen, muß man selbst eine gewisse Höhe erreicht haben. Unten hat man keinen Maßstab für einen Vergleich, aber wenn man einmal etwa tausend Meter hoch ist, wird die Riesenhaftigkeit im Ausmaß der Berge sichtbar und atemberaubend.

Dreißig Meilen weit, so weit ich sehen konnte, war nichts außer dieser ununterbrochenen Mauer von Berg, die am Rande einer großen Senkung auf den Zehen stand und den Kopf in die Wolken hielt.

Nur mir gegenüber war ein riesiger Spalt in der Bergwand, aus der die beiden neuen Flüsse hervorbrachen. Sie reichte so weit, wie ich sehen konnte, und war vom Regenwald am Fuß bis zu den naßglänzenden, grauen Wolkenspitzen eng zusammengedrückt.

Rechts von uns lag auf gleicher Höhe die große Missionsstation Livingstonia. Unseren Berg-, Ebenen- und Busch-gewohnten Augen waren ihre geraden, ziegelroten Dächer und die hohen Mauern der Kathedrale, die sich vor dem Horizont über den Akazien und Brachastygea-Bäumen erhoben, ein erstaunlicher Anblick. Er glich einer mutigen, wenn auch fürchterlich kleinen europäischen Geste, einer kleinen, geballten Faust gegen die Welt der Riesen ringsum.

Ich hatte die Mission schon immer besuchen wollen, glaubte jedoch, daß ich das erst tun dürfe, wenn einige der „Wenn's" von meiner Aufgabe abgefallen seien. Also sagte ich bedauernd zu Peaches, er solle weiterfahren.

Nach drei Meilen hatten wir die Höhe hinter uns und fuhren wieder abwärts. Dann brach die Sonne überraschend hervor. Wir kamen aus dem Wolkenschirm heraus, der über den Bergen lag, fuhren eine Kurve und erblickten den Njassa-See. Ich hatte ihn schon oft aus der Luft gesehen, auch von entfernten Bergspitzen und entlegenen Pässen, aber so nah war ich noch nie herangekommen.

Tausend Meter senkrecht abwärts lag es, das Wunder von so viel Wasser inmitten von so viel Land. Der Njassa-See ist ja wirklich mehr ein Meer als ein See, und wenn das ausgesprochen worden ist, dann gibt es, wie beim Meer selbst, nichts mehr hinzuzufügen, was nicht lächerlich oder nach falschem Pathos klingen würde. An jenem Morgen war es ein einzigartig fröhlicher Anblick. Der See war sehr blau und funkelte in der Sonne; die fernen blauen Höhenzüge des großen Livingstone-Gebirges drückten sich im Osten in etwa fünfzig Meilen Entfernung wie die Alpen an ihn heran, und er hatte etwas vom Mittelmeer im Frühjahr. Ganz im Süden war, soweit das Auge reichte, nur blaues Wasser, sonst nichts. Trotzdem wir so hoch waren, konnten wir doch die Wellen ans Ufer schlagen hören, als wären es echte Meereswellen. Erwartungsvoll fuhren wir zum See hinunter.

Die Straße fiel an der Vorderseite einer tausend Meter hohen Klippe ab. Sie war in einer Reihe von gefährlichen Serpentinen aus der Bergseite herausgehauen. Es gab zweiunddreißig dieser steilen Wegstücke, jedes eine halbe Meile lang. Als wir von unten hinaufsahen, kam uns unsere Fahrt, und noch mehr die Konstruktion der Straße, wie eine unmögliche Leistung vor. Und doch war diese Straße kein Erzeugnis moderner Ingenieurkunst. Sie war das Erzeugnis von Missionseifer und Glauben. Sie war vor vielen Jahren von gläubigen Laien mit Hilfe ungelernter, ungläubiger Afrikaner gebaut worden.

Am Fuße des Abhanges bog die Straße scharf gegen Norden. Wir fuhren langsam, weil sie so viele Löcher hatte. Sechzig Meilen weit folgte sie zur Rechten eng dem Ufer, während links die Wand des Njika stand, dessen Mütze aus grauen Wolken noch fest um seine Ohren gelegt war. Aber je breiter die Ebene zwischen dem Wasser und dem Berg wurde, desto stärker schien er in Riesenschritten gen Nordosten auszuschwingen.

Es wurde heiß. Zuerst war das Land dicht bevölkert und hoffnungslos überkultiviert, aber später war meist nichts als schimmernder grauer Busch, der mit seinen langen weißen Dornen unter der Sonne blaß war, und nur hier und da einen Farbtupfen aufwies, wenn ein oder zwei Baobab-Bäume sich wie Geburtsmale auf seinen käsigen Wangen zeigten. In der Hitze schimmerte er unentwegt, vibrierte, tanzte und war tödlich schweigsam, so oft die schrille Hymne, die die Zikade an die Sonne und den Dorn richtete, dies erlaubte. Um vier Uhr nachmittags, nachdem der Njika ganz außer Sicht war, kamen wir in der Eingeborenenstadt Karonga an.

Eine riesige Menge von Schwarzen wogte über das Rollfeld in der Mitte der Stadt. Trommeln wurden geschlagen, Menschen sangen, stießen Schlachtrufe aus und bliesen schrille Pfeifen. Überall tanzten voneinander unabhängige Trupps und Mannschaften von Eingeborenen, die Pavianschwänze und Leopardenklauen in allen möglichen Variationen der Dschungelphantasie um ihren Bauch gebunden hatten, sprangen, wirbelten, stampften und brüllten mit wilder, ekstatischer Hingabe tief aus ihren Bäuchen heraus. Weder Peaches noch ich wußten, was wir davon halten sollten.

Wir hätten, weil die Bewegung und der Lärm so fürchterlich waren, beunruhigt sein können, doch war nirgends ein Polizist oder eine Uniform irgendwelcher Art zu sehen, und diejenigen Schwarzen, die nicht unaufhörlich tanzten, sprangen, schrien, trommelten oder pfiffen, waren in die Lieblingsfarben ihrer besten Kleider gehüllt. Plötzlich erblickte ich drei Tropenhelme, drei europäische Köpfe, die wie Korken an einem Fischernetz über diesem wogenden Meer von zwölftausend schwarzen, sich bäumenden Figuren schwebten.

Niemand schien meine Ankunft bemerkt zu haben. Ich stieg aus dem Jeep und mischte mich unter die Menge. Der Lärm war betäubend, aber es war das süßest-riechende, sauberste afrikanische Gedränge, dem ich je begegnet bin. Plötzlich fühlte ich, wie wunderschön es war, zwischen so vielen Menschen zu sein und nicht mehr schweigend in dem ratternden Jeep zu sitzen, bemüht, das Bewußtsein der aggressiven, beunruhigenden physischen Macht Afrikas nicht in mir überhand nehmen zu lassen. Dieses Gefühl erwärmte mich wie Wein, und ich kam mir vor wie der ancient mariner[3], der sich in guter Gesellschaft befindet.

Langsam steuerte ich auf die drei Tropenhelme zu. Beim Näherkommen sah ich, daß sie ganz in ein Tauziehen vertieft waren. Zwei von ihnen, hübsche, sauber rasierte Engländer in blütenweißen kurzen Hosen und Hemden aus Khaki, dirigierten, während ein dritter mit einem langen, mageren, sensitiven Gesicht, grauen Augen, einem Kavalleristenschnurrbärtchen und vielleicht etwas zu langen Haaren einigermaßen lässig auf einem Jagdstock saß und den anderen nur zusah. Doch straften der Glanz und das Lächeln in seinen weiten grauen Augen die lässige Haltung seines Körpers Lügen. Ein sehr langer Afrikaner von ungefähr 1,98 Meter half den beiden anderen. Er hatte dunkle Wildlederschuhe an, pflaumenfarbene Strümpfe, elegante Marine-Shorts, ein gelbseidenes Hemd und einen grünseidenen Schal. Am Handgelenk hatte er eine goldene Uhr, in der Hand einen Livingstone-Stanley-Tropenhelm.

[3] Held eines Gedichts von S. T. Coleridge. Anm. d. Übers.

Die beiden Mannschaften waren sehr eifrig. Sie standen sich wie Angoni-Impis[4] auf dem Kriegspfad gegenüber. Die Menge war wild erregt. Beide Seiten zogen mit so viel Energie, und die Menge brüllte so laut Beifall, daß sie dreimal ein Seil von der Dicke eines Schiffstaus entzweirissen und beide Mannschaften zum allgemeinen höchsten Entzücken im Staub landeten. Ein wunderbares Lachen folgte. Es pflanzte sich sofort und spontan, wie der Klang einer Glocke im blauen Himmel über uns, fort. Ich selbst hatte Lust zum Tanzen.

Plötzlich hörte ich, wie der ältere der beiden Engländer mit unglücklicher Stimme dem andern sagte: „Um Gottes willen, Jerry, verstecken Sie schnell die Preise! Es wird keine Entscheidung geben. Wir haben kein dickeres Seil."

„Können wir nicht beiden Parteien Preise geben?" fragte Jerry zögernd.

Der andere kratzte sich am Kinn und sagte: „Es ist halt recht viel Geld. Ich weiß nicht, ob ich es mir leisten kann, noch mehr auszugeben."

„Das soll uns nicht kümmern", fiel Jerry ganz versessen ein. „Ich möchte gerne mit Ihnen Halbpart machen."

Der Mann auf dem Jagdstock schien am wenigsten beteiligt. Deshalb ging ich zu ihm hinüber, stellte mich vor und fragte nach Michael Dowler.

„Ich bin Dowler", sagte er. „Ich bin entzückt. Ich hatte Sie schon erwartet. Kommen Sie und lernen Sie die anderen kennen. Wie finden Sie unsere Familie?" fügte er hinzu, als wir uns die Hände schüttelten. „Wir haben der ganzen Stadt einen Feiertag geschenkt — Königs Geburtstag natürlich."

---

[4] Angoni-Krieger. Anm. d. Übers.

NEUNZEHNTES KAPITEL

Ich verbrachte die Nacht in Michael Dowlers Haus am Rande des Rollfeldes, das nun leer, schwarz und schweigend dalag. Wegen Feuchtigkeit und Hitze war das Haus zweistöckig gebaut, wie eine altmodische Villa am See, und es war von oben bis unten durch Gazegitter geschützt.

Der See war ganz nah. Sobald wir aufgehört hatten zu reden, drang das Schlagen der Wellen am Ufer, ein kurzer, abgehackter Ton gleich dem Meer am Strand der Ostküste des Kanals, durch die Gazegitter der weit geöffneten Türen und Fenster ins Haus. Das Haus selbst roch stark nach Fledermäusen. Dowler hatte immer wieder gegen sie Krieg geführt, aber sie waren furchtbar und nicht zu vertilgen. Ihr Geruch drang, gleichgültig was er dagegen tat, überall ein: ein bitterer, alter Geruch, der im Menschen einen dunklen Instinkt der Furcht außerhalb der Erfahrung und des Wissens anrührt. Hier und da gab es draußen im Dunkeln ein Rauschen von Fledermausflügeln und danach ein schrilles Quietschen, das für menschliche Ohren fast unerträglich scharf war. Und die ganze Nacht durch dröhnte der Klang der Eingeborenentrommeln: Leute, die am Seeufer trommelten und am Rande der Stadt und weit hinten im Busch, der jetzt ganz dunkel war und seine Formationen gegen die Nacht und die Pfeile der Sterne dicht geschlossen hatte.

Dowler war Junggeselle und etwa fünfunddreißig Jahre alt. Er war sensitiv und liebte kultivierte Dinge — Musik, Bücher, gutes Essen, Behagen. Dafür war sein Haus am See ein beredtes Zeugnis. Aber wenn er die Zivilisation wollte, warum war er dann nach Afrika gegangen? Er lebte da am großen See mit einer Art königlicher Hingabe. Er hatte vier schöne, gut gekleidete afrikanische Diener, die ihn offenbar anbeteten und er sie. Er wachte mit einer Sorge über sie, die für einen so jungen Mann bemerkenswert war. Je besser ich Michael kennenlernte, um so stärker wurde mein Eindruck, daß er an diese Kinder der afrikanischen Natur das Nachdenken und die Zuneigung wendete, die er gerne seinem eigenen unerfüllten Ich gegeben hätte, wenn nicht die Hemmungen von Jahrhunderten sogenannter europäischer zivilisierter Werte gewesen wären. Wir haben ja alle ein dunkles Wesen in uns, einen Neger, einen Zigeuner, einen Ureinwohner mit abgewandtem Rücken, und, ach! viele von uns kommen einer Begegnung mit ihm nur in der Weise nah, daß sie durch die schwarzen Menschen Afrikas derartige stellvertretende Freundschaften mit ihm schließen.

Bis spät in die Nacht hinein redeten wir allein auf der Veranda. Michael versicherte mir, daß er schon immer auf den Njika hatte steigen wollen. Es mache ihn verrückt, zu Füßen des Bergs durch die niederen, heißen, von Malaria und Schlafkrankheit verseuchten Ebenen zu wandern und einen Monat nach dem anderen die kühlen, purpurfarbenen Flächen der wolkenbedeckten Mauer zu sehen, ohne einmal dort hinauf entfliehen zu können. Mein Kommen sei gerade die Gelegenheit, nach der er sich sehne. Alan hatte ihm freigestellt, zu tun, was er wolle, und wenn ich es erlaubte, würde er liebend gerne mitkommen. Die große Schwierigkeit seien die Träger. Aber er selbst sei ja die meiste Zeit im Busch und ihnen daher weit und breit bekannt. Sie schienen ihn zu mögen und ihm zu vertrauen. Es habe ihm noch nie Schwierigkeiten gemacht, Träger anzuheuern. Ob ich ihm erlaube, eine Gruppe für uns zusammenzustellen?

Ich stimmte zu, weil alles vernünftig klang. Ich wollte einen Tag lang mit ihm zusammen die Vorbereitungen treffen und dann nach Msusi zurückeilen, meine Zelte und Vorräte holen und wieder so schnell als möglich mit ihm zusammentreffen.

Am nächsten Tag waren wir früh auf. Unten am See zerschmetterte die Sonne die Nacht und ihre Kühle mit einem schnellen Schlag. Im einen Augenblick war es dunkel und kühl, im nächsten kam die Sonne brüllend wie ein Löwe über die Höhen des fernen, purpurnen Livingstone-Gebirges am Ostufer des Njassa, und schon war es hell.

Vor dem Frühstück ließ Michael seine beiden Askaris, Harneck und Karramba, aus dem Hauptquartier in sein Zimmer rufen. Es waren zwei junge und doch auch schon alte Soldaten von des Königs *African Rifles*. Harneck war ein guter, solider, schöner Bauerntyp, ein kräftiger afrikanischer Leibgardist, auf den man sich, wie Michael sagte, absolut verlassen konnte, obwohl er langsam war und zu sanftmütig. Karramba, der etwas Merkurialisches, fast Lateinisches oder Spanisches in seinem Aussehen hatte, war schnell, schlau und brillant, aber etwas grausam und zu allen Zeiten ein wenig unzuverlässig. Michael behielt beide, weil sie zusammen eine Einheit bildeten; getrennt waren sie unzulänglich. In wenigen Minuten hatten sie ihre Befehle bekommen und machten sich auf, um im Busch nach Trägern zu suchen.

„Ich habe ihnen fünf Tage Zeit gegeben", sagte Michael, „um uns fünfundvierzig Träger zu besorgen."

Nach dem Frühstück stiegen wir in Michaels Auto und fuhren fünfzig Meilen auf dem Weg, der am See entlang führt, um Bwamantapira, den bedeutendsten der afrikanischen Seeufer-Häuptlinge, zu besuchen, dessen Autorität sich weit ins Land bis in die Vorberge des Njika erstreckt. Am späten Nachmittag kamen wir in seinem Dorf an. Ich weiß nicht, ob er ein Wort von dem, was wir ihm sagten, verstanden hat. Seine junge Frau und seine beiden hübschen schwarzen Söhne schleiften ihn geradezu in die Türe seines kleinen Lehm-Bungalows. Da stand er ganz benommen da, ein dicker, schöner Mann auf schwankenden Beinen, der restlos betrunken war und liebenswürdig allem, was wir sagten, zustimmte.

Auf dem Heimweg überholte uns die Dunkelheit, aber zuvor hatten wir eine klare und unglaublich zärtliche Abenddämmerung. Michael war, als sie sich niedersenkte, mit seinem Gewehr im Busch. Er hatte angehalten, um einigen Perlhühnern, die wir vom See in die Wipfel der goldenen Bäume hatten fliegen sehen, nachzugehen. Sie sahen im Abendglühen aus, als seien sie mit blauen und silbernen Zechinen bedeckt, mit kleinen, scharlachroten Türkensäbeln über ihren zarten Köpfen; sobald ich sie erblickt hatte, wußte ich auch schon, daß Michael nicht werde widerstehen können, ihnen zu folgen. Er war etwa zwanzig Minuten fort. Inzwischen saß ich am Wegrand und hörte zu, wie im Busch die Nachtsymphonie angestimmt wurde.

In fünfzig Metern Entfernung trat eine kleine Duiker-Hirschkuh aus dem Busch, schaute eine Minute lang den Wagen mit dem vornehmsten und unschuldigsten Erstaunen an und trat dann zart wieder in den Busch zurück. Zehn Minuten später kam ein großer schwarzer Löwe am selben Platz zielbewußt heraus und ging, ohne rechts oder links zu blicken, auf der anderen Seite wieder in Deckung. Nahebei stiegen drei Franklyn-Rebhühner mit lärmender Hysterie auf. Hoch oben flog ein Adler langsam auf schweren Flügeln. Der rosafarbene Nachtglanz brannte auf seinen Federn und ließ einen langen, silbrigen Fisch in seinen Klauen aufblitzen. Die Nachtvögel, die Frösche am See und die Grillen sammelten verstreute Funken von Tönen ein und ließen in der Stille die Flammen eines Abendgesanges und Lobliedes aufgehen. Es tat mir leid, daß Michael diesen Augenblick beendete, als er still aus dem Busch zurückkam.

Ich berichtete ihm vom Löwen. „Oh", sagte er kaum interessiert, „das war wohl der Kerl, den ich ungefähr an dieser Stelle neulich nachts um ein Haar überfahren hätte."

Wir aßen beim Provinzkommissar Peter Gracey und seiner Frau Joan zu Abend. Das Tageslicht war lange, bevor wir ihr Haus erreichten, erloschen. Als wir durch hohes Gras und das schrille Crescendo der Nacht- und Seegeräusche den Pfad hinaufgingen, sahen wir von ferne den Hausboy an der Eingangstür stehen und für uns eine Laterne schwenken. Beim Näherkommen hörten wir einen neuen Ton, — den Klang europäischer Musik. Die Graceys spielten ihr Grammophon. Es hatte einen eigenartigen Ton. Als wir noch näher kamen, hörten wir, daß es die Matthäus-Passion von Bach war.

Ich war sofort sehr stark bewegt. Es kam nicht nur so vollkommen unerwartet, — in dieser Umgebung schien es auch wie die wahre und in sich ruhende Darstellung all dessen, was wir in unserem komplizierten europäischen Wertsystem als Höchstes empfinden. Beim Zuhören und Lauterwerden des Gesanges hatte ich das Gefühl, als sei Bachs Passion für uns fast eine Rechtfertigung. Sie schien der Tatsache, daß wir uns an dem dunklen See im Herzen des gegen Menschen so gleichgültigen Kontinents befanden, einen Sinn zu verleihen.

Die Stimmen der Grillen und der Lärm des Buschs wichen vor dem geordneten Fortschreiten dieses silbernen, klaren, unzweideutigen Klangs zurück, während die Nacht den großen Chor ungehindert zu den Sternen aufsteigen ließ.

Wir unterhielten uns mit Peter und Joan Gracey bis tief in die Nacht hinein. Ich könnte viel über die beiden und das Leben, das sie in Karonga führten, schreiben. Ich würde gerne bei den Einzelheiten ihres Lebens verweilen, aber ein Beispiel muß genügen. Nachdem wir die Platte von T. S. Eliot gehört hatten, waren es, glaube ich, die Verse, die, obwohl über ein Cambridge in Amerika geschrieben, mich so an London erinnerten, daß es mir einen Stich des Heimwehs versetzte:

Der Winterabend senkt sich herab
Mit Bratengerüchen in den Gängen.
Sechs Uhr.
Die ausgebrannten Enden von rauchigen Tagen...

Ich sagte zu Gracey: „Als ich den Pfad heraufkam und den Bach auf Ihrem Grammophon hörte, konnte ich nicht umhin zu wünschen, daß auch Livingstone hier etwas Ähnliches hätte hören können."

Er sah mich einen Moment scharf an und sagte dann: „Ich denke, er hat dasselbe, nur auf andere Weise, gehört."

Er fügte dann noch hinzu, je besser er Afrika kennenlerne, desto mehr Eindruck mache ihm, daß nach Livingstones Tod die Träger seine Leiche noch Hunderte von Meilen weit durch feindliches, gefährliches Land bis zur Küste getragen hatten. Es sei eine Tat, die ihrem sonstigen Verhalten so fern läge, daß er nie aufhöre, darüber zu staunen. Vor Jahren habe ihm ein sehr alter Eingeborener erzählt, er erinnere sich, wie er Livingstone am See stehen und sich waschen gesehen habe. Der alte Mann habe gesagt, als Livingstone sich den Kopf einseifte, seien sie alle fortgelaufen, weil sie dachten, er sei ein Zauberer, der sein Hirn herausnehme. Und doch hat Livingstone bei all dem Aberglauben und der Ignoranz, die ihn umgaben, die Einbildungskraft der Leute so gefangengenommen, daß er auch über seinen Tod hinaus die Diener antrieb. Das war der wahre Maßstab für die Art seiner Größe.

Jedenfalls habe ich in dieser Nacht, als ich in meinem Bett lag, die Wellen am Ufer hörte und mich an meinen ersten Blick auf den See erinnerte, wie noch nie zuvor verstanden, daß Livingstone gleichzeitig so gottestrunken und vom See berauscht sein konnte. Nachdem ich dem See voll ins Gesicht geblickt und dieses Wasser in seinem großen Rahmen von Bergen und unberechenbarem Himmel gesehen hatte, war es nicht schwer, mir klarzumachen, daß die Suche nach ihm leicht mit einer Suche nach Gott gleichgesetzt werden konnte.

Ich verließ Karonga am nächsten Tag vor Morgengrauen. Da wir den Weg nun kannten, fuhren wir schnell, wobei Peaches und ich uns am Steuer ablösten. Um vier Uhr nachmittags war ich wieder in Msusi. Grantham und der General waren abwesend. Grantham hatte aber sein Haus für mich warm und offen gelassen. Ich lud meine Zelte, Decken, Kochtöpfe, Seile, Benzinkanister und Lebensmittel auf. Der Jeep sah aus wie ein Christbaum auf Rädern.

Am anderen Tag brachen wir wieder in der Dämmerung auf und verbrachten die folgende Nacht in der tiefen Bucht bei einem gastfreundlichen Händler der *African Lakes Corporation*. Wir waren kurz nach neun Uhr wieder in Karonga, gerade als die ersten Träger eintrafen.

Michael war begeistert, wie alles lief. Die fünf Tage waren erst am nächsten Abend abgelaufen, aber schon waren elf kräftige Träger angekommen. Sie erhielten in der Küche Essen. Sieben von ihnen kannte er schon von früheren Fahrten in den Busch.

Wir verbrachten einen geschäftigen Tag mit dem Verstauen der Lasten. Am Nachmittag machte ich die

Runde durch die wenigen indischen Läden in Karonga. Ich kaufte fast alle vorhandenen Decken auf, dazu eine schöne Menge Salz, das wir in den Bergen, wo es sehr rar ist, als Geld benutzen wollten.

Kurz vor Sonnenuntergang gingen Michael und ich durch schulterhohes, goldgrünes, mit Samenquasten geschmücktes Papyrusgras am Seeufer spazieren. Die Gräser, die sich im langsamen Atem der Abendluft bewegten, schienen das Licht zwischen uns und der Sonne aufzuspießen und zu zersplittern.

Trotz seiner dichten Krokodilbevölkerung war der See voll von Schwarzen, die sich wuschen. Einige junge Mädchen tanzten, nachdem sie aus dem Wasser kamen, auf dem schimmernden Strand. Sie trugen scharlachrote, gelbe und braune Tücher, die sich im Laufen und Springen um ihre schlanken nackten Körper wanden und entwanden. Einige lange, schwere, ausgehöhlte Kanus, diese schwarzen Schiffe Afrikas, waren auf den Strand hochgezogen, und etliche Fischer saßen in dem bernsteinfarbenen Licht neben ihnen und flickten — heiter in ihrer uralten Arbeit fortfahrend — ihre Netze. Die Wellen des Sees schlugen stark und drängend an ihre Füße, aber sie achteten ihrer nicht.

Weit weg, jenseits des blauen Wassers, an der Grenze von Tanganjika, waren die Berge purpurn und golden, und ihre vulkanischen Risse füllten sich mit der Lava der Sonne. Es hätte leicht ein Augenblick der Begegnung zwischen Nausikaa und Odysseus an mittelländischen Gestaden sein können, aber ach! er diente nur als Moment des Abschieds in meinem eigenen gehetzten kleinen Kommen und Gehen.

Als wir nach Hause zurückkamen, waren dreißig junge und starke Träger da. Sie waren in dieser Nacht rings um ihre Feuer ein guter Anblick, und ihre lebhafte Unterhaltung erfüllte die Luft mit einer gewissen Erregung.

Doch am nächsten Tag gab es einen kleinen Rückschlag. Karramba kam unmittelbar vor dem Mittagessen restlos betrunken und ohne Träger an. Ich glaubte, Michaels schmaler Körper werde vor Wut platzen. Er bestrafte Karramba mit Entzug eines Monatslohns, degradierte ihn und schickte ihn geradeswegs fünfzig Meilen weit nach Bwamantapira mit einem Brief, der den Häuptling aufforderte, uns bis zum nächsten Abend zehn weitere Träger zu verschaffen.

Wir überantworteten Harneck unsere fünfunddreißig Träger und gaben ihm eines meiner Gewehre und etwas Munition mit. Jeder Mann bekam zwei Decken. Das hatten sie nicht erwartet, und ihre Begeisterung war tief und echt. Sie breiteten die Decken in der Sonne aus, schwangen sie um ihre Köpfe und füllten die Luft mit mädchenhaften Ausrufen des Entzückens. Es war erstaunlich, was für empfindsame, jungfräuliche Töne plötzlich aus diesen kräftigen schwarzen Körpern kamen.

Michael befahl ihnen dann, ihre Lasten aufzunehmen. Mit diesen auf ihren Köpfen marschierten sie, während sie die Hände frei schwangen, einer nach dem andern freudigen Herzens aus dem Hof und entschwanden im Gänsemarsch zum Gesang eines ihren langen Schritten angepaßten Rhythmus unserem Blick. Der Staub zu ihren Füßen stieg wie ein Schwarm goldener Bienen in die Nachmittagsluft.

Wir folgten ihnen am nächsten Tag im Auto. In der tiefen Bucht, nicht weit von Bwamantapiras Dorf, stießen wir wieder auf sie. Am Weg befand sich der alte Häuptling, um uns zu begrüßen. Er hatte sich angestrengt, nüchtern zu werden, stand da mit zwei rotbehüteten Boten seines Hofes und wartete aufrecht und mit immenser Würde auf uns. Er hatte einen großen Charme, wußte das auch und wandte ihn wirkungsvoll bei uns an. Er hatte Michaels Botschaft erhalten und sagte, wir könnten auf ihn zählen, daß er früh am andern Morgen die Träger beschaffen werde.

In dieser Nacht lagerten wir unter einem schwerfälligen schwarzen Baum. Ich habe selten einen Baum von so dichtem, dunklen Grün gesehen. Er war voller Fledermäuse und schien ganz in ihre Essenz getaucht und von ihrem Geruch und ihrer Losung durchweicht und triefend zu sein; aber er stand auf dem einzigen Stück ebener Erde, und deshalb mußten wir dort bleiben.

Wir hatten einen wunderbaren Blick auf den See. Er bildete hier eine vollkommene Bucht, und der Busch stand wie auf Zehenspitzen in der Brandung. Nicht weit vom Ufer leuchteten fünf scharfe Felsspitzen, die von Vogelmist weiß waren, die ganze Nacht durch mit einem stumpfen, phosphorisierenden Glanz. Der See war die ganze Nacht zu hören, und einmal auch eine Schar von Flußpferden, die schnaubend, keuchend und grunzend vorbeiliefen, um in die Eingeborenengärten landeinwärts einzufallen.

Unsere Träger waren müde. Sie waren in rund sechsunddreißig Stunden fünfzig Meilen weit gelaufen. Aber wir bestanden darauf, daß sie gleich mit dem Lagerdrill anfingen. Wir zwangen sie, ihre Zelte aufzuschlagen, zeigten ihnen, wie sie Tee machen konnten und teilten ihnen Reis und Zucker zu. Um acht Uhr schlief das Lager fest.

ZWANZIGSTES KAPITEL

Am folgenden Morgen brachen wir um acht Uhr auf. Unsere Träger waren immer noch etwas desorganisiert, und wir konnten nicht früher loskommen. Die zehn Träger von Bwamantapira trafen gerade ein, als die Zelte abgebrochen wurden. Sie kamen widerwillig und wurden von den Boten des Hofes geradezu vorangestoßen. Sie sahen wie eine mürrische Bande aus; deshalb ließen wir ihnen weder Zeit zu essen, noch ihren Gefühlen nachzugeben. Wir wiesen ihnen ihre Lasten an und schickten sie mit dem zuverlässigen Harneck und den übrigen voran. Ärger entsteht bei solcher Gelegenheit, wie man aus bitterer Erfahrung weiß, nie an der Spitze, sondern immer bei der Nachhut.

Der Pfad führte uns jetzt genau westwärts, über eine niedere, sumpfige Ebene, im rechten Winkel vom Seeufer weg. Das Papyrusgras stand hoch bis über unsere Häupter; wir hatten keine Sicht, nur gelegentlich einen Blick auf die Purpurwand des fernen Njika.

Es war heiß, und die Augenblicke, in denen wir stehenbleiben mußten, um von vorüberziehenden Eingeborenen Auskunft zu erhalten, waren uns ein Genuß. Unsere Träger waren außer Sicht. Nur Karramba, der sich jetzt durch und durch schämte, Michaels zwei Diener, der Koch und der Hausboy, die mit Lampen, Fetten und Pfannen behangen waren, gingen mit uns.

Zuerst kamen wir an vielen Eingeborenen vorbei, an allen Arten von kleinen Siedlungen aus Lehm, Schmutz- und Strohhütten, die sich takt- und respektvoll an die Bodenerhebung der Ebene schmiegten. Aber nach etwa zwölf Meilen stetigen Wanderns waren alle Zeichen der

Besiedlung verschwunden, und wir erblickten niemanden mehr. Ich war beglückt, als es so weit war, und hatte das Gefühl, daß wir nun wirklich unterwegs seien. Vor Freude hätte ich fast gesungen. Ich sah, wie Michael plötzlich Karramba eine Zigarette gab und wußte, daß er genauso fühlte wie ich.

Nachdem wir dreieinhalb Stunden ununterbrochen gelaufen waren, kamen wir aus dem Gras heraus und begannen in größerer Höhe einen sanften Anstieg. Der Busch war wieder da, ein blasser, gelblicher, glänzender Busch, voller Sonnenlicht und zögerndem, unsicherem Schatten. Er begleitete uns bis nachmittags um etwa vier Uhr; dann erreichten wir die Lichtung und die Felder eines kleinen Dorfes namens Nkalanga. Wir hatten seit dem Aufbruch am Seeufer etwa zwanzig Meilen zurückgelegt und beschlossen, es für heute gut sein zu lassen.

Der Umfumo des Dorfes hatte schon auf uns gewartet. Unsere Träger saßen erwartungsvoll um ihn herum und hofften auf unsere Entscheidung. Er führte uns auf einen prächtigen ebenen Lagerplatz unter drei riesige wilde Feigenbäume. Da war es sowohl schattig als auch geräumig, und in wenigen Minuten wurden die Lasten abgeladen, die Zelte aufgeschlagen, Wasser und Holz geholt und Latrinen gegraben. Der Umfumo kam selbst herbei, um zu erfahren, was für Eßwaren sein Dorf uns verkaufen könne. Wir sagten, er solle, wenn möglich, für die Träger einen Ochsen auftreiben. Diese hatten ihre Lektion gut gelernt, und das Lager war viel rascher als gestern eingerichtet.

Wir tranken gerade unseren Tee, als der Umfumo mit einem Gefolge von Frauen, die Bretter mit Eßwaren auf ihren Köpfen trugen, wiederkam. Ihnen folgte ein alter Mann, der einen jungen Bullen führte. Michael erklärte mir, daß die Eingeborenen nur selten Rinder hielten und fing zu handeln an.

Handeln ist allerdings ein zu hartes Wort für das, was vorging. Als wir in diese mageren, freundlichen Gesichter blickten, die so erfreut waren, daß die Eintönigkeit ihres Lebens durch unseren Besuch unterbrochen wurde, hatten weder Michael noch ich irgendwelche Lust dazu. Statt dessen beauftragten wir Harneck, den ernsthaften, zuverlässigen Bauern, sich mit den Verkäufern über ein bestimmtes Gewicht Salz zu einigen. Und dann verdoppelten wir die Menge. Daraufhin wurde das Dorf an diesem Nachmittag und Abend ein außerordentlich glücklicher Ort. Überall fingen die Leute spontan an zu singen und vor sich hin zu lächeln. Wir kauften für die Träger frischen Mais und gemahlene Tapioka-Wurzeln, süße Kartoffeln und Bohnen, für uns einige Eier und ein Huhn und schlachteten den Bullen, — das heißt, die Träger schlachteten ihn mit riesiger, primitiver Begeisterung. Sie sprangen an ihm hinauf, zogen ihn in den Staub und schnitten ihm sofort, ohne Zögern, Grinsen oder Schaudern den Hals durch. Sie empfanden dabei nichts anderes als ein Gefühl warmer Vorfreude auf das bevorstehende Mahl.

Unterdessen hatte ich mein Gewehr, etwas Seife und ein Handtuch ergriffen und war zwei Meilen weit zum Flußbett des Fuliwa gelaufen. Die Sonne stand schon hinter dem Njika, und seine Schatten waren lang und dunkel.

Den Njika selbst konnte ich nicht sehen, denn ich war hinter den Vorbergen, aber der Fluß Fuliwa oder Wouwe, wie er auch genannt wird, kommt von dort oben. Hier schnitt er eine tiefe Schlucht in die Hügel ein und führte darin die kalte, schwere, dicke Luft mit, die so unverkennbar von den Berggipfeln kam. Das Wasser, in dem ich badete, fühlte sich nach der Hitze in der Ebene wie Eis an, und obwohl ich mir wieder sagte, daß Kälte relativ ist, war ich froh, daß wir so gut für die Träger vorgesorgt hatten. Irgendwo schluchtaufwärts, hatte Bwamantapira uns gesagt, führte eine Art Pfad zum Njika hinauf. Ich konnte keine Anzeichen dafür entdecken. In diesem Licht sah es aus, als könne unsere Reise eine aussichtslose Sache werden.

Ich kam in der Dämmerung wieder ins Lager und traf Michael dabei an, wie er den Umfumo mit einer Flasche Rhizinusöl aus unserem Medizinkasten fütterte. Er sagte mit einer kleinen Geste komischer Bestürzung: „Ich kann ihm nicht genug davon geben. Er hat schon fast eine ganze Flasche geleert."

Die Nachricht, daß der Medizinkasten hervorgeholt war, machte schnell die Runde, und die Träger strömten von allen Seiten auf uns ein. Dies sollte in unserem Lager eine tägliche Szene werden, und ich habe oft mit echter Freude daran zurückgedacht.

Michael verband alle Wunden und Kratzer und auch noch manche häßlich eiternde Stelle auf den bloßen Füßen, fühlte den Puls und verabfolgte je nach Bedarf Paludrin, Bittersalz oder Aspirin.

Der Eingeborenenglaube an die Magie der Medizin von uns Weißen war unbegrenzt, und manche taten so, als seien sie krank, nur um auch etwas davon zu erhaschen. Sooft ein Simulant entdeckt und fortgeschickt wurde, kam dem guten Humor, mit dem er seine Entlarvung hinnahm, nur das Entzücken der Umstehenden gleich.

Das Schlachten des Bullen und die medizinische Prozedur vor dem Feuer verlieh für unser Gefühl der Reise auf den Njika nicht nur einen materiellen, sondern auch einen geistigen Inhalt. Die Fahrt hatte fortan eine Idee und einen Gefühlsinhalt, der nur ihr gehörte und der, so klein er sein mochte, auf dieselbe Weise nie wieder existieren würde. Es war ein tief befriedigendes Gefühl, und ich sagte zu Michael:

„Wissen Sie, ich glaube, es wird jetzt alles recht gehen. Es sind keine schlechten Kerle."

„Ich werde glücklicher sein", antwortete er, „wenn wir tiefer in den Bergen sind, fort von all diesen Dörfern. Dieses ist Gott sei Dank das letzte in der Nähe des Sees."

„Die Probe wird morgen kommen", sagte ich und beschrieb ihm, was ich von der Schlucht gesehen hatte. „Die einzigen, die mich etwas beunruhigen, sind Bwamantapiras Männer. Sie sehen sehr unzufrieden aus."

Er nickte und wies dahin, wo einer der Träger vom Seeufer, ein riesiger, muskulöser, schlechtgelaunter Mann, auf einige andere einredete. Er war uns schon aufgefallen, und wir hatten ihn Jo'burg Joe getauft.

„Ich glaube aber trotzdem, daß er auf meine Karonga-Burschen keinen Eindruck machen wird. Es sind nur zehn in seinem Haufen, und schlimmstenfalls könnten wir uns auch ohne sie behelfen", sagte Michael.

Der Anblick des Lagers im ganzen war beruhigend. Die Träger hatten jetzt kleine Gruppen gebildet, um ihr Fleisch über großen runden Feuern zu braten. Alle möglichen Besucher kamen aus der Nachbarschaft herbei. Die Unterhaltung war frisch und lebhaft, das Lachen froh und sorglos. Sie erholen sich sehr schnell von der Müdigkeit, diese eingeborenen Söhne Afrikas. Als sie sich für die abendliche Entlöhnung aufgestellt hatten, schien jede Spur der Erschöpfung von ihnen abgefallen zu sein.

Während des Abendessens liehen sich die Träger aus dem Dorf eine Trommel aus. Sie hatten entdeckt, daß sie einen der berühmtesten Trommler der Nordprovinz in ihrer Mitte hatten, — einen Mann, der einmal bei einem Fest zweiundsiebzig Stunden ohne Unterlaß getrommelt hatte. Er wärmte die Trommel an, ließ sich Zeit und schlug ein paar Versuchsrunden, aber die Herzen waren noch nicht dabei, und in Afrika müssen Trommel und Zuhörer eins sein. Dieser Trommler war ein Künstler. Er fühlte sofort, daß seine Zuhörerschaft noch nicht bereit war, noch nicht in sich geeint, und er machte keinen Versuch, ihr ein wirkliches Trommeln aufzudrängen.

Michael und ich saßen vor unseren Zelten; denn es war immer noch warm, und wir verfolgten alles mit Interesse. Wir waren mit dem Essen halbfertig, als plötzlich ein Mann aus dem Busch herauskam und ins flackernde Feuerlicht trat.

Es war eine sonderbare Gestalt, ganz anders als die Leute vom See. Er war kurz, untersetzt, überaus breitschultrig, mit starken Schenkelmuskeln. Er hatte breite Füße, und die Zehen standen weit auseinander. Seine Kleider waren in Fetzen. Auf dem Kopf trug er einen großen, irdenen Topf, in der rechten Hand einen breiten Speer, und in seinen Augen war ein furchtloser, unabhängiger Blick. Seine Haut sah selbst in diesem Feuer- und Laternenschein aus, als sei sie aus reinerem Schwarz als die unserer Leute.

„Auck!" hörte ich jemand ausrufen. „Ein Mpoka."

Eine Welle des Interesses ging durch das Lager. Das Reden hörte auf. Alle blickten auf den Ankömmling.

„Ich glaube, er ist vom Njika", flüsterte Michael und rief nach Karramba, der angerannt kam. Dann hatten die beiden eine lange Unterhaltung, und zum Schluß berichtete uns Karramba, daß der Fremdling wirklich ein Mpoka sei und daß er in den Hügeln gerade unterhalb des Njika lebe. Er war heruntergekommen, um einen Topf Honig zu verkaufen. Ob wir den gerne hätten? Das Wetter sei in den Hügeln schlecht gewesen. Er brauche Salz und Essen.

Vierzig Pfund wilder Honig müssen in dem Topf gewesen sein, und der Mann verlangte nur zehn Schilling dafür. Karramba wollte handeln, aber wir winkten ihn zur Seite und gaben dem Mann fünfzehn Schilling.

Wir fragten, ob er als Führer bei uns bleiben wolle, aber er schüttelte den Kopf, trat mit derselben unabhängigen Haltung in den Busch zurück und war verschwunden.

Ein ungeheures Rede-Gesumme brach bei seinem Abgang aus. Die Mpoka sind die einzigen echten Gebirgsmenschen im nördlichen Njassaland. Es gibt nur wenige, und es wird gesagt, es sei eine aussterbende Rasse oder sie gingen in den größeren Stämmen der Ebenen auf. Heute leben sie noch auf den Höhen, wohin sie vor hundert und mehr Jahren von den Angoni, Henga und arabischen Sklaventreibern vertrieben worden waren. Da bestellen sie mühselig einige abgelegene Täler und fristen ein kümmerliches Leben, indem sie wilden Honig sammeln und in den Ebenen verkaufen.

Ich glaube, es gibt keinen ähnlichen Honig. Er hat ein königliches Aroma, eine wilde, scharfe, hemmungslose Süßigkeit, die nur ihm eigen ist. Und er wird gern gekauft. Seinetwegen sind die Mpoka in der Ebene willkommen, obwohl sie selbst einen abergläubischen Schrecken ausstrahlen. Sie sollen magische Kräfte besitzen, das Geheimnis von Leben und Tod kennen und die Fähigkeit haben, sich in Hyänen und Leoparden zu verwandeln. Sie sind außerdem die Waffenschmiede dieser Welt. Ihr Stahl ist in der ganzen Umgebung berühmt. Alle Mpoka-Männer tragen prächtige lange, breite Speere, die ebensosehr Zeichen ihres Handwerks wie Waffen zu ihrer Verteidigung sind. Tief im afrikanischen Herzen steckt noch der Glaube, daß die Gabe des Schmiedes eine Gabe aus der Hand der alten Götter sei. Außerdem wird das Mißtrauen, das die Leute in den Ebenen dem Njika entgegenbringen, unweigerlich auch auf die Mpoka übertragen.

Die Mpoka ihrerseits haben nichts für die Menschen in den Niederungen übrig. Sie lehnen sie von altersher mißtrauisch ab und halten sich mit eifer- und rachsüchtigem Haß von ihnen fern. Ich will diese Dinge nicht übertreiben, aber das scharfe Interesse unseres Lagers an diesem nächtlichen Besuch war höchst auffallend. Sogar der zynische Karramba schaute unserem Besucher mit einiger Mißbilligung nach, schnitt ein Gesicht und sagte so laut, daß jeder es hören konnte: „Er sagt, wir hätten morgen einen langen Weg, und es wäre besser gewesen, wir wären nicht gekommen."

Danach verlor das Trommeln an Schwung, die Feuer fielen zu Asche zusammen, und das Lager schlief bald ein.

Am frühen Morgen führte uns der Umfumo bis zur Fuliwa-Schlucht und zeigte uns, wo wir sie auf einem gefällten Baum überqueren konnten. Unsere Träger schritten leicht hinüber, als hätten sie ihr Lebtag nichts anderes getan. Der Baum war grau vor Alter und von der Berührung vieler Füße glatt poliert. Ich ging höchst ungern hinüber. Ich kann mich an derartige Dinge, sooft ich sie auch tue, nie gewöhnen. Während ich ängstlich nach einem Halt für meine Füße ausschaue, finde ich, daß der Anblick des schnellfließenden Wassers unter mir die Aufgabe, mit einem Gewehr über der Schulter das Gleichgewicht zu halten, fast unmöglich erscheinen läßt. Ich bin noch nie heruntergefallen, aber ich rechne immer damit. Ich wartete, bis alle drüben waren und bewunderte Michaels Technik vom festen Standort aus. Er hatte seine Abneigung gegen das Unternehmen überwunden, indem er vor sich Harneck, hinter sich Karramba gehen ließ, — wahrscheinlich, damit sie ihn auffangen konnten, falls er stolpern sollte. Dann legte er seine Hand auf Harnecks Schulter, machte anscheinend seine Augen fest zu und ging langsam und ohne Schwanken wie ein Schlafwandler auf die andere Seite.

Ich folgte ihm mit unendlicher Vorsicht und versuchte vergebens, gleichgültig auszusehen.

Am jenseitigen Ufer winkten wir dem Umfumo Lebewohl. Er war ein kleines, armseliges Geschöpf und hatte einen unaussprechbaren Ausdruck von etwas, was jenseits unseres Verständnisses lag, auf seinem Gesicht. Am Rande des unermeßlich schimmernden Buschs sah er traurig, ausgesetzt und verlassen aus.

Dann begannen wir den Aufstieg und waren bald seiner Sicht entschwunden.

Die Spur, die laut Umfumo die einzige war, war zuerst ein klar ausgeprägter Fußpfad. Aber ein bis zwei Meilen schluchtaufwärts verengte sie sich zu wenig mehr als einer alten, brüchigen Geißenspur, die offenbar selten benutzt wurde. Beim Klettern stand uns die Sonne im Rücken. Im Verlauf des Morgens wurde es sehr heiß, und der Busch war so dünn, daß er uns kaum mehr Schutz bot. Nach einer knappen Stunde setzten sich alle Träger zu ihrer ersten Ruhepause hin. Michael und ich ließen uns zwischen ihnen nieder und redeten mit ihnen.

Sie waren heiter, und das Mahl am Abend hatte ihnen wohl getan, aber es war mir klar, daß sie sich noch nicht in Form befanden. Dabei waren wir ja erst am Eingang der Schlucht, und das Schlimmste sollte noch kommen. Wir gaben ihnen zehn Minuten und brachen wieder auf.

Nach einer dreiviertel Stunde verlangten sie wieder eine Ruhepause. Der Pfad war steiler geworden, aber noch gab es keine echten Kletterschwierigkeiten. Ich bemerkte, daß die Wände der Schlucht näher an uns heranrückten und daß das Rauschen des Fuliwa, den wir seit seiner Überquerung nicht mehr gesehen hatten, lauter wurde.

Eine halbe Stunde später forderten die Träger noch eine Ruhepause. Sie atmeten schwer und klagten über Schmerzen in den Beinen. Diesmal ruhten sie fast eine halbe Stunde aus. Der Fluß war jetzt ganz nahe und dröhnte wie ein Windsturm in den Bäumen. Wir stiegen eine weitere Stunde stetig bergan und kamen an den Fluß.

Die Bäume lagen jetzt unter uns. Wir schauten auf zwei Grasgipfel, die auf jeder Seite hoch vor einem Himmel standen, der so intensiv blau war, daß er fast schwarz wirkte. In einer Entfernung von ungefähr fünfzig Metern stürzte sich der Hauptwasserarm in einem Schlamm- und Donnerfall die Schlucht hinab. Neben dem Pfad war ein tiefer Tümpel. Die Träger warfen ihre Lasten ab und plantschten alle schnell in das eiskalte Wasser. Das sah ja sehr hübsch aus, aber unser Tag war schon stark angebrochen. Niemand wußte, wann wir aus der Schlucht heraus sein würden. Offensichtlich konnten wir hier nicht übernachten.

Ich sprach mit Michael. Er rief seine Askaris, und wir brachen wieder auf. Nur Jo'burg Joe machte eine Szene. Er war von allen der kräftigste, aber jetzt wollte er eine längere Pause und fluchte Harneck an. Sofort ging Michael auf ihn zu und befahl ihm, seine Last aufzunehmen. Alle Träger waren stehengeblieben und schauten mit gespannten, zur Kritik bereiten Gesichtern zu.

Michael betrachtete Joe gelassen von oben bis unten, als sähe er ihn zum erstenmal. „Nimm deine Last und tu, wie dir befohlen wird", sagte er ruhig, als gäbe es gar keine Möglichkeit weiteren Ungehorsams. Joe stand auf und lief weiter.

Eine Zeitlang ging es besser, bis wir den Fluß nochmals überqueren mußten. Das jenseitige Ufer war ein steiler Grashang von etwa 170 Meter Höhe. Den mußten wir hinaufkommen. Ich hatte größtes Mitleid mit den Trägern. Mir war es ein schweres Stück Arbeit, mich selbst und mein Gewehr hinaufzubringen.

Oben angekommen, waren sie erschöpft. Noch deprimierender wirkte, daß wir uns auf einer isolierten Spitze in einer Welt ähnlicher Spitzen befanden, die wieder von riesigen, grasbedeckten Gipfeln im Hintergrund umsäumt waren. Hier sollte eigentlich ein Mpoka-Dorf sein, aber wir sahen kein Zeichen dafür, und der Nachmittag war schon vorgeschritten.

Wir stiegen mühselig vier oder fünf dieser Spitzen hinauf und hinunter. In den Tälern versanken wir bis zu den Knien in Schmutz und Schlamm, um uns auf der anderen Seite wieder langsam aufwärts zu mühen. Gegen vier Uhr, als wir nur noch anderthalb Stunden Tageslicht hatten, sah ich endlich vor uns keine Bergspitze mehr, sondern einen langen Graskamm, der golden und grün geradewegs auf die untergehende Sonne zulief.

Unsere Träger waren jetzt in einer langen, unregelmäßigen Linie bergauf und bergab verstreut. Wir hatten ausgemacht, daß Michael hinten bleiben und ich vorangehen sollte.

In der Überzeugung, daß ein gutes Beispiel mehr wert sei als alle Ermahnungen der Welt, ging ich mit einem stämmigen, fröhlichen Burschen aus Karonga voran. Ich hatte ihm ein paarmal mit seinen Lasten geholfen, und seine Haltung hatte mir von Anfang an Eindruck gemacht. Wir stiegen gleichmäßig den Bergrücken hinauf. Wenn man ein Beispiel geben will, darf man nicht stehenbleiben; das Geheimnis besteht darin, weiterzugehen, stetig, unerbittlich, weiter und weiter. Das alles und noch mehr leistete dieser Karonga-Bursche. Seine Lungen keuchten, aber er wurde nie langsamer. Kein einziges Mal blieb er stehen, sondern er ging langsam hinauf, hinauf und nochmals hinauf. Um fünf Uhr hatten wir den Rücken erreicht, der Boden wurde eben, und wir konnten verhältnismäßig schnell durch eine Art von hohem, goldenen Hafergras laufen. Der nächste

Träger kam langsam hinter uns her. Er war etwa eine Meile weit zurück, als wir um fünf Uhr zwanzig plötzlich über den jenseitigen Rand des Rückens stiegen und da, ganz nahe am Rand eines tiefen Tals, einen kleinen Mpoka-Weiler aus vier Hütten entdeckten. Hier war genug ebener Boden für unsere Zelte.

Ich ließ meinen Gefährten die Lasten ablegen, ihn auf einen Vorsprung klettern und die magischen Worte zurückrufen: „Leute, ein Dorf, ein Dorf."

Seine klare Stimme weckte ein lang nachrollendes Echo, und dann klang von hinten die frohe, wirre Bestätigung aus immer weiteren Fernen zurück. In diesem Augenblick ging die Sonne unter.

Das Dorf hieß Mwatangera, und der Umfumo, ein schöner, kräftiger junger Mpoka-Mann mit einer roten Mütze kam den Hang heraufgerannt, um uns zu begrüßen. Seine Haltung war respektvoll, aber er war zu aufgeregt, um würdevoll zu sein. Er nahm mich bei der Hand, führte mich ins Dorf und stellte mich seinem alten Vater vor, der so alt war, daß ich nicht den Wunsch hatte, seine Jahre zu erraten. Seine einst schwarzen Augen waren blau und matt geworden wie bei einem sehr alten Hund. Er hielt mit beiden Händen meine Hand, ohne sie loslassen zu wollen, und Tränen strömten über sein Gesicht.

Ich sagte dem Umfumo, daß der eigentliche Regierungsbeamte erst noch kommen werde. Sogleich machte er sich raschen, eifrigen Schrittes auf, um Michael entgegenzugehen. Ich bemerkte, daß in dem Dorf nur noch zwei Männer waren. Alles übrige waren Frauen und Dutzende von dickbäuchigen, nackten, breitäugigen Kindern. Die Männer hatten den Frauen schon Arbeit angewiesen. Vor Begeisterung schreiend und lachend, rannten sie den steilen Abhang in die Mulde hinab, um Wasser zu holen, brachten Holz zum Feuern und holten ihre mageren

Vorräte an Mais und Bohnen für unser Essen hervor. Bald brannten ein Halbdutzend Feuer und wiesen dem Rest unserer Gesellschaft den Weg.

Diese Feuer hatten wir auch nötig. Eine halbe Stunde nach Sonnenuntergang stand das Thermometer nur wenig über dem Gefrierpunkt. Ein kalter Wind blies vom Njika ins Tal herunter. Michael und ich froren in unserem Zelt und zogen unsere wärmsten Kleider an. Er trank etliche Gläser Branntwein, ich etwas kostbaren spanischen Sherry, den er bei sich hatte. Als sein Koch uns große Näpfe voll Hühnersuppe und große Portionen Huhn mit Reis brachte, waren wir wirklich sehr empfänglich dafür. Es war seit dem Morgen unsere erste Mahlzeit.

Wir waren nach meiner Schätzung vierzehn Meilen weit gekommen und — ohne die herzzerreißenden Spitzen und das sonstige Auf und Ab mitzurechnen — auf etwa 2000 Meter Höhe gestiegen. Als Belohnung konnten wir hier, an unserem zweiten Tag, vor einer großen Bergtour zum Njika kampieren. Aber wir hatten unsere Träger gefährlich stark angetrieben. Es war zwar klar — das zeigte die intensive Kälte —, daß wir unmöglich die Nacht in der Schlucht hätten verbringen können; doch waren die Leute am Ende ihrer Kräfte.

„Am besten werden wir sie morgen hier den ganzen Tag ausruhen lassen", sagte Michael.

Als wir ihnen das mitteilten, ging ein tiefes Gemurmel der Dankbarkeit und Zustimmung durch das Lager, und jeder Mann aß mit erhöhtem Eifer weiter. Aber in dieser Nacht wurde nicht getrommelt.

„Das ist ein Taugenichts-Dorf, Bwana", sagte Karramba mit höchster Verachtung, „es besitzt nicht einmal eine Trommel."

Selbst wenn eine dagewesen wäre, hätte es, dessen bin ich sicher, kein Trommeln gegeben.

EINUNDZWANZIGSTES KAPITEL

Am anderen Morgen wachte ich zutiefst deprimiert auf. Es war ein wunderschöner Morgen. Soweit mir bewußt war, hatte ich eine gute, wenn auch etwas kalte Nacht verbracht. Wir hatten viel erreicht. Ich war in der besten Stimmung eingeschlafen. Es sah jetzt wirklich aus, als könne uns nichts daran hindern, auf den Njika zu gelangen, — ein Ereignis, das allen schlecht unterdrückten Erwartungen der Sachverständigen und Behörden der Gegend widersprochen hätte. Die Träger waren alle guter Laune. Sie lachten und schwatzten mit größter Lebhaftigkeit an ihren frühmorgendlichen Feuern. Alles sprach dafür, daß ich mich freuen solle, aber es war eben anders: gegen alle Vernunft, gegen meinen Willen, gegen die Aussage meiner Sinne war ich von einer niedergedrückten Stimmung befallen, die mich nicht loslassen wollte.

Sobald wir mit dem Frühstück fertig waren, riefen wir den Umfumo und Harneck. Ich nahm mein Gewehr, Michaels Kinoapparat wurde vom Umfumo und Harneck gemeinsam getragen, und wir stiegen ins Tal hinunter.

Im Westen waren drei Gipfel, die über das Tal hinweg unserem Lager gegenüber lagen: Haupt Nkalanga, das in der Luft eine Art rhythmischer Drehung machte; der Charo-Berg, gesetzt, solide und zuverlässig, wie es sich für den zentralen Gipfel gehört; und Haupt Kasanga, das links von diesen beiden sein eigenes steiles Melodrama aufführte. Sie waren alle drei etwas weniger als 2700 Meter hoch. Wir wählten die goldene Mitte und stiegen den Charo hinauf.

Es war kein schweres Klettern. Der Morgen war hell und klar, und sooft wir zurückblickten, hatten wir eine schöne Aussicht auf die zerklüftete Schlucht und die Täler, durch die wir gekommen waren, auf die flimmernde Ebene und weit im Hintergrund auf das blaue Wasser des Njassa.

In zwei Stunden waren wir nah am Gipfel, als uns plötzlich ein höchst eindrucksvoller Beweis für die Macht der afrikanischen Sonne geliefert wurde. Wir hatten uns eben umgedreht, um zurückzuschauen, als ohne Warnung eine riesenhafte schwarze Wolke aus drehendem, kreisenden Nebel sich bildete und auf unsere Köpfe niederströmte. Es war erst zehn Uhr und ein Wintertag, aber schon hatte die Sonne aus dem See genug Feuchtigkeit ziehen können, um alle diese fernen Bergspitzen in ein dickes, schwarzes Leichentuch zu hüllen.

Der Umfumo, dessen rotes Barett jetzt wie eine erleuchtete Kerze uns vorausging, schien von dem Ereignis nicht betroffen zu sein. Er sagte, so sei es immer. Mit der Zeit werde es sich wieder aufklären.

Wir waren am letzten, steilsten Stück des Anstiegs, als der Nebel herunterkam, und ich hatte Grund, ihm dafür dankbar zu sein; denn — ich wußte nicht warum — meine Depression schien sich in ein ungewöhnliches, starkes Schwindelgefühl verwandelt zu haben. Wir kletterten an einem fast senkrechten Grashang von etwa 700 Meter Höhe hinauf. Wäre jemand ausgerutscht oder gestolpert, so wäre er ohne Zweifel gerade in die Tiefe gestürzt, denn es war kein Baum, kein Felsblock zum Festhalten da. Meist bin ich bei solchen Gelegenheiten einigermaßen brauchbar; aber zu meinem Entsetzen war ich an diesem Morgen vom Gefühl besessen, mir zuviel zugemutet und mich zu hoch über meine Kraft und mein Gleichgewicht erhoben zu haben. Da kam zu meiner großen Erleichterung der Nebel herunter und löschte jedes Höhengefühl in mir aus.

Als wir oben waren, setzten wir uns hin, um, wie der Umfumo es uns versprochen hatte, das Aufklären abzuwarten und unseren ersten Blick auf den Njika zu bekommen. Michael bereitete seinen Apparat für den großen Augenblick vor. Ich hatte neben mir meinen Kompaß auf die Henderson-Karte gelegt. Harneck und der Umfumo saßen, gemäß den angeborenen guten Manieren der Eingeborenen, ein Stück entfernt hinter uns und redeten unaufhörlich mit leisen, zufriedenen Stimmen.

Es war dunkel und sehr kalt. Ein eisiger Wind bewegte den Nebel über den Gipfel. Ich legte mich auf den Rücken ins Gras. Wie beschützt, wie warm es da war! Ich schmiegte mich so tief wie möglich hinein, fast wie ein Steinbock, eine Antilope, die Zug und kalte Winde so haßt, daß sie im Schutzfinden sogar in den trostlosesten Gegenden ein großer Künstler geworden ist.

Ich holte mein kleines Notizbuch hervor, um eine Bemerkung über die Höhe des Charo einzuzeichnen, — da entdeckte ich plötzlich, daß es Sonntag war und stellte das Datum fest. Das war, als sei eine große, doppelte Scheunentür in dem Speicher meines Gemüts aufgebrochen, und meine Depression fiel ins volle Tageslicht heraus.

Denn es war an einem Sonntag geschehen, einem wunderschönen, warmen, strahlenden Sonntag am Fuße des dreitausend Meter hohen Goenoeng Gedeh auf Java. Heute war der vergessene siebente Jahrestag. Ich, oder vielmehr das, was gegenwärtig mein „Ich" auf seiner besonderen Mission in Afrika war, hatte ihn, wie schon einige Male zuvor, vergessen. Aber in unserem Blut gibt es etwas, was nicht leicht vergißt; unsere Herzen und unser tiefster Sinn haben ihren eigenen Willen und Weg, und es gibt Jahrestage, auf deren Begehung sie bestehen, gleichgültig, womit unser waches Bewußtsein beschäftigt sein mag.

Wenigstens ist es mir immer so ergangen, und ich war unsagbar niedergeschlagen, bis ich vor mir selbst diesen bösen Geburtstag anerkannte. Sobald ich ihm voll und offen ins Auge sah, wurde es besser. Denn dieses war eine jener traurigen Freundschaften, die ich früher erwähnt habe, und weil sie für meine innere Reise wichtiger war als die Zeit oder der Ort, an dem ich mich zufällig befand, muß ich ihr noch einmal die Hand im Wiedererkennen reichen.

Damals waren wir eine kleine und, wie es schien, verurteilte Gruppe britischer und australischer Kriegsgefangener in japanischer Hand. Wir lagen in einem alten holländischen Gefängnis für Schwerverbrecher am Fuße des Gedeh, des schönsten von Javas zahlreichen Vulkanen. Es war ein Sonntagmorgen nach einer Regennacht; ich saß in einem Malariaanfall mit Schüttelfrost in der Sonne und versuchte vergeblich, mich zu wärmen, als die Japaner den ältesten Fliegeroffizier, Geschwader-Kommandeur Nichols[1], und mich holen ließen. Nachdem

[1] W. T. H. Nichols, Geschwader-Kommandeur, einst Staffelkapitän, dient immer noch in der Royal Air Force, der er vor vielen Jahren in jugendlichem Alter beitrat. Ich habe die Absicht, einmal ein Buch zu schreiben über die Gefängnisse, in denen er und ich zusammen waren und etwas von dem Dank abzustatten, das sein Land und Tausende von Kriegsgefangenen ihm schulden. Er war ein großer Lagerkommandant. Im letzten Krieg habe ich Mut mancherlei Art erlebt, aber keiner war mit dem von Nichols vergleichbar. Für ihn war er so selbstverständlich geworden, daß er immer und jeden Tag aufs neue in ihm war, gleich der Farbe seiner Augen und der Form seines Kopfes. Weder dieser Mut noch, was seltener ist, die Einbildungskraft ließen ihn oder uns in jenen langen grimmigen, der Sprache beraubten Jahren in den japanischen Gefängnissen im Stich. Als wir freikamen, blieb ich weiter in Java, aber ich weiß, daß bei der Rückkehr nicht einer unserer rund tausend britischen Kriegsgefangenen der Rehabilitierung bedurfte, — wie anders war es mit den Gefangenen, die von anderen Kriegsschauplätzen zurückkehrten! Ich hoffe, daß irgendjemand irgendwo in der RAF sich gesagt hat: „Das ist höchst ungewöhnlich. Wie ist dieses Wunder zustande gekommen?" Anm. d. Autors.

wir uns gemeldet hatten, wurde uns befohlen, eine Gruppe von fünfundzwanzig Offizieren und Unteroffizieren nachmittags um zwei Uhr zur Parade zu führen. Das war alles, weiter nichts.

Nick sah erleichtert aus. Ich sagte nichts. Ich war sicher, den Blick in ihren Augen richtig erkannt zu haben. Ich hatte es schon einmal durchgemacht, er nicht. Entweder würden sie uns töten oder uns zuliebe jemand anderes töten. Aber ich sagte nichts; denn ich hätte mich irren können. Nur betete ich im Herzen, meine Malaria möge für den Fall, daß ich Recht hätte, genügend nachlassen und mein Schüttelfrost aufhören. Ich wollte nicht, daß sie mich zittern sähen und annehmen könnten, ich hätte Angst.

Wir gingen um zwei Uhr zur Parade. Mich schüttelte das Fieber immer noch heftig. Wir marschierten zum Tor hinaus, durch Straßen voller holländischer Bürger, die ihre Kinderwagen schoben oder ihre Kinder beim Sonntagsspaziergang an der Hand führten.

Wir marschierten vier Meilen zu einem großen Sportfeld. Alle Sorten Maschinengewehre waren da aufgestellt. Hunderte von Soldaten in Stahlhelmen mit Gewehren und aufgepflanztem Seitengewehr standen im Umkreis, Hunderte anderer lachten aufgeregt und drängten sich auf dem Sportfeld.

Ja, ich hatte Recht gehabt. Es sollte eine Exekution sein.

Ich sagte leise ein Gebet, daß mein Fieber, dieser schreckliche Malariaschüttelfrost, vergehen möge. Sofort hörte mein Körper auf zu zittern und ein schöner warmer Schweiß brach aus.

„Schau!" sagte ich zu Nick in äußerstem, dankbaren Staunen und streckte meine Hand aus. „Meine Hand ist jetzt ganz ruhig."

Er lächelte beifällig und antwortete: „Sehr ordentlich!"

Daß er nicht über-, sondern untertrieb, war durchaus englisch.

Schon waren tausend holländische Offiziere und Mannschaften auf dem Sportfeld aufgereiht, dazu die gleiche Zahl ambonesischer Truppen aller Dienstgrade. Wir führten unseren Trupp zwischen diese beiden und machten kehrt. Uns genau gegenüber, in einer Entfernung von zwanzig Metern, waren zwei Bambusschäfte fest im Boden eingegraben.

„Schaut, Leute", sagte ich, oder so ähnlich, „das wird eine Hinrichtung, also bewahrt Haltung und seid vorbereitet."

„Ja", sagte Nick, „ich brauche euch nicht daran zu erinnern, wer wir sind und warum wir hier sind. Steht fest!"

Dann sahen wir die Opfer. Bis zum heutigen Tage weiß ich ihre Namen nicht, aber wie sie gestorben sind, verdient aufgezeichnet zu werden, auch wenn es ihnen nichts mehr helfen kann. Einer war ein Eurasier, der andere ein Ambonese. Sie gingen munter und fest über den Boden. Der Eurasier wurde eng an die beiden Pfähle gebunden, der Ambonese mußte vor uns ins Gras knien, fast zu unseren Füßen, und seine Hände wurden ihm auf dem Rücken gefesselt. Unsere erste Reaktion war: „Gott sei Dank, nicht zwei der unseren", und die zweite: „Die armen blutigen Teufel!"

Die schwarzen Rohre von einem Dutzend schwerer Maschinengewehre wurden in unsere Richtung gedreht. Ein japanischer Offizier ging auf den Ambonesen zu, der langes schwarzes Haar hatte. Der Offizier hob dieses Haar von seinem Nacken auf und ließ es über seine Augen fallen. Dann trat er zurück, zog sein Schwert, maß die Entfernung aus, trat wieder vor und legte dem Ambonesen das Haar wieder glatt. Diese grausame Szene wiederholte er fünfmal.

Das sechste Mal erhob er sein Schwert, brüllte plötzlich aus der Tiefe seines Bauches wie ein Mann in einem Alptraum, sprang vor und hieb ihm mit einem Schlag den Kopf ab.

Überall um uns herum fielen die Holländer und Ambonesen in tiefe Ohnmacht.

„Steht fest, Kerle", sagte Nick.

Ein Lautsprecher überflutete fast seine Worte.

„Dieser Mann ist getötet worden", dröhnte er uns an, „weil er gegen die japanische Armee einen Geist der Aufsässigkeit bewiesen hat."

Drei japanische Soldaten mit aufgepflanzten Seitengewehren reihten sich jetzt vor dem Eurasier auf. Sein Körper war zwischen den Pfählen wie auf einem Kreuz ausgezogen. Dann stieß der Japaner auf der Rechten denselben sinnlosen, unmenschlichen, urtümlichen Zwerchfellschrei aus wie der erste Offizier und rannte sein Bajonett dreimal in den gefesselten Eurasier, dessen Haut beim erstenmal wie ein Trommelfell platzte. Der nächste Soldat und dann der übernächste wiederholten den Vorgang; dann machten alle drei kehrt, fielen auf den Bauch und feuerten vier Salven in den haltlosen, herabsackenden Körper des Eurasiers.

Während dieser ganzen Zeit standen die fünfundzwanzig Mann stramm, aber der Offizier neben mir, Jan Horobin[2], war für diese Welt gestorben, ein Zu-

[2] Als der Krieg ausbrach, vertauschte Jan Horobin, konservativer Parlamentsabgeordneter für Southwark, die Politik mit dem Dienst in der RAF. Nach der Kapitulation der alliierten Streitkräfte auf Java machte er den Versuch, sich in den Hügeln von Bantam mit mir zu vereinigen, wurde aber in der Folge krank. Er wurde von den Japanern gefangengenommen und eingekerkert. Weil er sich so entschieden geweigert hatte, Fragen über mich und andere Dinge zu beantworten, wurde er von seinen Häschern schwer geschlagen und bös mißhandelt. Er befand sich in einem sehr schlechten Gesundheitszustand, als auch ich viele Monate später zu ihm ins Gefängnis geworfen wurde, aber sein Geist war unbesiegbar. Wir haben alle einen reichen Vorrat der weisen

stand, der ihm alle Ehre machte. Er wie wir lebte jeden Augenblick dieser beiden demütigen, namenlosen Opfer mit zu Ende, erlebte sie ohne Hoffnung oder Mitleid oder Zukunftserwartungen für sich selbst mit. Doch beim ersten Bajonettstich fuhr er zusammen, als ob er selbst den Stich erhalten hätte und schwankte auf den Füßen. Ich legte meinen Arm um ihn und brachte es auf diese Weise fertig, ihn bis zum Ende der blutigen Angelegenheit aufrecht zu halten. In diesem Augenblick liegt, glaube ich, für mich die wahre Bedeutung jenes Nachmittags. Denn als ich um Horobin, einen Fremden, meinen Arm gelegt hatte, um ihn zu stützen, fühlte ich zu meinem großen Erstaunen, wie nah er mir war. Es schien zwischen uns keine Scheidewand zu geben; wir hätten dieselbe Person unter derselben Haut sein können; und trotz den schrecklichen Umständen des Augenblicks ging eine wunderbare Wärme und Sicherheit in mir auf, wie Wein und Gesang. Das ganze Gefühl des Isoliertseins, mein ganzes ruheloses, suchendes Ich, mein verzweifeltes Zwanzigstes-Jahrhundert-Gefühl des Vereinzeltseins und des Verhängnisses war verschwunden. Ich war allem wie im Blitz entronnen, und weit darüberhinaus in einer Welt von unzertrennlicher Nähe. Das, so habe ich erfahren, war die Wahrheit: seine Nähe zu mir, meine zu ihm. Es war das Herz der Wirklichkeit.

und witzigen Aussprüche, mit denen Horobin unsere Tage im Gefängnis belebte, mit uns weitergetragen.

Er hat über diese Hinrichtung ein sehr bewegendes Gedicht geschrieben mit der Überschrift *Sonntag auf Java*. Wir vergruben es sorgfältig, um es nicht in japanische Hände fallen zu lassen. Nach dem Krieg habe ich eine Kompanie japanischer Gefangener eine Woche lang danach graben lassen, aber wir haben es nie wiedergefunden, und leider kann Horobin sich weder daran erinnern, noch hat er das Herz, es noch einmal zu schreiben, und in gewissem Sinne ist das auch nicht nötig. Das Gedicht wird auf eine andere Weise in Leben verwandelt. Denn heute setzt Horobin alle seine großen Gemüts- und Geistesgaben rückhaltlos für die Leitung der Knabensiedlung der Mansfield House Universität im Osten Londons ein. Anm. d. Autors.

So wären wir alle einer dem anderen nahe, wenn wir uns nur erlauben würden, es zu tun. Mit einem jauchzenden Gefühl der Erlösung aus der Unwirklichkeit, aus meiner Umwelt aus dem Gefängnis, das ich selbst war, gelobte ich, in den kommenden Jahren diesen Augenblick nie zu vergessen. Ich beschloß, daß ich, wenn ich am Leben bliebe, — und damals war mir das nicht wirklich wichtig — versuchen würde, dieses Augenblicks in all meinem Tun eingedenk zu sein. Dann streckte auch Nick seinen Arm aus, um Horobin zu helfen; er berührte mich, und ich bemerkte, daß auch er genauso nah war.

An jenem Abend fanden wir, ins Gefängnis zurückgekehrt, eine nachtschwarze Düsternis vor. Zuerst gab es zwar riesige Erleichterung über unsere Rückkehr, aber als sich die Berichte über die Hinrichtung herumgesprochen hatten, verbreitete sich die Überzeugung, daß wir die nächsten Opfer sein würden. Wir riefen alle Mann zu unserer regulären Abendandacht, Horobin las das Kapitel des Tags aus der Bibel und redete zu den Leuten, als sei ein Prophet von einem Berg Palästinas heruntergekommen. Das half, aber sie waren immer noch niedergeschlagen. Ich hatte immer noch Malaria und zitterte vor Schüttelfrost, der mich bei der Rückkehr ins Gefängnis wieder ergriffen hatte. Aber ich wußte, daß ich etwas tun müsse, um den Leuten durch diese Nacht und aus ihrer Verzweiflung zu helfen.

Afrika kam mir zu Hilfe. Ich erzählte den Männern zweiundeinhalb Stunden lang von den Tieren Afrikas, vom Busch, von den Ebenen, den großen freien Berggipfeln und unermeßlichen Himmeln; über das Leben, das ein unaufhörlicher Treck sei, eine Reise, die weder von einer Straße noch einer Mauer eingeengt werde. Das Gefühl des Verhängnisses, die Erinnerung an den Totschlag am Nachmittag, die die Mitgefangenen von uns fünfundzwanzig übernommen hatten, wich zurück dank dieser heraufbeschworenen Vision meiner Kindheit in Afrika. Bevor die Nacht um war, hallte unser Gefängnis vom Gelächter über die Possen von Pavianen und Elefanten, Löwen und Nashörnern wider. Damals erkannte ich, wie tief, wie lebensspendend und stärkend diese Vision von Afrika in meinem Blut ist; daß ich — in ihrem Besitz und in meinem Wissen über unsere gegenseitige Nähe — bis ans Ende der Welt und der Zeit reisen könne.

Plötzlich setzte ich mich auf dem Gipfel des Charo mit einem so durchdringenden Gefühl des Glücks und der Befreiung auf, daß mir die Tränen kamen. Es war immer noch dunkel. Michael war immer noch bei seinem Apparat, der Umfumo und Harneck schwatzten immer noch. Es konnte nicht länger als etwa eine Minute gedauert haben, daß ich diesen Augenblick von vor sieben Jahren wieder durchlebte, aber der Gewinn war mein. Alles übrige war zurückgewichen.

Ich legte mich wieder ins Gras zurück, und es kam mir vor, als habe der Berg mich freundschaftlicher umfaßt. Auch er wirkte unglaublich nah und hilfsbereit. Es war, als ob durch mich und durch sein großes starkes Herz bis ins Erdinnere die Achse laufe, auf der sich die weite Welt durch den Raum und die Zeit dreht. Ich hatte eine Vision vom Weltganzen und von mir erlebt, in der das äußere Rund auf eine bloße mathematische Abstraktion reduziert wurde und alles Mitte war: eine große, nie versagende Mitte, und ich selbst war im Herzen Afrikas, im Herz der Mitte.

Doch, wenn wir wirklich so eng und nah beieinander waren, was hielt uns dann so offenbar, so schmerzhaft und gefährlich auseinander? Es war vorstellbar, daß der Mann am Pfahl, der kopflose Ambonese, Horobin, Nick und ich uns nahe waren, aber was konnte unserem Eins-Sein ferner sein als die Japaner? Das ging mir an diesem Morgen so klar auf. Die Entfernung zwischen ihnen und uns war die Entfernung ihrer Unwirklichkeit; genau wie heute die Entfernung zwischen uns allen durch unsere Unwirklichkeit erzeugt wird. Jene Japaner wußten nicht, was sie taten. Sie glaubten, sie täten etwas, was sie nicht taten. Sie gaben ihren Opfern ein glänzendes, romantisches militärisches Begräbnis, — was hätten Männer mehr verlangen dürfen? Sie glaubten, ihre Pflicht edel, schön und gerecht zu erfüllen. Und doch taten sie das Gegenteil, taten es, weil ihr Bewußtsein ihrer selbst und ihres Lebens unzureichend war. Denn das Unwirklich-Sein beginnt in einem unvollständigen Bewußtsein unserer selbst; es beginnt in der Erhöhung eines Teils von uns auf Kosten des Ganzen. Dann steigt aus dieser tiefen Schlucht, der wir erlaubt haben, zwischen unseren beiden Hälften aufzubrechen, aus der Scheidung zwischen Europäer und Afrikaner in uns die Unwirklichkeit herauf und überwältigt uns.

Überall gibt es Beweise dafür, daß die große Flut des Unwirklich-Seins im Steigen ist. Das menschliche Wesen, die natürliche Person hat nie durch das Leben und durch sich selbst so wenig Ehre erfahren wie heute. Es ist in Theorien, in versteinerten Religionen gefangen und wird vor allem durch den eigenen Mangel an Wissen um sein Unbewußtes erwürgt.

Der Mord geht um. Die Luft ist erfüllt vom Gestank verwesender Leichen. Aber der Mord beginnt nicht auf dem Schlachtfeld. Dort ist er in gewissem Sinn am rarsten. Der Mord ist in uns selbst, in unseren Herzen, unserem tiefsten Ich, und keine stellvertretenden Abenteuer in den Spuren von Sherlock Holmes, Wimsey und Poirot geben uns frei. Der Mörder ist mächtig und respektiert. Er hat Kirchen und Wissenschaften, Gewerkschaften, politische Bewegungen und Diktatoren auf seiner Seite und erkennt sein Verbrechen nicht. Er hat ein sauberes morgendliches Gesicht, spricht schön, hat gute Manieren und elegante Kleider. Er sitzt neben den Richtern, und ihre Gesetze sind für ihn. Er ist geschickt im Aushandeln höherer Löhne, längerer freier Nachmittage, besserer Häuser und feinerer Apparaturen, die immer raffinierter werden, um die Trivialität der Dienste, die sie leisten, zu verschleiern.

Vielleicht ist das alles nicht sehr schädlich. Aber wie steht es mit seinem Bruder auf der anderen Seite des Zaunes, dem dunklen siamesischen Zwilling jenseits der Schlucht, dem Kaliban[3], der auf der stürmischen Seite der Insel außer Sicht gehalten wird, dem verachteten Afrikaner weit hinter diesen blauen Bergketten? Wir ermordeten ihn oder werden von ihm von Zeit zu Zeit ermordet, aber können wir unserem dunklen Bruder die Schuld zuschieben? Wenn wir ihn aus Tugend ermorden, warum soll er nicht töten, um überleben zu können?

Diejenigen, die bereit sind, die Augen aufzumachen, finden die traurige, geheime Gegenwart dieses Tötens in unser aller leuchtendem und dem zwanzigsten Jahrhundert verhafteten Blick. Die Molotows dieser Welt, die Multimillionäre, die raschen unduldsamen Puritaner und einäugigen Chirurgen tragen das Geheimnis ihres Drangs zum Mord in ihren Gesichtern, wenn sie sich dessen auch gar nicht bewußt sind. Es ist nur das Unwirklichsein, das uns auseinanderhält, das tötet und mordet und Lobeshymnen auf sibirische Konzentrationslager und großstädtische Ausbeuter anstimmt.

Aber das muß nicht sein. Es gibt Raum für beide, für Ariel und Kaliban, Kain und Abel, es ist Platz für alle, ohne Mord, in der Mitte, im Herzen, das nur ein Innen,

[3] Halbmenschliches Ungeheuer in Shakespeares „Sturm". Anm. d. Übers.

kein Außen hat. Wenn hell und dunkel, Nacht und Morgen nur die Sprache verstünden, die sie über die Schlucht des Nichtbewußtwerdens hinweg miteinander sprechen, dann würden sie einander schon in die Arme fallen.

Ich wiederhole. Nur dieses Bewußtwerden ist wahr. Und im Augenblick, in dem es sich vollzieht, hat der Mensch weder Furcht noch Kriechertum. Es macht ihm nichts aus, wieviel man von ihm fordert oder wie gefährlich das Geforderte ist, wenn es nur etwas Einheitliches, Ganzes, Vollständiges ist, seinem vollen Ich genug. Er ist größer als jeder Diktator, als jede Fabrik oder Gewerkschaft. Er ist ein mächtiges und heroisches Atom.

Jede Vision seiner selbst oder des Lebens, die das nicht anerkennt, tötet entweder oder wird getötet. Denn hier im Herzen macht des Menschen dunkler, urtümlicher Mut ihn frei; seine Demut vor dem Mysterium seines Wesens bringt ihm Einsicht, Einsicht macht ihn ganz, und Ganzheit gibt ihm Liebe. Aber ihm nur höhere Löhne und religiöse, politische und wissenschaftliche Schlafmittel zu geben, bedeutet: neuen Mord erzeugen. Gebt ihm ein Pferd und einen Speer und holt den Drachen hervor!

„Ich glaube", rief Michael mir plötzlich zu, „der Nebel lichtet sich."

Ich setzte mich auf und öffnete die Augen. Tatsächlich war es weniger dunkel, und über den Rändern der anderen Gipfel fing der Nebel an aufzugehen wie ein silbernes Licht, das ein pfingstliches Feuer von den Kämmen her ausstrahlte. Einige Minuten lang hatten wir einen Anblick, der uns über alle Maßen erhob.

Wie eine Welt hinter der anderen sahen wir ein riesenhaft sich wellendes und faltendes Land, sauber, golden, grasbedeckt, das sich wie eine olympische Pastoral-Symphonie bis zu einem blauen Grat, einem atlantischen Wellenkamm aus Erde, in fünfzehn Meilen Entfernung im Westen erhob. In allen Senken schien Wasser, in allen Gründen dunkelgrüner Wald zu sein, aber kein Zeichen von Menschen oder Siedlungen irgendwelcher Art.

„Bwana", sagte der Mpoka-Umfumo mit einem Lächeln, als sei dies sein eigenes Werk, „der Njika, der beste Njika ist auf der anderen Seite des Grats."

Während er sprach, senkte sich der Nebel wieder. Wir warteten, aber er wich nicht mehr.

Von mir selbst befreit, blickten meine Augen auf dem Gipfel umher, und da wurden sie von einem purpurnen Leuchten in dem grüngoldenen Gras festgehalten.

Ich stand auf und ging darauf zu. Der Gipfel war von wilden Iris bedeckt, mit schönen, stolzen, langen Spitzen purpurner Blüten. Überall waren kleine, leuchtende, zarte, präzise Flammen aus Purpur. Sie standen aufrecht, unerschrocken, heraldisch im Nebel und im Wind. Der ernste, gesenkte Kopf des afrikanischen Plateaus konnte die Vision an Ritterlichkeit, die sie heraufbeschworen, nicht verstanden haben; denn sie schienen einen Weg zu weisen, eine Flamme ohne Furcht und Tadel vorauszusetzen, — oder war das nur eine neue Einbildung eines fiebernden Herzens?

Auf dem Rückweg pflückte ich einen Arm voll, um sie in unsere Zelte zu tun, und in dieser Nacht hatte ich einen Traum. Ich erzähle ihn hier, nicht weil ich über Träume Theorien habe, sondern weil es mir als Kind einen großen Eindruck gemacht hat, als mein Großvater uns aus der Genesis das Stück vorlas, das anfängt: „Und Josef träumte einen Traum und erzählte ihn seinen Brüdern, und sie haßten ihn darum." Ich habe mir damals vorgestellt, daß man aus den Träumen etwas lernen könne. Hier ist der meinige, was immer er wert sein mag.

Ich träumte, daß ich meinen Vater und meine Mutter lächelnd in unserem Garten zu Hause zusammenstehen sah. Ich erinnere mich nicht, sie je so gesehen zu haben. Es war am Morgen. Die Sonne schien. Sie bewunderten eine Rose. Die Rose war weiß, und die Rose brannte.

ZWEIUNDZWANZIGSTES KAPITEL

Die Dämmerung des nächsten Morgens war eine der schönsten, die ich je gesehen habe. Wenige Wolken hingen über dem See, aber bald standen sie in Flammen. Vor meinem Zelt, in der kalten reinen Luft, sah es aus, als werfe sich eine große Flotte uralter Schiffe, deren Segel von Feuer gebläht waren, vorwärts in die Schlacht. Ein glückliches Murmeln stieg von den Feuern auf, wo die Träger auf ihren Fersen hockten. Da sie sich nun sattgegessen hatten, waren sie darauf aus, von dem kalten Mpoka-Weiler, dem eine Trommel fehlte, fortzukommen.

Michael befahl den Trägern genau um elf Minuten vor acht Uhr, ihre Lasten zu nehmen und aufzubrechen. Karramba übernahm die Führung, und sie zogen langsam das Tal hinunter und auf der anderen Seite wieder hinauf, durch das riesige Tor zwischen dem Charo und dem Kasanga.

Sie nahmen meiner Ansicht nach die Hänge zu gerade, zu steil. Sie hätten, wie ich glaubte, besser getan, in Kehren zu gehen, aber ich beunruhigte mich nicht weiter, denn ihr Verhalten war typisch für Afrikaner. Ihr Gefühl für Entfernung ist anders als das unsrige, und ihr Leben ist in jedem Fall so von Schwierigkeiten und Mühsal umgeben, so voller Auf und Ab, daß sie nicht glauben, je um die Dinge herumkommen zu können. Also wollen sie sie lieber so schnell wie möglich durchstehen und hinter sich bringen.

Wir kletterten langsam von einem Tal zum anderen. Als wir einen winzigen Weiler aus drei Hütten passierten, setzten sich die Träger, um auszuruhen und

Wasser zu trinken. Dann zog sich plötzlich im hohen Blau eine schwarze Wolke zusammen und strömte in das Tal herunter. In wenigen Sekunden waren wir in dickem Nebel und in bitterer Kälte.

Glücklicherweise wurde nach einer Weile das Gehen leichter. Der Nebel versperrte uns zwar die Sicht, aber offenbar mühten wir uns nicht immer weiter neue Bergkämme hinauf und hinunter. Der Umfumo sagte, wir überquerten den Ostrand des Gebiets, das wir vom Charo aus gesehen hätten — nicht den wahren Njika, fügte er besorgt hinzu, aber eben doch einen Teil des Njika. Was wir trotzdem noch erkennen konnten, war prächtiges afrikanisches Cotswold[1]-Land, herrliche Grashänge, zwar steil, aber wunderbar frei von Bäumen und Steinen. Nur in den Winkel jeder Senke war ein sauberes dunkelgrünes Waldstück eingebettet, ein Druidenkreis von düsterem Gehölz. In jeder Talsohle war ein tiefer, klarer, ruhiger Bach. Nirgends Menschen.

Wir sahen kein Wild, aber nach den Aussagen des Umfumo waren die Wälder voller Leoparden und Wildschweine.

Wir legten etwa zwanzig Meilen im Nebel zurück. Um halb vier Uhr nachmittags befanden wir uns am Rand eines neuen tiefen Tals. Es konnte sich um keine neue Senke handeln. Ich erkannte zu unserer Linken gerade das Massiv vom Haupt Nganda, eines 2600 Meter hohen Bergs und des höchsten Gipfels auf dem Njika; zu unserer Rechten eine dunkle Masse, die, wie der Umfumo uns sagte, Wendenganga hieß. Nach meiner Karte hätten wir jetzt im Zentrum des Njika sein müssen. Aber dieses Tal, dieser nicht eingezeichnete Einschnitt zwischen zwei Gipfeln, war gewiß kein Njika.

[1] Offener welliger Landstrich in England mit gelegentlichen Baumgruppen. Anm. d. Übers.

Wir stiegen etwa 700 Meter steil abwärts und kamen zu einem kleinen Weiler namens Nkanta. Er bestand aus vier winzigen Lehm-Iglus. Es waren keine Hütten, sondern kleine Bienenstöcke aus Erde. Darin lebten wieder ein dämmriger alter Mann, vier kräftige junge Frauen und eine Riesenbrut Kinder. Sie empfingen uns, als seien wir Engel. Der alte Mann sagte, er habe zwanzig Jahre lang kein weißes Gesicht gesehen, und lief hinter Michael her wie dessen eigener Schatten.

Hier schlugen wir das Lager für die Nacht auf. Ein bitterer Wind blies durch das Tal. Es war kalt, und wir mußten die Träger sehr antreiben, daß sie ihre Zelte noch vor der Dunkelheit aufschlugen. Sie hatten nur einen Wunsch: ein Feuer anzuzünden und sich darum zu setzen. Bald hatten wir das Lager aufgerichtet, fest verspannt und wie auf einem Schiff die Schotten und Luken dicht gemacht und gegen die Nacht gesichert. Vorher hatten wir riesige Feuer angefacht und freigebig Rationen ausgeteilt. Das war auch gut. In der Nacht fegte ein Sturm herab, und das Thermometer zeigte nur ein Grad über Null.

Nach Sonnenaufgang legte sich andern Tags der Wind. Wir packten früh und liefen etwa fünfundzwanzig Meilen im Tal. Wir kamen an zwei Weilern vorbei, die beide ihren einen alten Mann, ihre vier oder fünf Frauen und ihre Schar Kinder aussandten. Sie umtanzten uns, sangen und klatschten in die Hände, während sie uns vom einen Ende ihrer Lichtung bis ans andere begleiteten. Bei jedem Weiler hielten wir an, um Neuigkeiten auszutauschen und ein kleines Salzgeschenk zu hinterlassen. Es waren Leute, die überhaupt keine Berührung mit der Außenwelt hatten und deren Dankbarkeit sehr bewegend war.

Entgegen meiner Karte blieb dieser Einschnitt nicht nur, er verbreitete sich auch noch. Die Seite des Njika zu unserer Linken wurde zur reinen Steilwand mit Klippen aus grauem Fels um den Gipfel. Zu unserer Rechten und hinter uns schwang er sich in weitem Bogen in der Richtung auf den fernen See hin. Etwa um vier Uhr nachmittags hatten wir auch die rechte Flanke des Njika umgangen.

Wir hatten, soviel ich beurteilen konnte, seine nördlichste Spitze erreicht. Hier lag das Dorf Njalowe ganz in der Nähe. Mir war gesagt worden, es sei im Herzen des besten Teils des Njika gelegen. Nichts dergleichen. Es war statt dessen im Herzen des Buschs, tief zu Füßen des Plateaus. Aber es war ein echtes Eingeborenendorf mit einer recht ansehnlichen Bevölkerung, die uns einen großen Empfang bereitete.

Die Leute von Njalowe mußten uns schon in vielen Meilen Entfernung ausgespäht haben, obwohl ich nicht ahnte, wie sie das fertigbrachten. Der Umfumo und seine Ältesten begrüßten uns einige Meilen vor dem Dorf und begleiteten uns. Ein Stück weiter kamen etwa hundert Frauen den Pfad herunter, um uns zu grüßen. Es war gar keine Verstellung bei dem allen, nichts Gezwungenes; sie freuten sich wirklich, uns zu sehen. Es war ein spontaner Willkommensakt.

Sobald sie unserer ansichtig wurden, stießen sie einen klaren, glockengleichen, jodelnden Ruf aus und kamen springend und tanzend auf uns zu. Den ganzen Weg ins Dorf tanzten sie selig um uns herum und sangen mit fehlerlosen, unbefangenen, leuchtenden Stimmen improvisierte Willkommenslieder und klatschten den Rhythmus dazu mit den Händen. Es gab nichts, keine Hemmung, keine Zurückhaltung, keine Hintergedanken zwischen dem Wunsch zu singen und dem Singen selbst; der Vorgang war unmittelbar und unaufhörlich.

Was mich betrifft, war ich ganz sicher, daß ich einen solchen messianischen Empfang nicht verdient hatte, aber ich kostete jede Minute voll aus. Ich war, lange bevor sie uns ins Dorf führten, fest überzeugt, daß wir wirklich willkommen seien. Es lohnt sich, weit zu laufen und zu klettern, um dieses Gefühl zu haben. Es ist ein gutes, heilendes, menschliches Gefühl, und es hilft etwas von dem Eis und von der Berechnung in unseren kalten, entmenschlichten, versicherungshörigen Herzen des 20. Jahrhunderts zu schmelzen.

Unser Lagerplatz war schon bereitet. Essen, Holz, Wasser wurden herbeigeschafft. Es war nicht nötig, außer unseren beiden eigenen Zelten noch weitere aufzuschlagen, weil Njalowe außerhalb von Wind und Nebel so niedrig liegt, daß es warm war. Selbst zu dieser späten Stunde lag es noch in der vollen Bestrahlung der untergehenden Sonne.

Ein geschäftiger Markt begann um uns sein Treiben. Kaum hatten uns die Frauen und Mädchen an unseren Lagerplatz begleitet, als sie auch schon springend und froh lachend auf den Dorfwegen entschwanden. Aber schnell kehrten sie wieder zurück. Jetzt waren sie sehr würdig und ernst, weil sie Geschäfte zu tätigen hatten und große Körbe mit Erzeugnissen auf ihren Köpfen trugen.

Sie brachten frischen, reifen, gestampften Mais, Bohnen, Erbsen, süße Kartoffeln, saure Milch, Hühnereier und Tapiokawurzeln. Wir kauften Essen für unsere Träger; sie Essen für sich. Ich bin sicher, daß Njalowe noch nie solch einen Markt erlebt hatte. Zum Schluß kauften wir einen Ochsen, den wir am nächsten Morgen schlachten wollten.

Das taten wir, weil ich der Ansicht war, daß wir nicht eher weitergehen könnten, bevor wir diesen nichtverzeichneten Einschnitt im Njika erforscht hätten. Ich war zwar selbst ganz darauf erpicht, auf den wirklichen Njika zu kommen; doch das unerwartete Vorhandensein dieses großen Zwischenstücks an ungesundem, niederem, so gut wie unbevölkertem Land an der Stelle, wo ich gehofft hatte, das Nordende des Plateaus zu finden, durfte nicht ignoriert werden. Michael und ich beschlossen also, unseren Trägern noch einen Tag und eine Nacht Ruhe zu gönnen, während wir selbst mit dem neuen Umfumo als Führer rekognoszieren wollten. Wir waren sicher, daß mit dem Ochsen, den sie schlachten und verzehren durften, unsere Träger in unserer Abwesenheit keinen Unfug anstellen würden.

Und dann gab es ja auch die Trommel. Als Michael und ich vom Bad in einem Bach unterhalb des Dorfs zurückkamen, empfing uns nämlich Karramba mit der Nachricht, daß Njalowe eine Trommel besitze, — eine echte Trommel, die für ihren empfänglichen Ton berühmt sei. Sie könne entweder wie Donner dröhnen oder das Niederfallen einer Feder wiedergeben. Wenn wir noch eine Nacht blieben, könnten die Leute einen echten Tanz haben und ein richtiges Trommeln.

Auf der anderen Seite des breiten Einschnittes oder Tals, in dem Njalowe liegt, steht ein Berg von fast 2400 Metern, der Nkawozja heißt. Er hat ein freches Aussehen und scheint die Nase seines Gipfels über alles zu rümpfen, was ihn umgibt.

Ich beschloß, als erstes festzustellen, was ich von oben sehen könne. Deshalb durchquerten Michael, ich und der Häuptling beim ersten Morgenlicht das Tal. Wir nahmen Harneck mit, den unermüdlichen bäuerlichen Askari, der mit mir enge Freundschaft geschlossen hatte.

Der Häuptling trug einen prächtigen breiten Speer und eine schöngearbeitete Tabaksdose, die fast wie das Pulverhorn eines Musketiers geformt war. Hier und da blieb er stehen, um sich daraus zu bedienen und dann das Horn mit königlicher Hand rundum anzubieten. Ich glaube, er muß arabisches Blut in sich gehabt haben. Er trug um den Kopf ein Tuch gleich dem javanischen Kaiang.

Unterwegs erzählte er uns, daß es meilenweit im Umkreis nur ganz wenig Leute gäbe. Sie sähen fast nie jemand von der Außenwelt. Karonga sei ihre nächste Stadt, aber sie sei einige Tagereisen entfernt und nur auf einem engen Pfad durch Busch und Ebene zu erreichen. Viele seiner jungen Männer müßten hinaus in die Welt gehen, um ihren Lebensunterhalt zu verdienen. Sie kämen nicht alle zurück, oder vielleicht auch nur, um sich eine Frau zu holen, mit der sie wieder fortzögen. Sein ganzes Gemeinwesen werde auch kleiner.

So stiegen wir bis zum Fuß des Hauptgipfels des Nkawozja die steilen Hügelrücken im Tal auf und ab und legten in zweieinhalb Stunden etwa neun Meilen zurück. Dann erstiegen wir den Berg selbst ohne Schwierigkeit in etwa anderthalb Stunden. Der Blick von oben war höchst lohnend. Er sagte mir tatsächlich alles, was ich wissen wollte.

Im Norden lag der Mpanda, ein anderer frech wirkender Gipfel, ein wenig niedriger als der Nkawozja, der in der Richtung von Karonga der Ebene eine lange Nase macht.

Der wirkliche Njika lag im Süden; sein nördlichster Punkt war dicht bei Njalowe, und obwohl wir nicht von oben hineinsehen konnten, erblickten wir doch seine große Mauer, die, so weit wie das Auge reichte, südwärts lief. Es war klar, daß wir am nächsten Morgen den großen grauen Gipfel unmittelbar hinter dem Dorf würden hinaufsteigen müssen, — von den Eingeborenen wurde er Chelinda genannt — und dann würden wir uns endlich in dem Gebiet befinden, das zu suchen wir gekommen waren. Ich führte der Sicherheit halber einige

Messungen durch und teilte Michael mit, was uns bevorstände.

Er stöhnte aus Spaß und sagte: „O Gott, müssen wir noch einmal aus dem allen herausklettern? Wissen Sie, ich bekomme allmählich ein Gefühl, wie es Moses in bezug auf das gelobte Land gehabt haben muß. Wir haben immer neue, zugleich verheißungsvolle und versperrte Blicke auf den Njika, aber wir gelangen nie wirklich auf ihn. Glauben Sie, daß uns das je gelingen wird?"

Während ich an meinen Messungen arbeitete, saß ich im Windschutz eines Felsens. Michael nahm etwas entfernt einige hundert Meter Film auf. Der Blick war überwältigend. Nach meiner Karte hätten auf dem Nkawozja die Landvermessungszeichen sein müssen, aber ich konnte keine finden. Der Häuptling sagte, noch nie habe ein Europäer den Nkawozja bestiegen.

Ich saß abseits von den anderen, als plötzlich ein ungeheures Schwirren und Schlagen von Flügeln nahe an mein linkes Ohr traf. Ein Adler streifte meinen Kopf. Anscheinend versuchte er, meinen Kompaß zu greifen, der in der Sonne glänzte, besann sich aber anders und flog davon.

„Es ist alles in Ordnung", schrie ich zu Michael hinüber, der erschrocken gerufen hatte. „Es ist alles recht. Das ist ein gutes Omen. Vorsichtig muß man in den Bergen nur sein, wenn Bussarde die Adler vertreiben."

Auf unserem Rückweg hörten wir immer wieder von weitem im Lager ein oder zwei Trommelschläge. Die Trommel wurde offenbar für den Abend vorbereitet. Es ist eine langsame und viel Geschick erfordernde Aufgabe, eine afrikanische Trommel auf die richtige Temperatur und Spannung zu bringen. Unser Trommler, der einen hohen Ruhm zu bestätigen hatte, mußte früh angefangen haben, um nichts zu riskieren. Aber was mir an jenem Tag vor allem an dem fernen Trommeln auffiel, war dessen absolute Übereinstimmung mit seiner Natur- und Menschenumgebung. Das war mir früher nicht aufgegangen. Doch die Trommel gehört ebenso zu Afrika wie das Trompeten des Elefanten, das Brüllen der Löwen, das Husten des Leoparden oder der erste Schlag des Donners in einem trockenen Sommer vor einem ausgedörrten, schimmernden Horizont.

Wir waren kurz vor Sonnenuntergang wieder im Lager. Es war voller Tätigkeit und in einer spürbaren festlichen Erregung. Jeder Mensch war sehr reizend zu jedem anderen und ganz unfähig, still zu sitzen. Karramba war überall. Der Ochse war geschlachtet. Die Träger hatten in Gruppen von zwei und dreien kleine Grills aus grünem Holz errichtet und waren dabei, zum Braten ihres Fleisches das Holz zu Glut herunterbrennen zu lassen. Inmitten der Träger, glücklich sich mit jedwedem unterhaltend, saß unser Umfumo mit seinem roten Käppchen.

Sobald er uns erblickte, kam er herüber und erklärte ernst, daß er uns in aller Frühe verlassen müsse. Er sei so weit mitgekommen wie seine Kenntnisse reichten und könne nun seinen alten Vater und seine Weiber nicht länger allein lassen. Wir nahmen mit wirklichem Bedauern von ihm Abschied.

DREIUNDZWANZIGSTES KAPITEL

Bei Sonnenuntergang kamen die Frauen vom Dorf herüber. Sie hatten ihre Umhänge nur leicht gefaltet um sich geschlungen, und wie so ihre Silhouetten gegen einen hellen roten Himmel den Pfad herunterkamen, boten sie ein antik-klassisches Aussehen.

Bald nach Einbruch der Dunkelheit fing das Fest an. Ich stand bei Harneck und einer Gruppe von Trägern, und wir schauten einem großen Flugzeug nach, dessen sämtliche Fenster vor Licht erstrahlten und das von hinten über den Nkawozja kam. Ich nahm an, es sei das Postflugzeug von Heath Row[1] nach Johannesburg; eine Maschine, die in 36 Stunden 11 500 Kilometer zurücklegt.

Während wir es vorüberziehen sahen, traten die Sterne zum erstenmal sehr deutlich und klar hervor. Ich ließ mir gerade ihre Namen in der Eingeborenensprache sagen, als das Trommeln im Ernst anfing. Bald war ich allein. Ich ging ein Stück weit den Hügel in Richtung aufs Dorf hinauf, so daß ich das ganze Lager überschauen konnte.

Das Singen war frisch und klar, und die vielen Stimmen harmonisch; aber wie in allen afrikanischen Weisen hatten sie einen Unterton von Aussichtslosigkeit und Melancholie.

Soviel ich verstehen konnte, sangen sie über ihr Leben, nicht wie es einmal war, noch wie es einmal sein würde, sondern wie es in ihrer unermeßlichen Gegenwart, in ihrer flimmernden, ausgetrockneten Monotonie jetzt war. Sie sangen über ihre kleinen Mais- und Korn-

[1] Siehe Anm. Seite 9.

felder und darüber, wie ihre Frauen sie pflügten und wie die Schweine und Paviane sie ausräuberten, bis niemand im Dorf mehr schlafen durfte und es keine glücklichen Abende um die Trommel mehr gab, nur freudlose Nacht- und Tagwachen inmitten der reifenden Felder. Und wofür? Damit ihre Bäuche, diese drängenden, nie zufriedengestellten Bäuche ernährt würden, zu keinem anderen Ruhm oder Zweck. Und in diesem Augenblick war die Trommel der Bauch und dessen Zwerchfell, dessen Verdauungssystem, dessen Verlangen nach mehr, mehr, mehr, sein eigenes, blindes, totes, monotones Mittel und Ziel.

Sie sangen über einen afrikanischen Jungen namens Charlie, für den Kapstadt das Märchen, Johannesburg das Paradies war, der das Dorf verlassen hatte und nie wiedergekommen war. Sie sangen über ihre Steuern und über die Regierung, die sie nie erblickt hatten und über uns und diese Reise, auf die wir sie mitgenommen hatten, und wo und wann würde das ein Ende nehmen? Oh, die Fragen, die diese Trommel fragte und die zu beantworten sie keine Pause machte, sondern sie schlug immer fort und fort, indem sie alle wieder zu dem Grundthema zurückbrachte, zu der Reihenfolge von Geburt, Zeugung und Tod, alles im Rahmen der eintönigen, ausgedörrten Routine Afrikas, aus der es keine Flucht gibt und die immer gleich bleibt.

Das Leben mochte größer oder kleiner, lang oder kurz, schneller oder langsamer sein, aber in seiner Essenz, in seinem Herzen gab es keine Veränderung, keine Hoffnung, daß es je anders werden könnte, es sei denn, daß es irgendwo doch etwas gebe, — war das vielleicht doch möglich? — eine Magie, eine Medizin, die alles erlösen konnte.

Wenn jemand das afrikanische Herz kennenlernen will, dann sollte er der afrikanischen Trommel zuhören, wie ich es an jenem Abend allein auf dem Hügel zwischen zwei Strähnen meiner Reise tat. Die Trommel ist der vollkommene Ausdruck für den Sinn Afrikas. Auch sie kann sich nicht verändern, sie kann weder ihre Stimme noch ihren Ton wechseln, aber bei Gott, sie kann schnell oder langsam, laut oder weich, lang oder kurz sein. Sie kennt Verdichtungen des Rhythmus, aber nur einen Ton. Sie reißt dich mit schlagendem, zerrendem Herzen so weit mit, und dann läßt sie dich und deine Erregung in den Staub fallen, weil sie nicht darüber hinausführen kann. Aber sie kann wieder von vorn anfangen, und das tut sie auch.

Ich kam näher heran und sah dem Tanz zu. In dem flackernden Feuerschein standen sich die Männer und Frauen mit ihren in unbekannte Fernen entrückten Gesichtern in zwei Reihen gegenüber. Die Trommel fing leise an, und ein Zittern ging durch die Körper; das tiefgründige Verlangen war geboren. Das Blut begann zu steigen, zu singen und in ihren Ohren zu donnern; die Trommel wurde ihr Puls, sie war in ihnen und setzte den hungrigen, eifernden Takt.

Es war gar keine Verstellung dabei, — keine Sünde, kein Schamgefühl, nur ein großes, weites Verlangen des Körpers, einszuwerden, sich ganz vom Eiseswinter der Trennung frei zu machen; eine Sehnsucht des Teiles, ein Ganzes zu werden. Es war eine Notwendigkeit des Bluts und ganz unschuldig. Die kleinsten Kinder waren da und sahen ihren Vätern und Müttern und Schwestern mit weitäugiger Zustimmung zu, wie sie in der Orchestration von Trommel und Tanz die Körperbewegungen des Geschlechtsaktes vollzogen.

Als die Erregung im Blut so hochgeschlagen war, daß sie nicht höhersteigen konnte, als die Trommel weder schneller noch lauter werden konnte, erreichte dieses uralte Fieber seinen Orgasmus. Es war, als springe ein elektrischer Funke von einem schwarzen Kopf auf den anderen über, ein blendender Blitzstrahl von einem Wellenberg zum anderen, und die Männer und Frauen sprangen einander an, faßten sich gegenseitig mit fiebernden Händen um die Mitte und vollzogen schnell und wild, wie ein Baum, der vom Sturm geschüttelt wird, die Bewegung des Liebesakts. Dann verließ sie der Orgasmus. War das alles? Gab es nichts darüber hinaus? War nach solch einer Raserei nichts verändert? Die Trommel ebbte zu einem leisen Tamtam langsamer Verzweiflung ab. Die Körper fielen auseinander, die Schultern sackten ab, die Füße traten einen gleichgültigen Rhythmus. Ein leiser musikalischer Klageschrei, der herzzerreißend war, brach aus den Trägern und rund um das Feuer aus.

Die Zeit schritt weiter. Das Feuer im Herzen und die Glut im Blut waren fast ausgegangen. Konnten sie je wieder aufflackern und brennen? Die Trommel machte leise weiter, kaum hörbar, aber der Rhythmus war doch gerade noch da. Schwarze Gesichter starrten im Feuerschein düster und wachsam auf ihre Holzfeuer. Der Geruch von brennendem Fleisch stieg wie ein Opferrauch im Dunkeln auf, — welche Götter sollte er befriedigen, welchen unersättlichen Hunger stillen? Dies konnte doch gewiß nicht das Ende, konnte nicht alles sein; sie mußten noch einmal anfangen können. Die Trommel schlug ein Warn-Tam-Tam, einen herrschsüchtigen Habachtruf, die Körper strafften sich, und dann begann alles wieder von vorn. Dieselbe Erregung. Vielleicht würde es diesmal anders sein. Die Trommel drang tief ein, vielleicht tiefer als es je vorher eine Trommel tat; die Körper drehten sich, das Herz klopfte, wie weder Körper noch Herz je vorher sich gedreht oder geklopft hatten. Es mußte, es würde diesmal doch anders sein. Aber war es anders? „Oh nein! Oh nein! Oh nein!" Die wachsamen Gestalten klagten im Kreis um ihre verbrannten Opfergaben am flackernden Feuer. Und wieder fielen die paradierenden Körper in der Halbwelt zwischen der Nacht und dem Lagerfeuer auseinander, als sie ihr Selbst ausgeleert, als seien Feuer und Hoffnung erloschen.

Das also ist das große, das freudenvolle und tragische Drama im Leben des Afrikaners: sein Ruhm und seine Demütigung. So weit der Körper und dessen Anliegen ihn führen mögen, folgt er ihnen über die Kluft unserer gespaltenen Naturen in jenes dunkle Land auf der anderen Seite. Er setzt sein ganzes Vertrauen, seinen ganzen Glauben in die Pracht seines Leibes, er ermutigt ihn mit flammenden Süchten und einem so heftigen und eindeutigen Appetit, daß deren Befriedigung allein schon Zweck und Ziel in sich werden können, im bebenden Sich-Winden. Er ist stark, mutig, ausdauernd und geduldig in deren Diensten. Aber in seinem Herzen besteht immer noch dieses: „Oh nein! Oh nein! Oh nein!"

Es genügt nicht, es gibt noch einen Hunger, der geflohen ist, der sich nicht befriedigen läßt. Es muß noch etwas anderes, etwas mehr geben, was man ihm darbieten könnte, aber was und wie und wo? Vielleicht gibt es Magie. Ach, er hat es versucht und versucht es immer weiter, aber zum Schluß mündet der Kreis wieder in sich selbst ein, führt der alte Pfad zurück zum verschlingenden Bauch, zum pochenden Herzen, zur Welt unter Gürtel und Nabel

Er gehört der Nacht. Er ist ein Kind der Dunkelheit. Er geht in die Nacht wie zu einem Freund, betritt die Dunkelheit, als sei sie sein Zuhause, als sei der schwarze Bogen der Nacht die Kuppel seiner Hütte. Wie werden doch die Gespenster im europäischen Gemüt erwärmt durch die Erinnerung an des Afrikaners Antwort auf die Nacht. Er hat ja in Wahrheit nichts für den Tag übrig. Er durchmißt ihn auf seinem Weg unter Zwang mit widerwilligen Füßen. Aber wenn die Sonne untergegangen ist, vollzieht sich eine tiefgehende Wandlung in ihm. Er zündet sein Feuer an. Sofort ist er glücklich, fast zufrieden. Er singt und trommelt bis weit in den Morgen hinein. Alles wäre gut, wenn es nicht immer noch diesen Hunger gäbe. Was ließe sich da für ihn tun?

Wir könnten es ihm sagen, — wir, die wir zu viel vom Licht besitzen und nicht genug von der Nacht und der Weisheit des Dunkels. Wir könnten, aber wir wollen nicht, weil wir in uns selbst gespalten sind, weil wir ein unendliches Vorurteil gegen die Nacht haben.

Die Hälfte der Liebe, die wir uns selbst zuwenden, würde ihm genügen; die eine Hälfte für unsere hellen, morgendlichen Existenzen, die andere Hälfte für ihn. Es ist genug für beide: zwei Hälften für ein Ganzes und das Ganze für beide. Höre seiner Trommel, höre seinem Wehklagen zu, schau, wie er mit Leuten wie Michael und mir auszieht, fröhlich, standhaft, freundlich und stark, auf eine Fahrt, die er nicht versteht, an einen Ort, dem er mißtraut. Er würde für die Hälfte unserer Liebe überall hingehen, wohin wir wollen. Hier gibt es kein Problem.

Es ist ein Widersinn, der so typisch für unsere grundlegende Nicht-Wirklichkeit ist, daß die Schwierigkeit ihm zugeschoben wird, daß er mit unseren Ängsten und unseren Sünden beladen wird, daß das Problem die schwarze, die eingeborene, die afrikanische Frage genannt wird. Das ist eine eindrucksvolle, eine wirksame, eine einleuchtende Fehldeutung. Sie stimmt nicht. Das Problem gehört uns; es ist in uns, in unseren gespaltenen, geteilten Herzen; es ist weiß; es ist vom Tageslicht hell. Wir hassen den Eingeborenen in uns selbst, wir höhnen und verachten die Nacht, in der wir wurzeln, die niederen Grade, aus denen wir ans Tageslicht steigen.

Ich sage das nicht, um ein Gefühl wachzurufen, eine Theorie zu beweisen oder in einem Plädoyer Recht zu behalten. Ich sage es, weil ich der Meinung bin, daß es ein Gesetz des Lebens ist. Es ist ebensosehr Gesetz wie die Lehre vom Schwergewicht. Fordere das Schwergewicht heraus, und du brichst dir den Hals; vergehe dich gegen dieses Gesetz, und du brichst dir das Herz und verlierst deine Seele.

Wissenschaftler und Richter haben jedoch kein Monopol auf die Gesetzgebung. Euklid war ein intuitives System, bevor er zu einem Lehrbuch wurde; Lukretius erzeugte das Atom als Ganzes in seinem Herzen, bevor es in einer Bombe über Hiroshima gespalten wurde. Die Ganzheit und das Gespaltensein, beide sind in uns.

Aber es ist jetzt, da wir diese neue Einsicht haben, gefährlich spät. Wir verstehen nicht, daß wir anderen nicht antun können, was wir uns selbst nicht antun. Wir können nicht nach außen morden und töten, ohne nach innen zu morden und zu töten. Wir wenden unseren Haß von Tokio bis Terra del Fuego auf die eingeborenen, auf die dunklen Völker der Erde, weil wir unsere eigenen dunklen Naturen zertreten haben. Wir haben unser Unwirklichsein vermehrt, haben uns weniger als menschlich gemacht, so daß jene dunkle Seite in uns, unser schattenhafter Zwilling, morden muß und ermordet wird.

Schon naht der Mordgeruch von weither über dem Himmel Afrikas. Und das wäre nicht notwendig, — darin liegt der Jammer. Wenn wir uns nur mit unserem Innern selbst befreunden könnten, wenn wir mit unserer eigenen Dunkelheit zu einem Ausgleich kämen, dann gäbe es keine Schwierigkeiten von außen.

Aber bevor wir unsere gespaltenen Naturen schließen können, müssen wir uns selbst verzeihen. Wir müssen, wir müssen einfach unserem europäischen Selbst verzeihen, was wir dem Afrikaner in uns angetan haben. Alles beginnt mit Verzeihung. Sogar der Frühling ist ein Wiederbeginnen, weil er reine, vollkommene Verzeihung und Erlösung ist für das, was der Winter und sein Mord an den Blättern getan haben.

Immer noch ging das Trommeln weiter. Es wandelte sich nicht, abgesehen davon, daß jede Wiederholung lauter, schneller, drängender war, und daß das Aufeinanderstürmen von Männern und Frauen und ihr gegenseitiges Sich-Umfassen immer rasender wurde.

In der Stimmung, in der ich mich befand, konnte ich es im Zelt nicht aushalten. Ich stieg höher auf den Hügelkamm. Die Nacht war sehr dunkel: es gab keinen Mond, kein blasses Halb-Haus aus Sonne und Erde mit einer kalten, gespiegelten Unwirklichkeit des Widerscheins. Die Sterne waren außergewöhnlich klar und funkelnd. Auch sie wirkten, als hätten sie das Schlagen der Trommel aufgenommen. Das Gefühl des Eins-Seins, das diese Trommel zwischen sich und allem, was zu dieser Nacht gehörte, geschaffen hatte, ging über alles Verstehen.

Die Milchstraße war prächtig. Sie glich mehr einem Fußpfad, der dicht mit Gänseblümchen besät ist, als dem gewohnten Verfließen von dunstigem Licht. Orion, der alte Jäger von Vance, schien sich mit aufrechtem Knüppel und dem engen, juwelenbesetzten Gürtel um seine schlanke Taille wie ein aufgetakelter Neger zum Schlagen der Trommel zu bäumen. Kastor und Pollux, die himmlischen Zwillinge, Alfa Centauri, Sirius, der Wachhund vor dem dunklen Tor durch die Milchstraße in die größere jenseitige Nacht; unsere eigenen Sterne Jupiter, Mars und der unvermeidliche große Bär waren alle da, mit Speer, Bogen, Pfeil und Spaten. Und weit im Süden, wo der Njika, das Land des Morgens lag, zeichnete ein dunkler, spitzer Gipfel eine tiefe Kerbe in die Nacht ein. Die Nacht war so klar, daß es mir keine Mühe machte, die ganze Kontur des großen Hauptes des Chelinda zu erkennen. Unmittelbar über ihm hing das südliche Kreuz.

Als Kreuz ist es, das weiß ich wohl, nicht vollkommen. Es ist nicht symmetrisch. Und jetzt, da ich das Kreuz ansah, schien es über dem stolzen, eigensinnigen Haupt des Chelinda zu hängen wie eine legendenumwobene Scheide, wie das juwelenverzierte Schwert eines Kreuzfahrers oder der große Excalibur[2] selbst, und es wurde andächtig im Gebet gegen die Lippe und die Brauen der Nacht gehalten. Es machte aus der Dunkelheit einen Altar am Wegrand, eine Kapelle, in welche die unbenannte Seele zur letzten Vigilie kommen und ein Schwert auf der Suche nach einem einzigen Gral weihen mochte. Es war selbst das Schwert aller Schwerter; aber es war auch ein Kreuz, das über eine Welt, die an Zeit alt, aber an europäischen Herzen neu war, gehalten wurde.

Und was bedeutet das? Was bedeutet irgendein Kreuz? Diese Kreuzformen sind von der Geburt bis zum Grab über unseren Horizont gestreut. Aber wissen wir, was sie bedeuten? Aus was für zartem Holz, von welchem großen Zimmermann sie genagelt sind?

Wir müssen unsere Augen schließen und sie nach innen kehren, wir müssen in uns weit nach dem Gespaltensein zwischen Nacht und Tag suchen, bis unserem Kopf vor der Tiefe schwindelt, und dann müssen wir fragen: „Wie kann ich dieses Selbst überbrücken? Wie von der einen Seite zur anderen gelangen?" Wenn wir dann erlauben, daß aus der Frage das Verlangen nach der Antwort und daß dieses Verlangen zur Brücke über den Abgrund wird, dann und nur dann werden wir von der Höhe über dem Gipfel dieses bewußten Selbst, auf dieser Bergspitze weit oberhalb der Schneegrenze der Zeit, in diesem kalten, scharfen, auserwählten Augen-

[2] Das sagenhafte Schwert König Arthurs. Anm. d. Übers.

blick ein Kreuz erblicken. Eine überbrückte Kluft ergibt ein Kreuz; ein unterworfenes Gespaltensein ist ein Kreuz.

Ein Verlangen nach Ganzheit setzt ein Kreuz voraus: im Grunde unseres Wesens, im Herzen unseres zitternden, pochenden, zarten, lieblichen und liebesverlorenen Fleisches und Blutes. Wir tragen es bei uns, wohin wir auch reisen, in alle Dimensionen von Raum, Zeit, unerfüllter Liebe und seiendem Sein. Das ist Zeichen genug.

Danach kann die Trommel aufhören zu schlagen, das klopfende, sorgende Herz kann ruhen. In der Mitternachtsstunde der krachenden Dunkelheit, auf der anderen Seite der Nacht hinter dem Kreuz der Sterne wird der Mittag geboren.

Unser letzter Morgen in dem tiefliegenden Landstrich brach klar und schön an. Unsere Träger und die Askaris, die sich fast bis zum Stillstand getrommelt und getanzt hatten, machten sich langsam daran, die Vorbereitungen für die Reise zu treffen. Aber Michael und ich hielten sie mit solch erbarmungsloser Entschlossenheit zur Arbeit an, daß wir doch früh aufbrachen und vor sieben Uhr losmarschierten.

Auch aus dem Dorf war das Herz herausgetrommelt worden. Niemand bot uns Abschied außer dem Häuptling, der schmerzhaft an einem Stock angehinkt kam und darüber klagte, daß der Gang und das Klettern auf den Nkawozja hinauf für ihn zu anstrengend gewesen sei.

Der Pfad auf den Chelinda begann gleich hinter dem Dorf. Er war sehr steil, aber wir hatten inzwischen alle Bergsteigerbeine und stiegen mit Energie hinauf. Einmal blieb ich stehen und erblickte weit unten in der Ebene das scharlachrote Käppchen, die jugendlich-galante Kopfbedeckung unseres Mpoka-Umfumo, — ein winziger roter Punkt, der auf dem düsteren Talpfad den langen schwierigen Rückweg nach Mwatangera auf und ab tanzte. Ich würde ihm wahrscheinlich nie mehr begegnen, aber das Käppchen und er selbst waren ein Teil von mir geworden, den ich nie vergessen werde, wenn auch nur deshalb, weil sie, als ich meine Erlösung vom Krieg fand, mit mir auf dem Charo waren.

Das war das letzte Bekannte, was wir zu Gesicht bekamen. Von da an gelangten wir tiefer in eine Landschaft, die sich von allem, was wir bisher gesehen hatten, unterschied. Zuerst war unser Pfad gesäumt von Kandelabra-Euphorbien, einer Baumart, die diesen Namen erhielt, weil sie die Arme ihrer Zweige so ausstreckt, als seien sie Halter, in denen jeden Tag die Kerzen brennen sollen. Als wir über die Region ihres byzantinischen Daseins hinaus waren, kamen wir an einen Ort, der von riesigen, scharlachroten Aloen bewachsen war, welche die Sonne wie einen burgundischen Wein gegen einen madonnenblauen Himmel hielt. Sie ihrerseits wurden abgelöst von weißen und scharlachroten Proteen, nach den Proteen kam Heide: rosa, weiße und rostfarbene Heideglocken, gelbe und weiße Immergrün und purpurfarbene Lobelien.

Auf dieser Höhe hatten wir einen neuen Ausblick auf das Haupt des Chelinda. Trotz seiner stolzen Gebärde war es ein falsches Haupt. Der richtige Gipfel lag weiter hinten am Ende eines langen steilen Grashanges.

Ein lauter Ruf erscholl von den Trägern, als sie diesen Hang sahen. Ich fürchte, es war kein romantischer Schrei; denn er besagte nichts anderes als „Fleisch! Fleisch! Fleisch!" und sollte mitteilen, daß vor uns etwas war, das sie gerne erlegt gesehen hätten.

Auf dem Hang standen alle möglichen Arten von Antilopen, Böcken und Gazellen aus warmen Lagern im Gras auf, um uns anzusehen. Sie waren offensichtlich an diese Art Einbruch nicht gewöhnt, und obwohl sie ihn auf keinen Fall billigten, war die Angst, die sie fühlten, die allgemeine Angst vor dem Unbekannten und nicht eine besondere Angst vor den Menschen. Während wir uns näherten, sprangen sie fort und zerstreuten sich, bis die ganze Bergsilhouette von ihren wunderschönen intensiven Köpfen und stolzen zarten Hälsen gezeichnet war. Sie schienen uns viel näher, als sie wirklich waren, und ich lehnte alles Flehen, daß geschossen werden solle, ab, obwohl wir, leider, früher oder später fürs Essen doch würden schießen müssen.

Jetzt übernahm ich mit Harneck die Führung und ging den Trägern voraus, um die Möglichkeit des Rekognoszierens zu haben. Michael kam mit den Trägern nach und hielt sich so nah wie möglich in südlicher Richtung, was nicht schwierig war. Überall fanden sich breite, gut ausgetretene Wildpfade; sie liefen alle südwärts. Ich, noch immer unter dem Eindruck der vergangenen Nacht auf dem Hügel, war begeistert zu sehen, wie klar und unzweifelhaft alles nach Süden deutete.

Als wir an die Stelle kamen, wo sich die erste Antilope erhoben hatte, war ihr Bett noch warm von der Wärme ihres Körpers, und das Gras breitete sich wie ein Magnetfeld um das Plätzchen aus, wo sie gelegen hatte. Da wurde ich mir plötzlich eines bekannten purpurfarbenen Glühens im Gras bewußt, gleich dem Murmeln einer dunklen, purpurnen Flut, die durch das Gold des Grases ebbte. Irisse, die stolzen aufrechten Blumen der Ritterlichkeit, waren überall. Wir liefen nach meiner Berechnung von dort aus über zehn Quadratmeilen Boden voller Iris. Nachdem dieses heraldische Feld aus Gold und Purpur zu Ende war, kamen wir in eine Höhe, wo das Gras im Orange, Rot, Blau und Gold wilder Gladiolen erglühte. Am allerschönsten waren aber riesige einzelstehende weiße Rittersporne, die wie Sterne vor den dunklen Hängen standen. Im Hintergrund warteten vor dem Horizont immer noch jene wunderschönen Antilopenköpfe und starrten auf uns herunter. Es war, als sei eine edle mittelalterliche Stickerei plötzlich lebendig geworden.

Gegen Mittag waren wir ganz oben. Endlich gab es keinen Zweifel mehr darüber, daß wir uns auf dem echten Njika befanden, hoch über den malariaerfüllten Ebenen, über der Schlafkrankheit, dem Fieber der Ostküste, den lähmenden Krankheiten und Parasiten des Tieflandes. Wir waren so hoch, daß unsere Nasen in der scharfen Luft froren. Es war so frisch und kalt, daß wir sogleich unsere Pullover überzogen. Aber wir hatten den höchsten Punkt erreicht. Es gab keine Bergspitzen mehr zu erobern, keine herzzerreißenden Anstiege von einem steilen Tal ins andere. Wir waren auf einem echten Plateau. So weit das Auge reichte, lag vor uns eine sanfte, rhythmisch gewellte Landschaft aus Gras und Blumen ausgestreckt. Über die Ränder hinweg erhoben sich andere Gipfel aus der schimmernden Ebene und vermittelten uns ein starkes Bewußtsein unserer erhabenen Welt; aber sie gingen uns nichts an, außer als zusätzlicher Schmuck im riesigen afrikanischen Panorama unserer Aussicht. Südwärts konnte ich etwa fünfzig Meilen weit sehen; dann wurde der Blick durch eine Wolke versperrt. Aber dazwischen war weit und breit nichts als dieses freie, sanft gewellte Land.

Ich wollte, ich könnte die Wirkung beschreiben, die dieser Anblick auf mich hatte, doch ich kann nur sagen, daß er mir wie ein Wunder vorkam. Er war so ganz anders als alles übrige. Der Landstrich lag tief im Herzen Afrikas, war angefüllt mit den Tieren Afrikas und doch bedeckt mit den Gräsern, den Blumen und Farben Europas. Aber selbst diese Farbe war doch noch ganz anders als alles, was ich je gesehen hatte; ich nehme an, daß es im Grund ein lohfarbenes Gold war, das Gold des Leoparden- mehr als des Löwenfells, aber dieses Gold war durchschossen von Untertönen eines tiefen Blutrot und eines schattenhaften Purpur.

Als ich es betrachtete, wußte ich sofort, warum ich in der Ebene das Gefühl gehabt hatte, daß da oben über den Wolken eine große Purpurkatze schnurre. In seinen Farben, seinen Formen und seiner Isoliertheit sah es wie ein glückliches, serenes und tief erfülltes Land aus, wie ein Ort, der, ohne menschliche Einmischung, seine Übereinkunft mit dem Leben geschlossen hatte, der sich mit der Notwendigkeit und der Natur in ein ihm eigenes Gleichgewicht gesetzt hatte. Mehr kann ich nicht sagen.

Nach dem Tee nahmen Michael, Karramba und ich unsere Gewehre und gingen etwa zwei Meilen ein sanftes Tälchen hinunter, durch das der Rukuru fließt. Es war ungefähr zwanzig Minuten vor Sonnenuntergang, als wir hinter einer Biegung des Baches an einen großen Weiher kamen, der bis in seine tiefsten Tiefen vom Himmel blau war. Auf dem darüberliegenden Hang lag ein großer grauer Felsblock. Rings um den Weiher waren im Schmutz und in der Erde tiefe Spuren von Wild. Wir stiegen den Hang hinauf, setzten uns hinter den Fels und warteten, was uns vor Augen kommen würde.

Es war windstill. Am Himmel hing keine Wolke und kein Nebel. Ich hatte noch nie eine solche Stille erlebt. Der einzige Ton war das Rauschen des eigenen Bluts, gleich dem Murmeln eines fernen Meeres in den Ohren. Das in sich ruhende, glückliche Land und seine Schönheit und das waagerechte goldene Sonnenlicht schienen eine so engelsanfte und zärtliche Gemeinschaft mit uns zu bilden, daß das Murmeln in meinen Ohren auch von außen zu kommen schien, — es war wie ein Atmen des Grases, ein Rauschen des letzten Sprühregens von

Tageslicht oder das Rascheln der Seide, die der Abend über die purpurnen Hänge legte.

Plötzlich berührte Karramba meinen Arm. Wir trauten unseren Augen kaum. Ein sehr großer männlicher Leopard, bronzefarben, den Rücken mit Sonnenuntergangsgold beladen, spazierte auf der anderen Seite in etwa fünfzig Meter Entfernung den Hang neben dem Weiher entlang. Er schritt einher, als gäbe es weder Furcht noch Sorge in seinem Leben, — wie ein alter Herr, der mit den Händen auf dem Rücken in seinem ihm allein gehörenden Garten die Abendluft genießt. Als er ungefähr zwölf Meter vom Weiher entfernt war, begann er, Kreise zu schlagen und den Boden sehr genau zu untersuchen. Dann ließ er sich langsam im Gras nieder, wie ein Zerstörer, der im Meer untergeht, — plötzlich war er unserer Sicht entschwunden. Es war etwas unheimlich. Einen Augenblick lang war er in aller Pracht auf dem kahlen Hang vorhanden, und im nächsten war er einfach nicht mehr da. Aber als sollten sie seine Gegenwart bestätigen, erschienen lautlos drei schwarze Krähen und ließen sich auf dem Kamm des Hangs über ihm nieder. Es sah aus, als beobachteten sie genau wie wir den Platz, wo er verschwunden war, indem sie ihre dunklen Köpfe in ernsthafter Versunkenheit in ihre Mitternachtsschultern steckten.

Wir warteten aufmerksam. Etwa fünf Minuten vergingen: nirgends ein Ton außer der fernen Musik in uns selbst. Ich lag mit dem Ohr nah dem Boden, als ich ein neues Geräusch hörte, das mein Herz schneller schlagen ließ: das Trommeln ferner Hufe. Es war ein wunderschöner, drängender, wilder, barbarischer Ton. Er wurde lauter und kam genau auf uns zu. Ich warf einen raschen Blick auf Michaels Gesicht, das vor Erregung glänzte. Das Trommeln der Hufe kam von irgendwo hinter dem fernen Hang auf uns zu, wie eine große Welle im Pazifik, wie der Angriff napoleonischer Kavallerie bei Waterloo, und dann brach mitten aus diesem Trommeln, aus dieser Brandung von Schall, gleich dem Ruf einer silbernen Trompete oder der Stimme eines zum Herrschen geborenen Kaisers, ein lautes, klares Wiehern. Das war einer der schönsten Laute, die ich je gehört habe. Er setzte sich in meinen Sinnen fest wie die ferne silberne Fontäne, die ich einmal einen großen blauen Walfisch nach einem Sturm im südlichen Atlantik hatte ausspeien sehen. Während die Sonne den Horizont tönte, türmte sich die Klangwelle in die Luft und stürzte dann auf dem Gipfel des Hangs uns gegenüber herunter. Ein Trupp von etwa vierzig Zebras erschien. Sie rannten, als hätten sie nie erfahren, was gehen heißt, während der Rhythmus ihres Laufs in Wellen über ihre schimmernden Flanken zog. Sie stürmten über den Kamm auf den Weiher zu, an dem der Leopard lag.

Ich war voll Spannung, wie es ausgehen würde. Ich konnte nicht glauben, daß ein Leopard eine so unternehmungslustige Gruppe von Zebras angreifen werde, obwohl ich noch nie gesehen hatte, daß ein Leopard sich so benommen hatte wie dieser, so frei, so offen. In diesem Augenblick stand der Führer des Trupps, dessen Mähne hinter ihm flog wie die Strähnen des Mistral selber, plötzlich still. In der einen Minute mußte er noch eine Geschwindigkeit von fünfzig Meilen gehabt haben, in der nächsten stand er still, ohne auch nur einen Rutsch in seiner Spur zu hinterlassen, und zwei Dampfsäulen strömten aus seinen geweiteten Nüstern.

Der Rest des Trupps blieb mit ihm stehen. Hatten sie den Leoparden erblickt? Hatten sie uns gesehen? Etwa fünf Minuten lang sahen wir eine Gruppe von Zebras in weniger als fünfzig Metern Entfernung in ernster Beratung. Ich bemerkte, wie Michael sein Gewehr aufhob und dann wieder hinlegte. Er mußte, wie ich wußte, ein Zebra töten, weil es seine Pflicht war, die Tiere auf Parasiten zu untersuchen. Ich sah ihn ein paarmal zielen, aber jedesmal setzte er das Gewehr wieder ab.

Inzwischen ging die Beratung lautlos und ohne Unterlaß weiter. Irgendein unsichtbarer, elektrischer Austausch von Meinungen vollzog sich zwischen diesen lebensvollen Tieren auf dem dunkel werdenden Hang. Sie sahen so heraldisch aus wie Einhörner, denen gerade das Horn geschnitten worden war. Sie hatten wundervoll gezeichnete goldene Felle mit schwarzen Wappenfiguren. Fünf Minuten lang standen sie mit ihren dampfenden Köpfen eng zusammen; dann verschmolzen irgendwo in ihren magnetischen Tiefen ihre Meinungen und wurden eins. Sie wirbelten rasch herum und stoben den Hügel hinan, gerade in den sterbenden Tag hinein. Wir sahen sie nicht wieder.

„Es tut mir leid", sagte Michael und atmete schwer, „es tut mir leid, aber ich habe einfach nicht schießen können: sie waren schön."

„Ich bin froh, daß Sie es unterlassen haben", war meine Antwort.

Wir standen auf und gingen zurück, und als wir um die Biegung kamen, sahen wir, daß es nicht der Leopard war, der die Zebras geschreckt hatte, sondern der Rauch unserer Lagerfeuer, der gerade in die stille Luft aufstieg wie eine Palme, die von ferne blau ist. Das Lager war gerade zwei Meilen weit weg, aber auch das war für die furchtsame Herde noch nicht weit genug entfernt.

In dieser Nacht hatte ich wieder einen Traum. Ich gebe ihn aus demselben Grund und in derselben Art wieder wie den ersten. Ich möchte nur hinzufügen, daß ich oft von Tieren träume. Ich habe in wilden Gegenden gelebt und bin in ihnen aufgezogen worden, und Tiere bedeuten mir viel. Ich träume besonders über Pferde, und ich bin auf eine Weise, die ich mir selbst nicht genau erklären kann, durch meine Träume von Pferden beeinflußt. Wenn sie mager, müde, durstig sind, wenn ich sie hinter mir herzerren muß, nehme ich das als eine Art von Warnung. Als ich einmal im Krieg geträumt hatte, daß ich tatsächlich eines meiner Pferde selber trug, war ich wirklich sehr beunruhigt. Dieser Traum war auch über ein Pferd, aber er war anders. Hier ist er:

Ich träumte, daß ich mein Pferd in einem Feld voller Iris gefangen hätte. Es war ein großes schwarzes Pferd mit einem weißen Stern auf der Stirne. Es hieß Diamant. Es war eine Kreuzung zwischen einem Jagd- und einem Wagenpferd; ein festes und kräftiges Tier, fähig, einen Ritter in voller Rüstung zu tragen. Es erinnerte mich an meine Stute Duchess, wie sie in Lilian Bowes-Lyons wunderschönem Gedicht beschrieben ist. Ich bestieg Diamant breitbeinig, und wir zogen in schnellem, donnerndem Galopp über die purpurnen Falten des Njika. Der Wind und die Sonne pfiffen durch die Mähne von Diamant. Ein Gefühl der Kraft und Sicherheit strömte von dem Pferd durch den engen Druck meiner Knie auf seinem Rücken aus. Ich schien so zufrieden zu sein, wie das überhaupt möglich ist.

VIERUNDZWANZIGSTES KAPITEL

Mit diesem Traum ist meine Reise nach Afrika in Wahrheit zu Ende. Es stimmt wohl, daß ich weitere drei Wochen auf jener schönen Hochebene zugebracht habe, aber es gibt nichts Neues darüber zu sagen. Sie war immer so da, wie ich sie beschrieben habe, allein mit sich, ihrem Gras, den Blumen und Tieren und keinen Menschen außer uns. Wir sind jeden Morgen aufgestanden, haben den Tau oder Frost von unseren Zelten geschüttelt und sind bis zum Sonnenuntergang über einen neuen Abschnitt unseres erhabenen Landes gegangen.

Zwei Nächte haben wir an dem düstern Weiher oder See Kaulime verbracht, wo angeblich die Schlange lebt. Trotz den Ängsten unserer Träger haben wir die Schlange selbst nicht gesehen. Aber ich muß verzeichnen, daß wir alle drei, ich, Karramba und Harneck, kinderleichte Schüsse auf Wild am Kaulime verfehlt haben, Schüsse, die so einfach waren, daß man nicht nur darüber hinweglachen kann. Als wir zurückkamen, zuckten die Träger die Achseln, und der Trommler sagte: „Aber Bwana, weißt du nicht, daß eine mächtige Mankwala, eine machtvolle Medizin in dem Weiher ist?"

Ich habe eingesehen, wie weise ich gewesen war, nicht früher geschossen zu haben. Das Licht war klarer als ich mir vorgestellt hatte. Ich habe die Entfernung abgeschritten, von wo aus ich zuerst auf den Bock geschossen hatte. Ich hatte angenommen, es seien achtzig bis hundert Meter; es waren aber sechshundertundfünfzig Schritte. Ich erzähle diese Geschichte gegen mich, weil sie zeigt, wie rein und klar die Luft über dem Njika war, und wie voll, leicht und freigebig seine Entfernungen.

Ich bin kein schlechter Schütze; aber ich habe ganze fünf Tage gebraucht, bis ich mein erstes Wild erlegte.

Jeden Tag haben wir die warme flackernde Flamme von Wild gesehen, das sich in der Ferne bewegte, — heraldische Zebras, rotgraue Antilopen mit Hörnern wie Sarazenensäbel, Riesenelen mit purpurnen Jacken und makellos weißen, vom Tau gewaschenen Söckchen. Jeden Morgen hat man, auch wenn sie nicht zu sehen waren, gewußt, daß die großen, bronzefarbenen Leoparden des Njika mit ihren assyrischen Profilen am Rande ihrer baumbestandenen Druidenkreise saßen und sich den Tau von den Schnurrbärten trockneten; und jeden Abend ohne Fehl hat die große afrikanische Sonne, wenn sie weit weg in Rhodesien untergegangen war, ihr Licht auf dem Horizont stehen lassen wie einen Erzengel, der mit weitausgebreiteten Flügeln die Welt an seine Brust sammelt.

Etwa vierzehn Tage lang sind wir auf diese Weise durch unbewohntes Land gezogen. Dann sind wir eines Abends in den dunklen Nebel von Nchena-Chena heruntergekommen.

Aber wir waren noch nicht fertig. Wir mußten noch in die ausgedehnte Rumpi-Schlucht des Njika eindringen, bevor wir unsere Aufgabe erfüllt hatten.

An einem Tag sind Harneck und ich zweiunddreißig Meilen getreckt. Wir sind an den Westrand dieser neuen Welt vorgedrungen und haben über riesige Steilwände und ein schwarzes Tal hinweg auf vielleicht hundert Meilen Landschaft geblickt, wo sich ein Gipfel hinter dem anderen bis zu den beiden fernen blauen Rhodesien erstreckte. Wir sind zurückgekommen und haben etwas Wasser an der Quelle des großen Rukuru-Flusses getrunken. Wir haben uns an einige Zebras herangepirscht, mußten es aber aufgeben, als ein Löwe, der dasselbe vorhatte, die Zebras erschreckte, nachdem wir ihn erschreckt hatten. Und dann sind wir, als die Sonne sich anschickte unterzugehen, wieder ins Lager zurückgekehrt.

In diesem Augenblick hatte ich meine erste und einzige Meinungsverschiedenheit mit Harneck. Unser Lager war nicht zu sehen, ja, wir hatten nicht einmal eine Ahnung, wo Michael es aufgeschlagen hatte. Harneck schwor, er erkenne Michaels Fußspuren. Er wollte dieser Spur folgen; ich einer anderen. Es schien sehr unvernünftig, sich mit einem Eingeborenen, für den das Verfolgen von Spuren Lebenselement und Erziehungsangelegenheit war, zu streiten. Aber ich hatte auf dem Mlanje meine Lektion erhalten. Ich habe es vorgezogen, selbst die Ursache meiner Fehler zu sein und darauf bestanden, daß wir meinem Weg folgten. Eine halbe Stunde später kamen wir auf eine Anhöhe, von der aus wir sahen, daß das Lager am Ufer des jugendlichen Rukuru tadellos aufgeschlagen war.

Zwei Nächte später haben wir zum erstenmal neben dem magischen Weiher kampiert, der so dunkel und tragisch ruhig unter dem Nachthimmel lag und so abweisend war, daß die Träger es kaum über sich bringen konnten, ihn anzusehen.

Von da aus haben wir, ich muß es selbst gestehen, eine bemerkens- und lobenswerte Expedition in das riesige und äußerst schwierige Rumpi-Tal unternommen. Unsere Träger waren über alles Lob erhaben. Sie haben mit voller Last einige fürchterliche Klettereien vollbracht; durch tiefe Klüfte, entlang unermeßlichen Abgründen. Kein Mann ist ausgefallen, und eine Woche später, als wir um zwei Uhr nachmittags aus unserem letzten Tal herausstiegen, blickten wir auf die leuchtenden roten Dächer der Mission von Livingstonia hinab.

In dieser Nacht kampierten wir neben der Straße, und am folgenden Morgen haben wir von unseren Trägern Abschied genommen. Es war der letzte Abschied. Er hat mich sehr traurig gemacht. So ist es immer mit Reisen. Man ist am Ende so traurig wie am Anfang. Die Belohnung liegt in der Mitte.

Die Träger haben auch niedergeschlagen ausgesehen, und als sie an uns vorbei auf der roten, staubigen Straße nach Hause gelaufen sind, habe ich gedacht, ihr „Lebewohl" klinge intensiver als gewöhnlich, dieser alte Gruß: „Wir sehen dich, Bwana! Wir sehen dich."

„Ja, ich sehe euch", habe ich zurückgerufen, „ich sehe euch. Hamba Gahle. Geht in Glücklichkeit."

Michael ist stehengeblieben, hat plötzlich eine Zigarette ungeduldig auf sein Etui geklopft, sie angezündet und gesagt: „Und Sie? Was werden Sie jetzt tun? Werden Sie je zurückkommen?"

Ich habe gesagt, das wisse ich nicht recht. Für den Augenblick sei meine Arbeit beendet. Mein Instinkt sagte mir, so schnell wie möglich zurückzufahren, um mein persönliches Leben wieder aufzunehmen, wo der Krieg es vor zehn Jahren unterbrochen hatte. Es kam mir als das weitaus Wichtigste in der Welt vor, damit anzufangen; zu versuchen, mir selbst die Ganzheit und das Eins-Sein zu geben, von denen ich so sehr wünschte, daß das Leben und die Welt sie erreichen würden. Aber wer weiß. Vielleicht würde ich zurückkommen. Afrika war tief in mir, und in der Vergangenheit hatte es mich früher oder später immer zurückgeholt.

Ich habe es ihm damals nicht gesagt, aber die Wahrheit war, daß Afrika in mir war, ob ich zurückkam oder nicht. Jahrelang hatte es sich abgesondert: ein dunkles, unbeantwortetes, unerbittliches Fragezeichen in meinem Leben. Das war es, und nichts mehr. Ich habe das Gefühl gehabt, daß ich es jetzt nicht hinterließ, sondern mit mir führte. Vielleicht würde es mir sogar möglich sein, etwas davon an Europa zu geben, an England, das mir seinerseits so viel gegeben hatte. Denn die Art der Reise, die Michael und ich unternommen hatten, hört in Wirklichkeit nie auf. Wo der Körper mit der Fahrt aufhört, setzt der Geist den Treck fort; aber manchmal arbeiten sie zusammen, und dann werden unbekannte, unerforschte Orte besucht. Für mich war Europa auf der größten aller Reisen unterwegs, und ich wollte ohne Verzug das, was ich an Eins-Sein hatte, beitragen, um auf dem schwierigen Weg Hilfe zu leisten.

Nun habe ich Michael mit seinen Dienern, die schon am Packen waren, am Weg verlassen müssen. Er war müde und sah mager und ein wenig blaß aus. Fast einen Monat lang waren er und ich von Sonnenaufgang bis Sonnenuntergang ohne einen Tag der Ruhe gelaufen und geklettert, und ich habe gewußt, daß er Ruhe brauchte. Deshalb hatte ich mich erboten, zur Mission zu laufen, um nach unseren Autos zu telegrafieren.

Die Mission war etwa dreizehn Kilometer entfernt. Es war ein heller, sonniger Tag, und nach dem Njika war der Anstieg auf einen Hügel von 700 Metern für mich ein Kinderspiel. Oben drehte ich mich um und schaute zurück. Aber da war die altbekannte Wolke über dem Dach des Plateaus und hatte es vollkommen unsichtbar gemacht.

Ich bin, so schnell ich konnte, an ein kleines Postamt gelaufen, das in der Sonne am See flimmerte. Ein schwarzer Postvorsteher hat mir ein Telegrammformular gegeben und mich verwundert und aufmerksam angesehen. Ich habe im Spiegel einen Blick auf mein Gesicht getan. Es war von der Sonne schwarz gebrannt, aber von einer klaren, frischen Farbe, die in den heißen, malariaerfüllten Ebenen nie zu sehen ist.

Schnell habe ich meine Telegramme aufgeschrieben. Der kleine Morseapparat hat schon geschäftig getickt, bevor ich fertig war. Neben anderen Telegrammen habe ich das folgende aufgegeben: „Alles vollbracht, eile nach Hause."

VILLA DES ÉLÉPHANTS, LA NARTELLE
und LA PONATIÈRE, ISÈRE, FRANCE

Laurens van der Post im Diogenes Verlag

»Im Zeichen ungewisser Prognosen über den afrikanischen Kontinent kommt einer Stimme Bedeutung zu, welche vom ›ursprünglichen‹ Afrika auf Grund persönlicher Kenntnis berichtet: Laurens van der Post. Van der Post nahm die Mythen- und Märchenwelt der Buschleute bereits ›mit der Muttermilch‹ auf: durch seine Kinderfrau, die zu den Buschleuten gehörte. Als Offizier der englischen Armee sowie im Dienste der englischen Regierung, die ihn mehrere Male als Afrikaexperten einsetzte, kam er erst mit dem kolonisierten und später mit dem sich ›zivilisierenden‹ Afrika in Kontakt. Schon seine ersten Bücher schlagen das Thema an, welches sein gesamtes Werk durchzieht: der Zusammenprall einer in magisch-mythischen Bezügen ruhenden Welt mit unserer Zivilisation im Zeichen von Industrialisierung und Ratio.« *Neue Zürcher Zeitung*

Vorstoß ins Innere
Afrika und die Seele des 20. Jahrhunderts
Roman. Aus dem Englischen von Margret Boveri

Reiseabenteuer in unerforschte Gegenden Innerafrikas voller lyrischer Landschafts- und Flugschilderungen werden verbunden mit Überlegungen zur Psychologie des Mit- und Gegeneinanderlebens von Weißen und Schwarzen sowie der tragischen Geschichte eines jungen Paares inmitten des Urwalds.

»Der Grübler, auf der Suche nach Träumen, Unbewußtem, Legenden, erläutert Afrika einfühlsam, warm.« *Frankfurter Allgemeine Zeitung*

»Van der Posts gelebter Humanismus und sein radikaler Respekt vor allem Kreatürlichen zeichnen ihn als einen Unzeitgemäßen, den nur noch wenige verstehen.« *Der Tagesspiegel, Berlin*

Flamingofeder
Roman. Deutsch von Margarete Landé

»Die Handlung spielt im Jahr 1948 und führt in das vom Bantustamm der Takwena bewohnte Gebiet Kaplands. Vor dem Haus des weißen Siedlers Pierre de Beauvilliers wird ein Eingeborener ermordet aufgefunden. Im Gegensatz zur Polizei versucht Beauvilliers den Mord aufzuklären. Die Spur führt zu einem weißen Händler, der mit dem Stamm Geschäfte macht, zum Frachter ›Stern der Wahrheit‹, der im Auftrag eines osteuropäischen Konzerns die Strecke zwischen dem Kap und Natal befährt und schließlich zu einem waffenstrotzenden Stützpunkt, in dem ein kommunistisch gelenkter Takwena-Aufstand vorbereitet wird...

In stofflicher Hinsicht ist *Flamingofeder* ein abenteuerlicher Thriller – mit geschickt verflochtenen Motiven internationaler Verschwörung und einer spannenden Verfolgungsjagd.« *Kindlers Literatur Lexikon*

»Das Hauptwerk van der Posts«
Neue Zürcher Zeitung

Die verlorene Welt der Kalahari
Deutsch von Leonharda Gescher

Es sind Kindheitserinnerungen, Geschichten aus dem Munde der Eltern und lückenhafte Berichte von Jägern, die im jungen van der Post den Plan legen, eine abgeschiedene Gruppe der Buschmänner aufzuspüren. Doch erst als Erwachsener findet er Muße und Mittel, den Jugendtraum zu verwirklichen. Mit Freunden und Technikern und begleitet von eingeborenen Helfern, dringt er in die südafrikanische Wüstensteppe der Kalahari ein.

»Dieses Buch ist eine unerhörte Leistung des Verfassers. Er zeigt den verborgenen Reichtum der

Buschmänner auf und verspricht, in einem weiteren Band die urtümlichen Schätze der Buschmannsweisheit zu heben.« *Die Bücher-Kommentare*

Das Herz des kleinen Jägers
Roman. Deutsch von Leonharda Gescher

»Wer van der Posts *Verlorene Welt der Kalahari* gelesen hat, die abenteuerlich-spannende und seelisch erregende Geschichte seiner Reise zu den letzten Buschmännern, die im Herzen Afrikas ein zwar eingeengtes, aber ursprüngliches Leben führen, der wird mit Freude zu dem neuen Buch greifen, in dem der Autor das Ende jener Reise beschreibt und zugleich seine Deutung des Ganzen gibt. Van der Post hat sein Buch C. G. Jung gewidmet, dem er sich seit seinem ersten ›Vorstoß ins Innere‹ im Denken verbunden fühlt. Eindringlich und bestürzend werden Szenen geschildert, die klarmachen, was durch das Eindringen der Weißen in Afrika zerstört wurde. Daran knüpft van der Post Gedanken über den Zustand, in dem sich heute die zivilisierte Welt in ihrer Entfremdung von den Urkräften der Natur und des Göttlichen befindet.« *Frankfurter Allgemeine Zeitung*

Das Schwert und die Puppe
Trennender Schatten
Die Saat und der Säer

Weihnachtstrilogie. Deutsch von
Hannah Wolff und Joachim Uhlmann

Zwei ehemalige Kriegsteilnehmer verbringen, fünf Jahre nach ihrer Entlassung aus einem Gefangenenlager im Fernen Osten, zusammen den Heiligen Abend, den Weihnachtsmorgen und den Weihnachtsabend und überdenken ihre Vergangenheit und die Handlungsmotive ihrer damaligen Peiniger.
Das Mittelstück dieser ›Weihnachtstrilogie‹, *Die Saat und der Säer,* gilt den Aufzeichnungen des Offiziers

Jacques Celliers. Er litt unter dem Verrat, den er einst an seinem Bruder begangen hatte, und fand in demselben Lager, in dem auch die beiden Erzähler gefangen waren, den Tod.

»Die Worte des Schriftstellers erinnern an alte Einsichten: Unter alles uns angetane Böse wollen wir einen Schlußstrich ziehen – und dadurch die Folgen in unserem Wirkungskreis aufhalten.«
Badische Zeitung, Freiburg

Van der Posts ›Weihnachtstrilogie‹ wurde von Nagisa Oshima unter dem Titel *Furyo – Merry Christmas, Mr. Lawrence* mit David Bowie verfilmt.

Wenn Stern auf Stern aus der Milchstraße fällt
Roman. Deutsch von Brigitte Weidmann

»Die gewaltige Natur des südafrikanischen Buschvelds beherrscht die Geschichte vom weißen Farmerssohn François, der weniger in der europäischen Kultur als in der Überlieferung der Buschmann- und Matabele-Sagen zuhause ist, und von seinem Buschmann-Freund Xhabbo. Daß und wie sich die beiden in einer Welt der Apartheid, des gegenseitigen Unverständnisses und auch des Guerillakriegs zu einem Schicksalsbund finden: Das schließt die Botschaft des Autors ein, die zukunftweisend sein soll.«
Westermanns Monatshefte

»So wie bei *Jenseits von Afrika* die Kinogänger auf das erzählerische Werk von Tania Blixen gestoßen wurden, könnte auch die Walt-Disney-Produktion *Die Spur des Windes* eine Initialzündung für die Lektüre des Originals haben.« *Rheinische Post*

Von Mikael Salomon mit Maximilian Schell unter dem Titel *Die Spur des Windes* verfilmt.

Brian Moore
im Diogenes Verlag

Katholiken
Roman. Aus dem Englischen
von Elisabeth Schnack

Als im Jahr 2000 selbst das internationale Fernsehen auf die Mönche im Westen von Irland aufmerksam macht, die, von aller Modernisation der Liturgie unbeeindruckt, noch immer die Messe auf lateinisch lesen, sendet Rom einen jungen Geistlichen zum Kloster auf der abgelegenen Insel aus. Ein Roman nicht nur von der Problematik der Institution Kirche, sondern von den verzwickt vertauschten Positionen von Progressivität und Konservativismus.

»Wohl das beste Buch eines Schriftstellers, den ich sehr bewundere... Komisch, traurig und sehr ergreifend.« *Graham Greene*

Die Große Viktorianische Sammlung
Roman. Deutsch von
Helga und Alexander Schmitz

Ein unscheinbarer junger kanadischer Geschichtsprofessor erträumt eines Nachts die *Große Viktorianische Sammlung*. Der Mann, dem sich unversehens ein Traum verwirklicht, wird zum Gefangenen eines Alptraums aus Sensationslüsternen, Spinnern, Geschäftemachern, Gleichgültigen, Fachleuten, Freunden, Verwandten.

»Brian Moore kann die meisten seiner Zeitgenossen in Grund und Boden schreiben.« *Kingsley Amis*

Schwarzrock – Black Robe
Roman. Deutsch von Otto Bayer

Mit genau recherchierten Details läßt Brian Moore das frühe 17. Jahrhundert neu erstehen, als die Jesuiten in den französischen Teil Nordamerikas kamen, um die

›Wilden‹ zur höheren Ehre Gottes zu bekehren und zu taufen.

Bruce Beresford (›Driving Miss Daisy‹) verfilmte *Schwarzrock – Black Robe* mit Lothaire Bluteau (›Jesus of Montreal‹), Sandrine Holt und Tantoo Cardinal (›Dances with Wolves‹) in den Hauptrollen.

Die einsame Passion der Judith Hearne
Roman. Deutsch von Hermann Stiehl

»Die Menschen, die im Mittelpunkt dieses Romans stehen, sind mehr oder weniger im Leben gescheiterte Existenzen, die einzig aus ihren Träumen und irrealen Hoffnungen die Kraft zum Leben und zum Weiterleben gewinnen. Brian Moore, der selber aus Belfast stammt und das Milieu aus intimer Kenntnis beschreibt, erzählt seine Geschichte zwar mit humorvoller Distanz, aber doch auch stets mit Anteilnahme und Liebe.« *FAZ*

Die Farbe des Blutes
Roman. Deutsch von Otto Bayer

»Literarischer Thriller, Psychogramm, Fiction oder Faction – Brian Moores Roman *Die Farbe des Blutes* entzieht sich solchen Schubladen. Angelsächsische Autoren zeigen oft ein Faible für politisch brisante Themen als Hintergründe für ihr Œuvre. Kein Wunder, denn wie sein Kollege Eric Ambler weiß auch Moore, Ex-UNO-Beauftragter in Polen, wovon er schreibt.
Auf Stephan Bem, Kirchenführer eines Ostblocklandes wird ein Attentat verübt, kurz darauf nimmt ihn die Staatspolizei in Gewahrsam, aus dem er entflieht. Bem ist hin und her gerissen zwischen Verantwortung als Kardinal, den Reformbestrebungen der illegalen Gewerkschaft und innenpolitischer Machbarkeit. Moore verfaßte keinen religiösen Roman, er schildert vielmehr die inneren Konflikte eines Menschen, der Frieden sucht und nicht finden kann.« *M. Vanhoefer / Münchner Merkur*

Die Antwort der Hölle
Roman. Deutsch von Rudolf Rocholl

Brendan Tierney ist vom Ehrgeiz besessen, sich mit einem Bestseller an die Spitze zu schreiben. Bei seinem skrupellosen Kampf um den Erfolg vernachlässigt er seine Familie, entfremdet sie sich schrittweise und wird allmählich auch sich selber fremd. Immer mehr verfällt er seiner Besessenheit...

»Das Buch verdient es, daß es den Weg zu den deutschen Lesern findet, die von ihren eigenen Schriftstellern mit vergleichbaren Romanen nicht gerade überfüttert werden.« *FAZ*

Ich bin Mary Dunne
Roman. Deutsch von Hermann Stiehl

Mary, Anfang dreißig, zweimal geschieden, dreimal verheiratet, kanadisch-irischer Abstammung, ist eine weltgewandte, attraktive New Yorkerin. Jede Ehe war ein Schritt zu ihrer Persönlichkeitsentfaltung. Nun ist sie eigentlich am Ziel ihrer Wünsche angelangt: Ihre dritte Ehe verschafft ihr eine gesicherte Existenz, gesellschaftliche Anerkennung und sexuelle Erfüllung – doch um welchen Preis.

»*Ich bin Mary Dunne* – so betörend einfach geschrieben – und dabei so komplex und befriedigend wie alles, was Moore bisher vorgelegt hat.« *The Observer, London*

Dillon
Roman. Deutsch von Otto Bayer

Gerade hat Michael Dillon einen Entschluß gefaßt, der seinem Leben eine Wende geben und ihn zum glücklichsten Menschen machen soll, da verwandelt sich sein Leben in einen Alptraum: Maskierte Männer dringen in sein Haus ein, nehmen ihn und seine Frau als Geisel und zwingen ihn, nach ihren Befehlen zu handeln.

»Ein subtil geschriebener Psychothriller vor brisantem politischem Hintergrund und zugleich eine starke Liebesgeschichte.« *Norddeutscher Rundfunk*

»Der beste Polit-Thriller, der in diesem Jahr zu empfehlen ist.« *Frankfurter Rundschau*

Die Frau des Arztes
Roman. Deutsch von Jürgen Abel

Sheila Redden, seit sechzehn Jahren mit einem erfolgreichen Arzt verheiratet und Mutter eines fünfzehnjährigen Sohnes, reist ihrem vielbeschäftigten Mann nach Frankreich voraus, wo die beiden einen gemeinsamen Urlaub verbringen wollen. In Paris lernt Sheila den zehn Jahre jüngeren Amerikaner Tom kennen und verliebt sich in ihn.

»Sheila Redden ist die faszinierendste Ehebrecherin, die uns seit langem in der Literatur begegnet ist.«
Time Magazine, New York

Kalter Himmel
Roman. Deutsch von Otto Bayer

Bei einem Bad vor der Küste wird Dr. Davenport von einem Motorboot erfaßt und mit einer Kopfverletzung ins Krankenhaus eingeliefert. Doch alle Rettungsversuche scheitern. Dr. Davenport erliegt seinen Verletzungen, sein Körper wird in die Leichenhalle gebracht. Am nächsten Morgen ist die Leiche verschwunden. Marie Davenport, die untreue Gattin, glaubt, daß ihr Mann noch lebt und will ihn wiederfinden. Eine Verfolgungsjagd beginnt, und damit das innere Drama Marie Davenports.

»Moore schafft es in *Kalter Himmel*, die alltägliche Problematik von Beziehung und Beisammensein in einer fesselnden Suspense-Story aufzulösen.«
Christian Seiler / Weltwoche, Zürich

Ginger Coffey sucht sein Glück
Roman. Deutsch von Gur Bland

Ginger Coffey, mit Frau und Kind von Irland nach Kanada ausgewandert, ist ein Mann, der sich so schnell nicht unterkriegen läßt. Seine großen Pläne als Vertreter für Whisky, Tweed und Strickwaren sind zwar an den Realitäten jenseits des Ozeans zerschellt, doch sieht ihm das drohende Elend ja keiner an: In seiner Kleidung eines Dubliner Aristokraten macht er sich auf den Weg ins Arbeitsamt, und wer sagt schon, daß man Fragebogen immer richtig ausfüllen muß?

»Einer der bedeutenden Romane über die Sonnen- und Schattenseiten des Immigrantendaseins in Kanada: keine Satire, eher eine tragikomische Bestandesaufnahme.« *Harenbergs Lexikon der Weltliteratur*

Es gibt kein anderes Leben
Roman. Deutsch von Otto Bayer

Auf der Karibikinsel Ganae herrschen Mißstände, die an das Haiti der Duvaliers erinnern: Armut, eine Militär-Junta, Analphabetismus und Korruption.
Père Paul Michel, ein kanadischer Missionar am einzigen fortschrittlichen Gymnasium Ganaes, fördert den hochbegabten schwarzen Waisenjungen Jeannot, bis dieser aller Erwartungen übertrifft: Er wird zum ersten Priesterpräsidenten seines Landes und ruft seine schwarzen Brüder in Predigten offen zum Widerstand gegen die Unterdrücker auf.

»Einer der besten politischen Romane der letzten Jahre.« *Boston Sunday Globe*

»Fesselnd, grandios, erschütternd.«
Times Literary Supplement, London

»Bis zur letzten Seite spannend.«
Die Tageszeitung, Berlin

Saturnischer Tanz
Roman. Deutsch von Malte Krutzsch

Der katholische Ire Diarmuid Devine, Lehrer in einer Knabenschule in Belfast, hat noch mit 37 Jahren Frauen immer nur in der Phantasie geliebt. Eine lebensfeindliche Moral bestimmt das Verhalten des zum Teil aus Geistlichen bestehenden Lehrkörpers und provoziert bei den Schülern eine übertriebene Skandallüsternheit. Geschichten über Devine und die zwanzigjährige Una Clarke, protestantische Nichte eines Lehrerkollegen, beginnen zu kursieren…

»Genauigkeit in der Darstellung, einfühlsame Beschreibung, aber auch Sarkasmus und Ironie kennzeichnen dieses Porträt eines unverheirateten Lehrers, der sich an den erstarrten und repressiven Erziehungsvorschriften der katholischen Kirche reibt.«
Harenbergs Lexikon der Weltliteratur

Der Eiscremekönig
Roman. Deutsch von Bernhard Robben

Belfast 1939: Der siebzehnjährige Gavin Burke, hin und her gerissen zwischen seiner Liebe für Gedichte und seinem Lebenshunger, schließt sich aus Protest gegen seine irisch-nationale, katholische Familie dem örtlichen Luftschutzverein an. Gavins schwindelerregendes Erwachen aus dem Horror eines Luftangriffs zu jenem Erwachsensein, nach dem er sich so gesehnt hat, ist ein Meisterstück moderner Erzählkunst.

»Mit Einfühlsamkeit, Ironie und Eleganz erzählt – ein sinnliches Lesevergnügen.«
New York Times Book Review

»Mutig, einfach und geradlinig.« *New Statesman*

»Moore ist ein großer Erzähler und Romancier.«
Die Weltwoche, Zürich